会展经济与管理专业建设的思考

——基于浙江万里学院的探索与实践

孟祥敏 著

北京
冶金工业出版社
2018

内 容 提 要

本书在对国内会展经济与管理专业发展历程和现状进行回顾与分析的基础上，以浙江万里学院会展特色班、会展经济与管理专业的建设历程为主线，系统地分析了专业建设的背景、路径、取得的成效、存在的不足，并对下一步的建设发展提出了具体的建议。其中，重点阐述了会展科研成果如何转化为课程内容、会展产教融合如何提升师资队伍建设和人才培养的质量、会展专业建设的创新思考、会展实践教学体系和实验教学体系创新、会展学科竞赛与研究性学习等方面的内容，并结合实际工作开展系统深入的研究和探索。

本书既可以作为高校会展专业负责人和专业教师开展专业建设的理论与实践参考，也可以作为高校教学主管部门的领导和工作人员与专业教师互动交流的相关实践资料，还可以作为政府主管部门、会展企业的领导及高管了解会展经济与管理专业建设和人才培养工作的重要手段。同时也可以作为高校、科研院所等会展专业研究机构研究人员开展学术交流、撰写专业建设和教学改革研究论文的参考资料。

图书在版编目(CIP)数据

会展经济与管理专业建设的思考:基于浙江万里学院的探索与实践/孟祥敏著.—北京：冶金工业出版社，2018.5

ISBN 978-7-5024-7768-4

Ⅰ.①会… Ⅱ.①孟… Ⅲ.①高等学校—展览会—经济管理—学科建设—研究—浙江 Ⅳ.①G245

中国版本图书馆 CIP 数据核字(2018) 第 080387 号

出 版 人 谭学余
地　　址 北京市东城区嵩祝院北巷 39 号 邮编 100009 电话 (010)64027926
网　　址 www.cnmip.com.cn 电子信箱 yjcbs@cnmip.com.cn
责任编辑 夏小雪 美术编辑 彭子赫 版式设计 孙跃红
责任校对 李 娜 责任印制 李玉山

ISBN 978-7-5024-7768-4
冶金工业出版社出版发行；各地新华书店经销；三河市双峰印刷装订有限公司印刷
2018 年 5 月第 1 版，2018 年 5 月第 1 次印刷
169mm×239mm；12.75 印张；255 千字；190 页
40.00 元

冶金工业出版社 投稿电话 (010)64027932 投稿信箱 tougao@cnmip.com.cn
冶金工业出版社营销中心 电话 (010)64044283 传真 (010)64027893
冶金书店 地址 北京市东四西大街 46 号(100010) 电话 (010)65289081(兼传真)
冶金工业出版社天猫旗舰店 yjgycbs.tmall.com

序

会展业是近年来快速发展起来的新兴现代服务业，会展经济与管理专业是教育部新设专业。随着会展业的快速发展，我国会展本科专业建设的速度也不断加快，截止到2017年年底，已有108所院校开设会展经济与管理专业。在做好人才培养工作、服务会展业发展的同时，也面临着学科专业建设等实际问题，如何克服产业起步晚、专业基础薄弱的问题，系统开展会展人才培养工作，需要会展教育工作者做出不懈的努力和系统的探索。

浙江万里学院是国内首批开展会展本科人才培养的高校之一。2002年，在教育部尚未设立会展经济与管理专业之前，浙江万里学院就结合宁波市会展业发展的实际需要，在国际经济与贸易专业下设“国际会展与服务贸易特色班”，启动会展人才的培养工作。人才培养工作伊始，浙江万里学院就从做好顶层设计入手，高标准、大视野开展会展人才培养的设计和规划工作，并在教材建设、实践教学基地建设等方面进行深入探索。2006年，会展经济与管理专业正式设立后，浙江万里学院围绕上海成功申办2010年以“城市，让生活更美好”为主体的综合性世界博览会的大背景，结合宁波市接轨上海世博会和建设国际会展之都的工作目标，系统推进会展人才的培养工作。2007年，会展经济与管理专业被列为浙江省重点建设专业；2009年，会展经济与管理专业被列为宁波市服务型教育重点专业；2010年，会展经济与管理专业获得教育部国家级特色专业建设点建设立项；2012年，会展经济与管理专业又获得浙江省“十二五”优势专业建设立项；2017年，会展经济与管理专业再次获得浙江省“十三五”特色专业建设立项。

专业坚持“依托产业、服务产业、提升产业”的指导思想，紧密结合宁波市会展业发展的实际探索会展教学科研工作，在宁波市会展业发展中发挥着十分重要的作用，已经成为宁波市会展业发展不可或缺的重要组成部分。在国内会展经济与管理专业建设的过程中，逐步探索出一条应用型专业建设的新路。在人才培养的过程中，如何以点带面，线面结合，系统分析专业建设的共性与个性关系，全面总结、科学分析会展专业建设的规律性、前瞻性和创新性，对在新时代的背景下，进一步研究专业建设的理论、提升专业建设的质量，做好人才培养工作具有十分重要的意义。

本书作者孟祥敏老师是浙江万里学院会展特色班的创立者之一，也是会展经济与管理专业人才培养的创始人之一，还是浙江万里学院会展学科专业建设的见证者和亲历者。她来到浙江万里学院之时，正是会展人才培养工作启动之日，在会展特色班的建设过程中，她从指导学生入手，在管理中不断提升学生的学风建设和综合素养，在服务中激发学生“四感”，即使命感、责任感、成就感和荣誉感意识，培养学生树立远大的职业理想，也促成了会展专业建设取得可喜的成绩，是会展经济与管理国家级特色专业，省重点、优势、特色专业建设的重要参与者。她撰写的“会展业促进文化消费的商业模式创新研究”论文，从会展业消费文化资源特征、产品模式入手，构建以政府主导型会展活动为引领，以市场化运作型会展活动为支撑，向“专、新、精、特”方向发展的优势文化产业集群的文化消费商业模式，形成具有合理的经营收益与可持续发展的契合会展业和文化业，促进文化的大发展与大繁荣。她撰写的“国际会展视域下中国主场外交的理论与实践”论文，从会展的注意力经济效应、制度安排与区域合作、信息集聚与扩散等角度分析了国内大型国际会展项目的主要作用，对国际会展项目促进对外交流、发挥在国际事务中的主动权和话语权的原理和特征开展分析，并从重视会展主场外交、培育品牌展会、创设主题、优化展客商结构、提高服务质量等方面，对进一步提升我国主场外交的竞争力提出相关的对策建议。她指导的学生获得全国“挑战杯”学科竞赛多项奖励，她本人也多次被评为省市会展人才培养等方面的先进个人。她撰写的创业类研究要报，还获得了教育部相关司局采纳，得到相关领导的高度重视和充分肯定。

“宝剑锋从磨砺出，梅花香自苦寒来”。对会展人才培养的长期工作和感悟，使她逐步形成较系统完善的专业建设思路和理念，也成为浙江万里学院会展经济与管理专业建设和人才培养的重要理论支撑和实践保障。我衷心希望她在现有工作的基础上，进一步系统开展专业建设和人才培养的研究，经过不断的努力，在会展专业的改革创新等方面形成更多、更好的研究成果，为浙江省和宁波市的会展业发展做出更大的贡献。

中国会展经济研究会统计工作委员会副主任
长三角城市经济协调会会展专业委员会秘书长　　任国岩
浙江万里学院会展经济与管理国家级特色专业负责人

2018年1月8日

前 言

会展业是近年来快速发展起来的新兴现代服务业。国内外专家学者普遍认为，会展业对产业发展具有提升作用，对城市消费具有拉动作用，对弘扬文化具有促进作用。国内许多城市将会展业视为经济发展新的增长点、产业结构调整的突破点、生态可持续发展的着力点和文化传承的衔接点，并出台政策加以扶持。据中国会展经济研究会发布的数据，自 2002 年国家有关部门正式提出会展产业以来，国内会展总产值平均以每年 20%的速度增长，超过 GDP 的年增长速度。

会展经济与管理专业是国家教育部 2004 年批准设立的新专业。截止到 2017 年 12 月，教育部共批准 108 所本科院校设立该专业。专业设立的数量和增长速度超过许多新兴专业，也充分反映出会展业发展以及社会对人才的需求。

浙江万里学院是国内首批开展会展本科人才培养的高校之一。2002 年，在教育部尚未设立会展经济与管理专业之前，浙江万里学院就结合宁波市会展业发展的实际需要，在国际经济与贸易专业下设“国际会展与服务贸易特色班”，启动会展人才的培养工作。2006 年，会展经济与管理专业经批准正式设立后，浙江万里学院围绕上海成功申办 2010 年以“城市，让生活更美好”为主体的综合性世界博览会的大背景，结合宁波市接轨上海世博会和建设国际会展之都的工作目标，系统推进会展人才的培养工作。2007 年，会展经济与管理专业被列为浙江省重点建设专业；2009 年，会展经济与管理专业被列为宁波市服务型教育重点专业；2010 年会展经济与管理专业获得教育部国家级特色专业建设点建设立项；2012 年，会展经济与管理专业又获得浙江省

“十二五”优势专业建设立项。会展经济与管理专业坚持“依托产业、服务产业、提升产业”的指导思想，紧密结合宁波市会展业发展的实际探索会展教学科研工作，在宁波市会展业发展中发挥着十分重要的作用，已经成为宁波市会展业发展不可或缺的重要组成部分。

本书立足国内会展产业发展和会展经济与管理专业建设的大背景，从梳理国内外相关建设理论的基础上，系统剖析了浙江万里学院会展经济与管理专业建设与发展的主要历程和重点工作，旨在分析会展经济与管理专业建设的相关思路，主要做法，为会展经济与管理专业人才培养提供必要的参考借鉴。

著 者

2018 年 1 月

目　录

第1章

我国会展经济与管理专业建设的历程与现状

会展业是近年来快速发展起来的新兴现代服务业，但由于教育部早期并没有设置会展类相关专业，进入21世纪以来，部分高校根据产业发展对人才的需要，采用开设课程、设立模块等方式尝试开展会展人才的培养工作。最早的会展本科人才培养工作起步于2002年。2002年12月3日，经国际展览局大会投票表决，中国获得2010年世博会举办权，由此带来对会展专业人才的紧迫需求。2002~2003学年间，上海师范大学、北京第二外国语大学、浙江万里学院和广州大学四所院校，先后在2002级旅游管理、国际经济与贸易等专业下设会展课程模块或会展特色班，拉开我国会展本科人才培养的序幕。

1.1 专业建设历程

会展经济与管理专业是国家教育部为满足我国成功申办2010年上海世界博览会以及会展业快速发展对专业人才的需要，于2004年批准的新设专业，设立伊始代码为110311S，为管理学学科门类公共管理一级学科下设的在少数高校试点的目录外专业，专业授予管理学学士学位。2004年，上海师范大学、上海对外经贸大学成为首批开设会展经济与管理专业的高校。

2012年9月，教育部关于印发《普通高等学校本科专业目录（2012年）》和《普通高等学校本科专业设置管理规定》等文件的通知（教高［2012］9号），将会展经济与管理专业由公共管理一级学科调整至旅游管理一级学科，专业代码更改为120903。截止到2017年年底，我国共有108所院校（或分校）开设会展经济与管理本科专业。

2016年，天津商业大学会展系主任杨琪博士，对国内108所开设会展经济与管理专业高校的情况进行了系统的调研、梳理和深度分析，以《我国会展本科教育发展调查》发表在会展学研究微信公众号中，在业内引起了高度关注。报告显示，国内现有的108所会展经济与管理专业中，师资队伍建设方面，共有专职教师650人，其中具有博士学位的教师295人，另有各类兼职教师226人；平台建设方面，有国家级特色专业1个，教育部实验室建设项目、中央财政支持的实训基地建设项目和国家人才培养创新实验区项目各1个；省级以上专业、学科、团队等平台建设项目16个，市级以上学科、专业、实验室、团队等平台建设项目20余个；从实验室和研究所建设的情况看，全国共有46所开设会展经济与管理专业的院校建有会展实验室，22所高校设有各种类型的会展专业研究机构；这都充分反映出我国会展经济与管理专业建设15年来取得的丰硕成果，以及在会展产业发展，会展学科建设和人才培养过程中发挥的重要作用。

1.2 课程教材建设

为做好会展本科人才的培养工作，早期开设会展方向的学校于2003年起开始谋划会展相关课程教材的编写工作。并于2004年起陆续出版会展本科人才培养急需的教材。在此基础上，各高校在不断探索尝试的基础上，由“百花齐放”“各具特色”逐步向统一、规范发展，初步形成较为系统完善的课程体系及教学大纲，并在一定程度上对促进教材的规范化产生较大影响。

1.2.1 知识体系

作为一个新兴的学科及专业，如何明确内涵、界定外延是学科专业建设的核心问题，也是学科和产业存在的价值所在。在学科起步初期，虽然不一定非常明确学科专业的边界，但定位明确是确保学科专业具有不可替代性以及核心竞争力的关键。近年来，在产业学科体系的研究工作方面，罗秋菊、刘大可、高峻、张敏、戴光权、任国岩、孟凡胜、刘松萍、张骁明、杨琪、王承云、张建康、耿松涛、蓝星、蔡清毅、周杰、卢晓等一批开设会展经济与管理专业高校的会展学科专业负责人，储祥银、马勇、王方华等高校相关专业开展会展研究工作有较大影响力的专家学者，陈先进、刘海莹、陈泽炎、潘建军、仲刚、张凡、俞华、唐雪、许锋等一大批会展业资深专家，也紧密结合产业发展的实际，积极探索会展理论、方法和应用体系建设，旨在形成有中国特色的会展学科体系。王春雷、刘春章、何会文等一批高校会展青年学者，始终重视将国外的会展学科专业知识体系引入我国的会展学科和专业建设中，并在引进国外先进的学科体系的同时，也在不断结合我国会展业发展的实际，积极探索和完善会展学科体系、专业知识体系和人才培养体系。国内外知识体系的有机融合，在学科方面，初步形成以活动管理为主体、逐步覆盖“节会展演赛”等传统观点的新的体系；在理论研究方面，逐步形成会展经济学、会展学、会展空间经济学等学科雏形，以及借口理论、格局理论、平台理论、主场外交理论、品牌理论等体系，以及展品信息不对称、展客商供需关系、会展产业竞争力等一系列理论观点，会展可行性分析、市场分析、品牌价值分析、会展项目评估、会展拉动作用测算、会展举办时间与价格分析、会展风险分析等一系列应用研究方法，为我国从会展大国向会展强国迈进的进程中夯实会展理论、方法体系奠定了坚实的基础。

1.2.2 课程建设

课程建设是会展经济与管理专业建设的核心组成部分，既影响着会展业人才的知识体系，进而也是会展学科体系和学科边界的重要体现。起步初期，受到学校特点、教师的学缘和知识结构、地方经济发展等因素的影响，会展课程建设主要采取“基本课程+特色课程”为基础的课程体系。从国内的发展形势看，除会展与管理、会展与贸易、会展与旅游、会展与公共管理等较相近学科和知识体系的支撑外，会展与传媒、会展与信息、会展与外语、会展与营销、博物馆管理等相关的学科知识也较广泛地融入到会展经济与管理专业的课程体系中。此外，不同学校结合自身的特点和当地产业对人才的需求，以及专业对人才培养体系的理解，还开设了会展客户关系管理、会展人力资源管理、会展风险管理、会展信息管理、会展文案、会展礼仪、会展旅游等相关专业课程。由于受到课程学时的限制，在不断丰富完善会展中课程体系的同时，一些高校的会展经济与管理专业也带来了专业“四不像”的弊端。由于产业起步晚、未形成系统的核心知识体系，会展专业知识体系的不可替代性不强，教材层次普遍不高的问题非常明显，对人才培养工作也产生了一定的不良影响。10 多年来，会展教育科研工作者边学习、边研究、逐步形成理论与方法体系和服务经济体系，进一步提升了课程建设的整体水平。2015 年，国家旅游教指委正式开展《会展经济与管理专业建设标准》的研制工作，由国家教育部旅游教学指导委员会副主任、上海师范大学高峻教授带领的研究团队，经过系统的研究，并在广泛征求国内会展教育科研工作者以及产业高级管理人员意见的基础上，逐步形成较为成熟的课程体系。稳定了以会展概论、会展策划与管理、会展营销等三门课程为专业核心课，会展经济、展览会组织与运营、节庆策划与管理、企业参展管理、体育赛事管理和展示设计等 6 门课程为专业课程的课程体系。初步形成会展经济与管理专业课程体系的基本框架，为专业建设和人才培养工作明确了方向。

1.2.3 教材建设

在会展本科人才刚刚启动培养的 2002～2003 学年，社会上已有的与会展相关的图书数量几乎可以忽略不计，而且这些仅有的图书无论是从知识体系、专业水平和文稿结构等方面都不适合用做教材，给会展专业人才培养带来一定的困难。为尽快解决会展人才培养过程中教材缺失的问题，2004 年以来，高等教育出版社、机械工业出版社、上海交通大学出版社等相关的出版机构，与高校、企业紧密合作，先后出版了会展概论、会展组织与管理、会展策划、会展市场营销、会展服务管理、会展政策法规、参展商实务、展示设计等一系列会展专业教材。初步统计，截止到 2017 年 12 月底，全国已经正式出版的会展类教材多达

580余部，相关内容既有会展概论、会展策划、会展管理、会展营销、会展服务、参展商实务、展示设计、会展政策法规、会展场馆管理等比较通用的核心课程教材，也包括会议管理、节庆管理、赛事管理、演艺管理、会展礼仪等配套的选修课教材，还包括会展客户关系管理、会展人力资源管理、会展接待管理等更为具体和细化的教材。逐步形成专业核心课程、普通专业课程、专业选修课程、特色专业课程四个层面组成的会展专业教材体系。

1.3 会展专业建设的相关研究

科研工作是学科存在的核心要素，也是产业存在的核心支撑。科研体系也是会展专业建设和人才培养的理论基础。由于我国会展业发展的特殊性，会展的科研和服务经济始终在交替进行，螺旋式上升。2002年，上海成功申办2010年世界博览会之后，会展场馆建设、项目规划建设和服务体系建设，催生了会展科研工作的快速崛起，为中国会展理论的发展奠定了坚实的基础。

1.3.1 理论研究

自会展经济与管理专业设立以来，高校会展专业教师就认真开展专业建设的理论研究工作。以“会展”“专业”两个关键词在中国知网上进行搜索，共有745条结果，剔除部分与专业无关的研究论文，实际有720余篇研究论文涉及会展专业建设的相关研究。按照被引用的次数排序，其中，上海应用技术学院邬适融老师的“我国高校应用型人才培养模式的思考——以会展专业为例”，中山大学徐红罡、罗秋菊老师的“国际会展管理专业的教育模式及其启示”，上海应用技术学院邬适融老师的“我国高校会展教育的专业设置与培养模式探析”，广东番禺职业技术学院饶雪梅老师“关于构建高职会展管理专业课程体系的探讨”，上海对外经贸大学王春雷老师的“项目驱动型会展专业人才培养模式研究——以上海师范大学会展经济与管理专业为例”（发文时作者单位为上海师范大学），桂林旅游高等专科学校张显春老师的“对旅游会展专业人才培养及课程体系建设的思考”，华南理工大学张俐俐、庞华老师的“研究型大学会展专业人才的培养模式”，南开大学周杰、何会文老师的“会展专业观众的服务认知结构研究——兼论参展动因对服务认知的影响”，上海对外经贸大学王春雷老师的“我国高校会展专业办学模式研究”（发文时作者单位为上海师范大学），北京联合大学肖轶楠老师的“关于我国会展专业教学模式的创新思考”等论文位居相关研究成果的前10位。

被引用超过10次以上的研究论文还包括：哈尔滨商业大学周云峰、于景洋老师的“会展管理与策划专业人才培养模式探析”，上海应用技术学院曾亚强老师的“从会展产业到会展专业——由会展业引起的对高等教育发展的若干思考"，安徽国际商务职业技术学院徐琳、乔向红老师的"会展英语专业人才培养模式改革探讨"，武汉工业学院周霄老师的"高校会展专业教育实践性教学环节初探"，沈阳师范大学陈宪勇老师的"会展经济发展与会展专业教育"，华东师范大学李瑶亭老师的"从会展专业学生就业现状看我国会展教育——试论我国会展专业课程体系建设"，北京第二外国语学院马诗远老师的"关于我国会展专业热身课程的设计"，浙江商业职业技术学院余向平老师的"会展专业人才结构及培养模式探究"，上海应用技术学院邬适融老师的"我国高校会展专业的模块式课程设计"，长沙商贸旅游职业技术学院石兆老师的"会展策划与管理专业人才培养模式研究"，上海师范大学王云龙、华东理工大学王家宝老师的"旅游院校创建会展管理专业的 SWOT 分析与发展思路——以上海师范大学旅游学院为例"，重庆文理学院陈天培、王东强老师的"应用型高校会展专业人才培养探讨"，广东商学院陈玲老师的"会展专业课程设置与高校会展人才培养问题探讨"，华南师范大学罗志慧老师的"旅游管理专业课程实践教学体系的构建——以<会展管理>为例"，内蒙古财经学院肖红艳老师的"美国会展管理专业的教育模式及其对中国的启示"，福建商业高等专科学校魏仁兴老师的"会展策划与管理专业基于工作过程的课程体系探讨"，东华大学李敏、杜在仙、石旭光老师的"从参展商角度研究基于顾客价值的纺织服装专业会展竞争力"，浙江旅游职业技术学院周国忠、章览老师的"高职院校会展专业课程体系设置与能力培养途径"，浙江树人大学肖玲凤、裴向军老师的"会展专业人才培养定位分析"，浙江万里学院任国岩老师的"会展经济与管理专业课程体系建设的思考"，西安外国语大学杨燕老师的"英美会展专业课程体系探讨及其对中国会展专业建设的启示" 等论文。被引用 1 次以上的论文有 320 余篇。研究内容涉及专业建设、课程建设、实践教学、毕业论文等多个领域，逐步形成较完善的专业建设理论体系等。

1.3.2　方法体系

研究方法是研究中发现新现象、新事物，或提出新理论、新观点，揭示事物内在规律的工具和手段。"工欲善其事，必先利其器"，研究方法体系的构建是学科发展的重要手段。

研究方法一般分为通用研究方法和专用研究方法两大类。通用的研究方法主要是指可在不同的产业及学科领域应用的研究方法，一般还分为宏观层面、中观层面和微观层面等不同层面。如常见的调研法、实验法、资料分析法、图表法等属于宏观层面，也包括在经济和社会发展过程中得到进一步细化和完善的相关研究方法，如系统论、控制论、产业经济学、空间经济学等更为具体的研究方法属于中观层面。在具体的研究工作中，人们逐步形成一些具体的研究方法，如重心法、模糊评价法、德尔菲法和层次分析法等，属于微观层面的研究方法。在研究过程中，通用的研究方法可以在各层面与不同的产业、学科结合，实现具体的应用；专用研究方法一般指针对某个学科和产业研究工作中，逐步形成的相关研究方法。专用研究方法更多体现在具体的研究工作中，具有较强的针对性和实际操作性。近年来，会展专家学者一方面逐步将通用的研究方法逐步应用到会展产业实际工作中，另一方面也结合产业发展的实际需求，依托具体的会展研究项目，逐步形成一批专用研究方法。如城市会展业发展可行性分析、会展中心选址、会展策划、会展评估、会展拉动作用测算、会展项目价值评估等，这些研究方法在产业发展的实际工作中得到了具体的应用。2009 年，浙江万里学院结合专业教师在服务会展经济工作中的研究成果，开设了“会展经济数学研究方法”课程，将会展相关的研究方法从分散在不同的课程中提取出来，并形成一批用逻辑思维解决灵感问题、用量化手段解决定性问题的研究观点，集中在一门课程中开设。课程开设近 10 年来，收到了较好的效果，受到了学生的欢迎。未来一段时期，关于会展方法体系的建设始终是会展学科专业建设的热点和难点，也亟待国内会展教育科研工作者在不断地探索中逐步形成更为完善的会展方法体系，为会展业的创新发展奠定坚实的基础。

1.3.3 会展服务经济体系的构建

理论、方法和实践是学科研究应用的三个核心构成。理论和方法体系的构建，最重要的目的就是解决产业发展中的实际问题。正是由于我国会展产业起步较晚，会展学科专业与产业并行发展的特点，会展理论、方法和应用的结合度相对其他的传统学科而言更高，并在理论和方法的应用中不断拓展实践领域，在应用性研究的过程中逐步形成产业发展规律。

我国会展服务经济体系的主要特征是“依托产业、服务产业、提升产业”。在具体的工作中，逐步形成以城市会展业发展可行性分析、会展产业规划、会展场馆规模设计、会展中心选址、会展政策制定、会展法规研制、会展标准制定、会展项目策划、会展项目评估、会展风险管理、会展产业绩效评价、会展项目成本分析、会展产业拉动作用分析、会展项目价值评价等一系列的会展业应用性研究工作成果。在科研服务地方经济的同时，高校专业教师通过多种渠道，积极参与城市会展业发展的相关服务工作，会展专业学生也通过调研、学科竞赛、志愿者服务等方式，为产业发展提供力所能及的服务，成为会展业发展中不可忽视的力量。

第 2 章

浙江万里学院会展专业建设的历程

浙江万里学院会展经济与管理专业设立于 2006 年，之前可追溯到 2002~2003 学年在国际经济与贸易专业设立的“国际会展与服务贸易”特色班。该特色班是根据 2003 年 1 月 8 日宁波市政府《关于加快会展业发展的实施意见》中提出的“将会展业列为城市经济和社会发展的支柱产业，建设长三角南翼会展之都”的工作目标，并结合宁波市会展业发展对会展科研以及专业人才培养的实际需要启动的。10 多年来，浙江万里学院会展经济与管理专业坚持“依托产业、服务产业、提升产业”的指导思想，紧密围绕宁波市会展业发展的实际需要，系统推进专业建设和人才培养工作，并在此基础上系统提升会展理论、方法和服务经济的能力，成为城市会展业发展不可或缺的重要组成部分。

2.1 专业建设的背景

浙江万里学院会展经济与管理专业起步于 2003 年 2 月。2003 年 2 月下旬，宁波市政府办公厅副主任、宁波市会展办主任陈国强向浙江万里教育集团负责人应雄介绍了上海成功申办世界博览会带来会展业发展的契机以及宁波市政府高度重视会展业发展的相关思路，得到浙江万里教育集团领导的高度重视，集团领导向学校领导及商学院领导表达了开展会展学科建设和人才培养的想法，得到了学校和学院领导的响应和重视。

2003 年 2 月 28 日召开的宁波市会展协会成立大会。旅游系主任任国岩老师等应邀参加协会成立大会。在协会成立大会上，宁波市会展业的领导和企业家迫切表达了宁波市对高校开展会展科研和人才培养工作的期盼，在互动交流过程中，初步达成了相关工作的意向。回到学校后，参会人员立即将有关信息报告给商学院领导，并通过商学院领导上报学校领导，得到学校的支持，并决定由旅游系牵头启动相关的工作，同时撰写相关的发展计划和请示报告。在上报给学校领导的报告中，表明了浙江万里学院商学院探索会展研究和人才培养工作的决心，并建议学校向市政府上报相关的请示，恳请市政府支持我校开展学科建设和人才培养工作，批准我校成立会展经济研究所和会展人才培训基地。同时我们也建议学校能够批准启动会展人才培养工作，设立会展特色班，建设会展实验室，并为未来申报可能设立的会展类专业奠定坚实基础。学校领导非常重视会展科研和人才培养工作，在校长办公会上专门作为一个议题开展研究，并形成会议纪要。2003年3月，学校向市政府上报了《浙江万里学院关于开展会展教育科研工作的请示》，在明确我校重视开展会展学科专业建设、正在招收启动会展人才培养工作的同时，也期望市政府对我校的工作给予大力支持。3月28日，邬和民、成岳冲两位副市长先后批阅了我校的请示。邬和民副市长在批示中指出，浙江万里学院主动服务地方经济，应给予大力支持。4月初，市政府将领导办文件及相关的批复转发我校：市政府批准成立宁波市会展经济研究所暨宁波市会展人才培训基地并挂靠浙江万里学院。

市政府对会展教育科研工作的大力支持，进一步增强了浙江万里学院做好会展人才培养和会展学科建设工作的信心，也增强了会展学科专业建设的紧迫感。不久，旅游系完成了“关于启动国际会展与服务贸易特色班建设的请示”以及会展特色班建设的整体方案。在会展人才培养上，对人才培养的层次是本科还是专科，会展人才培养的依托专业是什么，会展人才培养的切入点等问题有过系统的研究。由于国家教育部尚未设立会展经济与管理专业，而省教育厅又无法批准设立本科专业，只能批准设立专科专业，因此，从操作的方便程度上，显然是专科专业更加容易些。但考虑到随着浙江万里学院的快速发展，本科专业是发展趋势，而且我校既然可以有两种选择，为什么不选择层次更高一点的本科专业？但问题也随之而来，旅游系只有旅游管理、酒店管理两个专科专业，而且每年的招生十分困难，如果设本科的会展专业方向，招生和师资将存在很大的问题。最终学校决定在当时比较热门的国际经济与贸易专业下设“国际会展与服务贸易特色班”，面向全校本科专业招收学员。至此，会展本科人才的培养工作形成了较为系统的工作计划，走向具体实施阶段。

2.2 专业建设的历程

2003年5月，学校从2002级学生中完成招收会展特色班学员的工作，并通过赴北京、上海、广州、深圳、南京、苏州等城市走访调研，对会展人才的基本需求和知识体系有一个初步的了解，在此基础上制订了“国际会展与服务贸易特色班”的人才培养方案、教学计划、简要的教学大纲以及建设方案。在此基础上，学校采取引进与转入相结合的方式，组建会展教研室，尽管只有3个专业教师，但商学院给予了大力的支持，专门设立会展特色班建设专项经费，支持专业教师参加国内会议、相关培训等。此后，会展特色班在市政府会展办、宁波国际会展中心、宁波会展行业协会的大力支持下，先后签订了实践教学基地建设协议、兼职教师聘请协议等，并先后主编出版《会展概论》《会展组织与管理》等教材，启动会展旅游实验室建设等工作。2004年，国家教育部正式批准设立会展经济与管理专业，2006 年，浙江万里学院会展经济与管理新专业的请示获得教育部新增和备案文件批准，正式招收会展经济与管理专业学生。

专栏 1　浙江万里学院会展专业建设大事记

2002 年上半年，宁波国际会展中心建设进入尾声，浙江万里集团的领导就开始关注会展人才的培养工作，并多次与时任宁波市大型活动办公室（会展办）领导探讨人才培养的具体思路。

2002 年下半年，浙江万里教育集团领导向浙江万里学院领导提出要推进新兴产业特色人才培养工作，并提及要思考宁波市政府重视发展会展业背景下人才培养工作。

2003 年 2 月 28 日，宁波市召开会展协会成立大会，浙江万里学院派出时任办公室主任任国岩（已确定转任旅游系主任）参会，并与市会展办主任陈国强，副主任陈忆戎、张力，会展协会会长徐云初以及国际会展中心管理有限公司总经理朱飞跃等，就会展科研及人才培养达成初步意向。

2003 年 3 月 1 日，参加会展协会成立大会教师向商学院、商学院随即向学校汇报了市会展办领导希望我校开展会展人才培养的意向，得到了领导的初步认可。

2003 年 3 月 10 日，商学院完成《会展特色人才培养及科研工作方案》，上报学校，学院校长办公会讨论后，形成初步意见，肯定了该工作的可行性。

2003 年 3 月 16 日，浙江万里学院向市政府上报了《浙江万里学院关于做好会展教育科研工作的请示》，提出要启动会展教育科研工作，希望市政府在研究机构和人才培养基地设置方面给予支持。

2003 年 3 月 21 日，邬和民、成岳冲两位副市长作出批示。邬和民副市长在批示中指出：浙江万里学院主动服务地方经济，应给予大力支持。

2003 年 4 月 6 日，市政府复函浙江万里学院，批准设立宁波市会展经济研究所和宁波市会展人才培养基地，并挂靠浙江万里学院。

2003 年 4 月 16 日，浙江万里学院批准实施“国际会展与服务贸易特色班建设方案”，决定在国际经济与贸易专业设置“国际会展与服务贸易特色班”，面向全校招收特色班学员，毕业后均授予国际经济与贸易专业毕业证书。

2003 年 4 月 20 日，为使教师快速熟悉会展产业情况，市会展办邀请部分教师参加浙洽会相关的调研工作，并要求教师设计调研工作方案。

2003 年 5 月 12 日，经过学校的批准以及系统的前期工作，浙江万里学院依托商学院旅游系正式面向全校招收“国际会展与服务贸易特色班”，报名的学生达到 80 余人。由于部分专业因报名人数较多已经影响该专业的正常教学，于是学校要求在各专业招生的人数不能超过该专业人数的 10%，加之学校同时设立“国际企业管理”“国际金融”“国际注册会计师”等特色班，因此在生源上受到一定的影响，最终首批招收了 21 名学生，分别来自国际贸易、信息管理、英语、汉语语言文学、新闻学、计算机和通信技术等专业。

2003 年 5 月中旬，商学院专门从东北大学、大连外国语学院引进 2 名教师参加会展教学科研工作，会展特色班教师达到 5 人，并在旅游系正式组建会展教研室。

2003 年 5 月 17 日，宁波国际会展中心总经理朱飞跃率部门经理以上人员来到浙江万里学院，与商学院旅游系教师就会展特班办建设开展座谈，并就实习基地建设、教师挂职、兼职教师队伍建设等签订合作协议。

2003 年 5 月下旬，受市政府会展办委托，市会展经济研究所主持起草宁波市会展业“双十佳”（十佳酒店、十佳项目）评比工作方案。

2003 年 5 月下旬，宁波市会展办、市国际会展中心等，邀请我校会展专业部分教师去温州、台州、义乌等城市开展调研。不久又组织教师赴深圳、厦门等地开展调研活动。

2003 年 5 月 22 日，高等教育出版社在杭州召开会展系列教材编写工作座谈会，旅游系任国岩老师参加，并确定主持编写《会展概论》《会展组织与管理》两部教材。

2003 年 5 月底，商学院派出会展特色班万松钱老师到国际会展中心挂职，派出谭卫平老师到浙东旅游规划设计院挂职。

2003 年 6 月 6 日，任国岩等老师参加浙洽会的前期调研工作，并跟随邬和民副市长、市卫生局、市旅游局等领导参加酒店、场馆接待工作准备情况检查。

2003 年 6 月 8 日，浙江万里学院商学院承办浙洽会“国际贸易发展论坛”，邀请龙永图、张汉林等专家到会演讲，会展特色班教师承担核心组织工作。

2003 年 6 月 8~11 日，会展特色班教师主持浙洽会项目整体评估和酒店服务评比工作。完成的项目调研评估报告成为市政府评价浙洽会的重要参考。

2003 年 6 月，浙江万里学院正式向浙江省教育厅备案，在国际经济与贸易专业下设“国际会展与服务贸易特色班”。

2003 年 9 月 3 日，浙江万里学院举办会展特色班开学典礼，市会展办主任陈国强、市会展协会会长徐云初、国际会展中心总经理朱飞跃等出席。

2003 年 11 月，会展经济研究所主持参观宁波国际服装节对宁波经济拉动作用测算研究课题。

2003 年 11 月，会展特色班学生参观宁波住宅产业博览会市场调研和项目评估工作。市国际会展中心为首届特色班学生提供与员工一致的服装和工牌。

2004 年 3 月，为配合上海世博会对会展专业人才的需要，教育部批准上海师范大学、上海对外经贸学院设立会展经济与管理专业。国家教育部正式设立会展经济与管理专业，极大鼓舞了国内开展会展本科人才方向及模块培养高校的专业热情。浙江万里学院随即着手会展经济与管理专业建设的申报工作。

2004 年 3 月下旬，在北京召开的中国产业高峰论坛上，会展特色班负责人任国岩老师当选“全国会展十大理论人物”。

2004 年 4 月，任国岩老师参加劳动部中国职业技能鉴定中心首届会展策划师师资培训班，陈泽炎、陈锋等会展资深人士为学员们进行系统的会展知识培训工作。

2004 年 5 月，任国岩老师受聘担任上海《会展财富》杂志社特约编委。

2004 年 8 月，高等教育出版社正式出版任国岩、骆小欢主编的《会展组织与管理》和张建康、任国岩主编的《会展概论》2 部教材。

2004 年 11 月，旅游系正式向学校提交会展经济与管理专业、物流管理专业申报工作方案，鉴于每个系只能申报一个新专业，因此申报 2005 年物流管理专业并最终获批。

2005 年 5 月，任国岩、戚能杰老师完成“中国大桥节策划书”，旨在结合杭州湾跨海大桥建设为举办竣工典礼等活动提供参考。

2005 年 6 月，市会展行业协会更名为市会展业促进会，会展专业负责人任国岩当选副秘书长并兼任教育科研工作委员会副主任。

2005 年 9 月，任国岩老师主持的“会展人才培养的理论研究与实践探索”获得宁波市教学成果三等奖。

2005 年 9 月，任国岩老师主持宁波市政府会展办“宁波国际服装节对宁波经济拉动作用研究”课题的研究工作。

2005 年 11 月，浙江万里学院正式向教育部申请设立会展经济与管理专业。

2006 年 3 月，中国会展经济研究会成立，浙江万里学院成为首批 22 个理事单位之一，任国岩当选为会议专业委员会副主任。

2006 年 3 月，任国岩老师主持起草《“十五”期间宁波展览业发展》，该文被纳入中国会展经济研究会《“十五”期间城市会展业的发展报告》。

2006 年 4 月，国家教育部批准浙江万里学院设立会展经济与管理专业。

2006 年 5 月，任国岩老师主持宁波市政府会展办“宁波市大型活动保障体系研究”课题。

2006 年 7 月，市会展办、市贸易局、市会展经济研究所合作完成《宁波市会展业“十一五”发展规划》起草工作。

2006 年 9 月，任国岩老师主持江东区贸易局《宁波会展创意园规划》研究课题。

2006 年 9 月，任国岩老师在杭州市举办的中国会展业高峰论坛上，提出了会展转换器作用理论，《杭州晚报》记者专门进行报道。这也是会展专业教师首次尝试会展原理性理论的研究工作。

2006 年 9 月，宁波市教育局设立宁波市旅游会展应用型人才培养基地等首批 10 个应用型人才培养基地，浙江万里学院主持基地会展专业建设工作。

2006 年 10 月，宁波市社会科学院设立宁波市区域开放与发展基地，会展研究方向为其中方向之一。

2006 年 11 月，任国岩老师受聘担任上海《中国节庆》杂志社特约编委。

2007 年 5 月，任国岩老师拜访市政府副秘书长、新任市会展办主任张松才，汇报了浙江万里学院及宁波市会展经济研究所教学科研工作情况，并提出未来一段时期的相关研究方向，得到张松才秘书长的关注。随后，市会展办批准设立“宁波市接轨上海世博会的对策研究”和“宁波市会展业创新发展研究”两项研究课题。

2007 年 6 月，宁波市政府首次召开全市会展业大会，毛市长在会上提出打造国际会展之都的工作目标。任国岩老师作为核心成员参与了会议材料的起草工作。

2007 年 6 月，为配合落实毛光烈市长在全市会战工作会议上的讲话精神，市会展办立项开展“宁波市会展产业发展的现存问题及对策研究”课题，任国岩老师主持该课题的研究工作。

2007 年 6 月上旬，由任国岩老师任组长的浙江万里学院会展专业教师组成的专家小组，对浙江投资贸易洽谈会期间酒店业服务工作开展了评比。

2007 年 6 月，任国岩老师主持的“浙江利用世博平台对策研究”获省社科规划重点课题立项。会展专业王凤山老师主持的“沪上文人虞恰卿”也获省社科规划重点课题立项。

2007 年，商学院根据省教育厅的要求，申报浙江省新世纪教学改革项目“立足新兴产业的会展特色专业建设研究与实践”和浙江省精品课程“会展管理”项目获得立项。

2007 年 6 月底，结合参加 2010 年上海世博会，任国岩老师完成“上海世博会宁波城市形象定位思考”，提出宁波“东方伊甸园、国际经贸港”的概念，受到会展办领导的关注。

2007 年 7 月，参与起草《宁波市人民政府关于进一步推动宁波会展业发展的若干意见》，并正式印发。

2007 年 7 月，任国岩老师在接受宁波晚报记者采访时提出会展业放大作用的“三极管”理论，并在 24 日的《宁波晚报》上以较大篇幅作报道。

2007 年 7 月，任国岩老师在《浙江万里学院学报》上发表“会展经济与管理专业课程体系建设的思考”学术论文。

2007 年 7 月，会展专业任国岩老师在全国会展经济研讨会会展教育高峰论坛上提出长三角会展产业布局理论，受到与会者的关注。

2007 年 7 月，结合宁波市旅游会展人才培养基地建设项目，浙江万里学院《会展概论》《会展策划》《会展市场营销》《会展专业英语》《参展商实务》《会展案例》等 6 门课程被列为基地建设项目。另有会展人才培养研究、会展人才培训体系建设研究、会展专业大学生素质拓展体系研究、宁波市会展业发展报告、宁波市节庆产业发展研究等教学科研研究课题获得立项。

2007 年，任国岩老师在《浙江日报》上发表了“世博会给浙江带来了什么”等文章，并有多篇论文入选“长江三角洲经济合作论坛论文集”“中国会展经济研究会年度论文集”“青岛啤酒节论文集”等。

2007 年 10 月，任国岩老师主持的“宁波市办展环境评价”获市政府会展办立项，并于次年 5 月正式结题。

2007年11月，任国岩老师主持江东区贸易局“宁波市江东区会展产业对经济拉动作用研究”课题。

2007年8月9日，为配合贯彻落实毛光烈市长在全市会展工作会议上的讲话精神，中国宁波网举办网络对话：聚全市之力，打造国际会展之都，任国岩老师与市政府副秘书长、会展办主任张松才，市政府会展办副主任、会展促进会会长陈忆戎、国际会展中心总经理朱飞跃等作为嘉宾参与对话活动。

2007年9月，任国岩老师主持的会展业对宁波经济拉动作用研究获宁波市哲学社会科学课题立项。

2007年9月，万松钱老师主持的《余姚市农业旅游项目规划》课题被立项为宁波市科技局课题。

2007年9月18日，任国岩老师主持完成宁波市会展业接轨上海世博会对策研究，得到毛光烈市长的重要批示。

2007年9月23日，任国岩老师陪同张松才秘书长和会展办相关领导，到杭州西博办调研杭州市接轨上海世博会的相关工作，杭州市政府副秘书长叶敏、会展办副主任施永胜等参加接待。

2007年9月，鞠方辉老师主持的“面向产业培养紧缺人才的会展经济与管理专业建设项目”被列为浙江省新世纪教学改革项目。

2007年9月，任国岩老师主持完成的“面向产业培养紧缺人才的会展特色专业建设项目”获得宁波市优秀教学改革成果三等奖。

2007年9月，宁波晚报以“创新：挖掘创造的智慧潜力”采访部分市内该专家。任国岩老师“会展业也要观念创新”的观点，作为文章中的重要组成部分在宁波晚报刊发。

2007年9月30日，浙江万里学院举办接轨上海世博会工作专题报告会，由接轨上海世博会组委会顾问任国岩老师主讲，这也是宁波市开展世博走进高校工作的首个讲座。

2007年10月1日，利用国庆节假期，任国岩老师与会展办吴仁兴副主任共同完成“宁波市接轨上海世博会工作方案”等草稿的撰写工作。

2007年浙洽会、服装节期间，浙江万里学院、宁波大学等高校的教师，为国外参展商提供了优质的翻译服务工作；浙江万里学院、宁波城市职业技术学院、浙江纺织服装职业技术学院的学生还为浙江投资贸易洽谈会、宁波国际服装节、中国宁波国际家居博览会等大型会展项目，提供1000余人次志愿者。

2007年10月，为配合地方政府做好前期准备工作，浙江万里学院在2008届毕业生的论文选题方面，集中突出了对接轨上海世博会的相关研究工作。55名毕业生的毕业论文选题中，有32名学生结合浙江省、宁波市以及生源所在城市接轨上海世博会的相关工作开展研究。在寒假，学院还组织学生开展系统调研工作，对浙江省各市地政府、协会、企业和市民对世博会的认知程度、对接轨世博会的相关思考、对接轨世博会的相关需求等开展深入调研。

2007年11月，在首次进行的国家特色专业建设和浙江省重点专业选拔工作中，浙江万里学院的会展经济与管理专业被列为浙江省重点建设专业。这是国内19所开设会展经济与管理专业的高校中唯一一家获此殊荣的专业。

2007年12月，宁波电视台采访市会展经济研究所所长任国岩，他提出的“城市形象展示标志性符号集成”观点作为城市接轨上海世博会的重要观点之一，成为宁波电视台采访的重要内容。

2007年，会展专业教师在国内期刊上先后发表了“关于联合分析的会展产品价值属性研究”“层次分析法在会展旅游城市竞争力评价中的应用”“会展旅游城市发展模式研究——以长三角四城市为例”“会展知识产权保护问题研究”“会展旅游城市竞争力评价模型研究”“中国会展资源普查标准研究”“资源对节庆产业的作用研究”等一系列研究论文。

2007年，会展专业师生承担的大学生挑战杯项目达到四项，其中1项获浙江万里学院二等奖，两项获浙江万里学院三等奖，从数量和质量两个方面实现了较大的突破。

2007年12月，依据我校会展专业教师制订的《宁波市"三十佳"评比工作方案》，浙江万里学院、宁波城市职业技术学院、浙江纺织服装职业技术学院联合开展了2007年度宁波市"三十佳"的评选工作。

2007年，浙江万里学院等高校的教师，先后为宁波国际贸易投资公司、宁波国际汽车城有限公司等企业提供了业务培训。

2007年，浙江万里学院会展专业会同宁波市人事局培训中心，为宁波市会展从业人员和高校学生提供了多次"长三角会展紧缺人才证书"考试培训工作。

2007年，任国岩老师主持完成的《政府强力推进、市场灵活运作——宁波市会展产业发展十年的启示》《全面推进会展业发展，构建新的经济增长点》等内参类文章，刊发在浙江省政府办公厅《专报信息》等内参杂志上。

2007年12月，任国岩老师主持起草"宁波国际自由港建设的研究报告"，提出将进口商品展示纳入正在申报的保税区建设方案中。该建议最终被采纳，体现在国务院《关于批准宁波保税港功能定位》的文件中。

2008年1月，根据宁波市教育局旅游会展人才培养基地首批建设项目要求，任国岩老师主持完成"2007年宁波市会展业发展报告"的撰写工作，并以小册子的方式印发。

2008年2月，专业教师撰写的"筹办世界海洋博览会，构建海洋综合服务平台"分别被列为浙江省政协和宁波市政协正式提案。

2008年2月24日，国务院正式批准设立浙江宁波梅山保税港。根据国务院的批复，宁波梅山保税港区的功能定位是以国际中转、配送、采购、转口贸易和出口加工等业务为主导，以商品服务交易、投资融资保险等金融贸易功能为辅助，以法律政务、中介鉴证、休闲文化和进口展示等配套，具备生产要素聚散、重要物资中转等现代功能的国家重要区域性资源配置中心。其中，保税区设置进口展示功能为我校会展专业任国岩老师提出。

2008年3月12日，会展经济与管理专业被浙江省教育厅列为浙江省重点建设专业。

2008年3月，会展专业教师完成的"宁波市会展业十年发展的启示"获得金德水副省长批示。

2008年3月，"建设进口商品展示基地研究"研究成果获得巴音朝鲁书记和毛光烈市长重要批示。

2008年3月，宁波市会展经济研究所获宁波市人民政府2007年度会展业创新奖。

2008年5月，专业教师被宁波市接轨上海世博会工作领导小组办公室聘为"宁波参与上海世博会最佳城市实践区展示设计"顾问，主持的"宁波市最佳城市实践区展示设计研究"获宁波市社科规划重点课题立项。

2008年5月，结合宁波建设国际贸易常年展，任国岩完成"建设进口商品展示基地研究"建议稿，得到市政府会展办领导重视，并立项开展系统深入研究。

2008年6月，大学生会展研究会被共青团浙江省委、浙江省教育厅、浙江省财政厅联合授予大学生优秀社团称号。

2008年7月，中国会展经济研究会、宁波市会展办等联合举办2008中国（宁波）展览项目创意大赛。浙江万里学院会展专业包揽前四名。

2008年7月2日，"立足产业发展的新兴专业人才培养模式研究与实践——以会展经济与管理专业为例"获浙江省教育厅新世纪教学改革项目立项。

2008年9月，会展专业教师主持的浙江省社科规划重点课题"浙江利用世博平台对策研究"结题并通过验收；主持的浙江省社科规划常规课题"浙江省会展业与先进制造业融合互动发展"获得立项。

2008年9月，专业教师任国岩撰写的研究报告"筹办世界海洋博览会，建设浙江海洋综合服务平台"刊发在浙江省社科联《社科成果要报》上。

2008 年 9 月，会展经济与管理专业在由浙江省教育厅组织的新专业中期检查工作中获得优秀。

2008 年，会展专业学生积极参与学科竞赛活动并取得优异成绩。两个项目分获大学生“挑战杯”竞赛浙江省一等奖；“中国（宁波）国际港口物流及信息技术展”“中国（宁波）国际海洋博览会”和“中国（宁波）国际体育保健用品博览会”获 2008 中国（宁波）展览项目创意策划大赛二等奖、三等奖和优秀奖；会展专业学生还包揽了宁波市江东区会展策划大赛的前三名。

2008 年 11 月，浙江万里学院大学生会展研究会获团省委、省教育厅优秀学生社团称号。

2009 年 9 月，第二届 2010 上海世博会与长三角合作发展论坛将于 2008 年 9 月 25 日上午在我市举办。浙江万里学院会展专业师生全程参与并提供志愿者服务。

2009 年 9 月，“宁波市申办世界海洋博览会的对策研究”获省大学生“挑战杯”竞赛一等奖。

2009 年 9 月，专业教师任国岩牵头申报的长三角城市经济协调会专项调研课题“长三角会展业合作发展研究”获得立项。

2009 年 9 月，任国岩老师主持的“长三角联手搭建世博会的体制机制研究”课题获省社科规划重点课题立项。

2009 年 10 月，“立足新兴产业，构建服务型教育体系”被评选为宁波市产学研合作十大案例。

2009 年 11 月，会展经济与管理 061、2 班被共青团中央等评选为 2009 年度全国优秀班集体。

2009 年 11 月，郑蕾娜老师撰写的研究论文“E-exhibition Towards International Trade under the Current Global Economic Crisis（全球经济危机背景下网上会展发展）”刊发在国际顶级期刊“WSEAS TRANSACTIONS on INFORMATION APPLICATIONS”上，并有多篇文章被 EI、ISTP 等检索。

2009 年 10 月，专业教师申报的《会展管理》教材，被浙江省教育厅列为浙江省重点建设教材。

2009 年 10 月，宁波市教育局公布了宁波市服务型教育重点专业立项建设名单，浙江万里学院会展经济与管理专业获准主持市会展服务业服务型教育重点专业建设工作。

2009 年 11 月，浙江万里学院教师为核心成员之一的“宁波市会展人才培养基地建设”获宁波市教学成果一等奖和浙江省教学成果二等奖。

2009 年，戚能杰老师等主持浙江省社科联课题 2 项，浙江省教育厅课题 2 项，宁波市社科规划课题 2 项。

2009 年 12 月，任国岩老师被“中国市场 · 会展财富”杂志等国内相关媒体评选为“建国 60 年中国会展 60 人”；以会展服务业作为主要方向之一的港口经济团队获浙江省高校创新团队。

2009 年 10 月，专业教师任国岩申报的“宁波市接轨上海世博会的对策研究”获宁波市哲学社会科学成果二等奖。

2010 年 3~5 月，任国岩老师先后为市老干部局、武警镇海支队、现代家居市场以及部分街道举办“上海世博会与宁波经济发展”讲座，该讲座是宁波市教育局文化大讲堂的组成部分。

2010 年 3 月，会展专业季双阳、田广 2 名同学分别担任宁波市接轨上海世博会组委会综合部、场馆部部长助理，全程参与接轨上海世博会工作。

2010 年 4 月，会展专业负责人任国岩老师与部分教师学生，参加了上海世博会组委会组织的场馆人流量测试工作。

2010 年 6 月，教育部公布了第六批高等学校国家级特色专业建设点名单，浙江万里学院会展经济与管理专业成为首个会展经济与管理专业国家级特色专业建设点。会展教育科研工作也有了“国家队”。

2010 年 5~10 月，2010 年上海世博会期间，会展专业任国岩、王敏杰、郑蕾娜等教师积极参与接轨上海世博会的相关工作。其中任国岩老师主要承担上海世博会拉动作用测算等工作和宁波市城市最佳实践区的相关研究工作，郑蕾娜老师主要负责部分主题论坛的翻译和接待等工作。

2010 年 10 月 3~6 日，国际展览局秘书长洛塞泰斯一行来甬访问。市委副书记、市长毛光烈 2010 年

10 月 4 日晚在会见洛塞泰斯时，双方一致表示，愿共同携手举办对世界有益的国际性重大项目。期间还就浙江万里学院会展专业教师参与国际展览局相关研究工作达成一致意见。

2011 年 4 月，宁波市人民政府下发了《关于表彰宁波市接轨上海世博会先进集体先进个人的通知》，我校商学院任国岩老师、会展 06 级季双阳、田广同学受到通报表彰。任国岩老师还获得了由王岐山副总理、俞正声书记签名的上海世博会荣誉证书和奖章。

2011 年 5 月 5 日召开的全市会展工作会议上，我校获市政府 2010 年度会展业发展优秀服务奖，宁波市会展经济研究所获市政府会展业发展贡献奖。

2011 年 5 月 27 日上午，原中国驻法大使、全国政协原副秘书长、中国外交学院原院长、国际展览局名誉主席吴建民一行四人来校视察。浙江省万里教育集团党委书记、总裁应雄，校党委书记、执行校长陈厥祥等会见了客人并进行了座谈。应雄书记介绍了万里集团的创业历程，举办浙江万里学院与宁波诺丁汉大学的相关情况。商学院任国岩老师代表学校向吴建民大使汇报了我校国家级特色专业——会展经济与管理专业的建设情况。

2011 年 5 月 28~29 日，浙江省会展本科教育论坛及五校交流会在我校举行。来自浙江传媒大学、杭州师范大学、浙江大学城市学院、浙江树人学院等省内高校会展经济与管理专业教师和学生 60 余人汇聚我校，共同探讨会展经济与管理专业建设的思路与对策。商学院副院长孟祥霞出席会议并介绍了学校及商学院教学改革和建设的情况。

2011 年 6 月，会展专业负责人任国岩老师被中共宁波市委授予“宁波市优秀共产党员”称号。

2011 年 6 月，浙江万里学院会展专业学生党支部获得宁波市教育系统优秀党支部称号。

2011 年 7 月，宁波市会展经济研究所主持完成长三角城市经济协调会 2010 年上海世博会对长三角经济拉动作用的测算工作。

2012 年 5 月 10 日，应会展专业负责人任国岩邀请，中国会展经济研究会常务副会长陈泽炎、宁波市政府副秘书长陈国强莅临浙江万里学院，为会展经济与管理专业师生作“中国县域会展经济专题讲座”。校长助理、商学院院长闫国庆参加讲座。讲座由商学院副院长孟祥霞主持。浙江尚海投资发展有限公司等宁波市部分会展企业的员工也听取了讲座。会展专业师生和企业员工还就相关热点问题与讲座嘉宾进行了深度互动。

2012 年 5 月 18 日，浙江省教育厅正式下文，批准浙江万里学院会展经济与管理专业为浙江省“十二五”优势专业。本次浙江省获批的 150 个优势专业，是从浙江省“十一五”期间省级以上重点建设专业、重点专业和已经立项的教育部国家级特色专业建设点中遴选出来的。浙江万里学院共有四个专业获批浙江省优势专业。

2012 年 9 月 11 日，宁波电视台就全市会展业发展采访了宁波市政府会展办主持工作的副主任张兴迩和宁波市会展经济研究所所长任国岩，并就当前会展业发展现存的问题、未来全市会展业发展态势和会展教育科研服务地方经济等问题进行交流。

2012 年 12 月，经市教育局组织评审，管理专业任国岩主持完成的“教师服务地方经济与学生研究性学习互动提升——会展经济与管理专业教学新模式的探索与实践”获宁波市第八届高校教学成果奖二等奖。这是浙江万里学院会展经济与管理专业第四次获得市教学成果奖。

2013 年 1 月 6 日，浙江省经济和信息化委员会作出“关于同意浙江远见会展创意产业发展研究院主要负责人名单的批复”，同意陈如昌同志担任浙江远见会展创意产业发展研究院院长，陆善兴同志担任浙江远见会展创意产业发展研究院常务副院长，张建康、任国岩同志担任浙江远见会展创意产业发展研究院副院长。批复中还希望研究院为切实服务浙江会展创意产业经济，推动我省经济转型升级、提升可持续发展能力做出贡献！

2013 年 3 月，省会展行业协会举办 2013 年年会，原省政协副主席徐鸿道、省经信委法规处处长李丹、省经信委生产服务业处处长骆云伟、省商务厅商贸发展处处长张青山、省民政厅社团管理局副局长张伟林等领导出席会议。来自省内城市政府会展管理部门、会展行业协会、会展企业、高校会展专业代表等90余人参加了年会。省会展行业协会副会长、我校会展专业负责人任国岩等教师参加。

2013年5月7日，根据上海市劳动局、上海市会展行业协会要求，浙江省会展行业协会主持会展综合实训软件功能论证会。该论证会对由浙江万里学院会展专业教师设计、杭州磐天信息科技有限公司开发、中标上海市劳动局上海市就业促进中心创业者公共实训基地会展公共实训基地的软件及部分定制开发软件方案及相关功能进行系统论证。浙江省会展标准化技术委员会副主任、浙江省会展行业协会秘书长刘志刚主持论证会，浙江省会展标准化技术委员会副主任兼秘书长、浙江中汽展览有限公司董事长方曦、浙江新华展贸有限公司董事长管伟、杭州市广告展览有限公司董事长蒋智军、运营总监沈斐等浙江省会展专家出席了论证会。

2013年5月，经浙江远见会展创意产业发展研究院院长办公会研究决定，设立政府决策与产业发展研究中心、科研学术中心、艺术中心、产业推进中心四个下设机构。其中，政府决策与产业发展研究中心落户浙江万里学院。

2013年5月，根据浙江省会展行业协会《关于成立浙江会展信息统计中心的通知》（浙会行字2013年7号），浙江会展信息统计中心正式成立并落户我校。我校会展经济与管理专业负责人任国岩受聘担任首任浙江会展信息统计中心主任，王佳老师担任副主任。

2013年6月3日，由浙江万里学院商学院和宁波市会展经济研究所主办，宁波市会展创新创业孵化基地和浙江万里学院大学生会展研究会承办的国际会展业与会展教育发展报告会在图书馆学术报告厅举办。本次活动邀请美国乔治·华盛顿大学MTA（旅游硕士）项目负责人于良教授主讲，商学院会展专业200余名师生参加了报告会。

2013年6月22日，我校会展经济与管理专业在杭州市文华宾馆主持召开省职业技能鉴定中心会展策划师教材及题库建设工作论证会。省职业技能鉴定中心调研员邵桂四、命题科负责人葛陆媛和省会展行业协会秘书长刘志刚、副秘书长陆善兴，浙江大学城市学院传媒与人文学院院长助理、会展专业负责人张建康教授等业内专家出席论证会。

2013年9月25日，宁波市会展工作会议在联谊宾馆五楼会议厅召开。会议由市政府副秘书长丁海滨主持，洪嘉祥副市长作重要讲话。来自市政府相关部门、相关会展企业及部分科研院所和高校的代表60余人出席会议。宁波市会展经济研究所获得2012年度宁波市会展业贡献奖。

2014年3月，宁波市会展经济研究所获得宁波市政府2013年度会展业贡献奖，任国岩老师当选首届宁波市会展先进个人。

2014年4月，高考志愿填报研究专家、《高校招生》执行总编郭小川撰文“300个国家级特色专业任你挑”，为考生报考志愿支招。其中，专门提到“浙江万里学院会展经济与管理专业”等专业“都是国家级特色专业”“堪称同类专业领域里的翘楚”“考生在填报志愿时，应给予充分重视”。

2014年4月25日，由省会展行业协会主办、浙江万里学院承办的2014年浙江省会展教育科研工作会议在银苑大酒店召开。省会展行业协会会长王昌友、省教育厅高教处副处长王国银、宁波市政府会展办副主任吴仁兴、省协会副会长兼秘书长刘志刚，以及省内开设会展专业本专科院校的会展学科专业负责人参加会议。

2014年6月25~27日，为进一步提升全省会展人才业务水平，促进会展业又快又好发展，根据省人力资源和社会保障厅办公室《关于印发2014年度省级现代服务业高级研修班计划的通知》要求，浙江万里学院定于宁波举办浙江会展业高级研修班，来自省内会展业70余人参加。

2014年7月，经省教育厅批准，浙江万里学院会展经济与管理专业首次招收一本学生，这也是浙江万里学院第二个招收一本生的专业，也是第一个招一本生的文科类专业。

2014 年 9 月 25 日，长三角城市经济协调会会展专业委员会（以下简称会展专委会）成立大会在宁波召开。首批成员包括上海、南京、杭州、宁波、合肥、苏州、无锡、嘉兴、镇江、南通、芜湖、马鞍山等 12 个长三角主要会展城市。宁波市会展办副主任张幸迩作会展专委会筹备工作报告，浙江万里学院闫国庆副校长作会展专委会组织架构说明，宁波会展经济研究所所长任国岩作会展专委会章程起草说明。与会各城市代表简要介绍了本市会展业发展的相关情况，并就会展专委会章程、组织机构进行表决，对会展专委会工作目标与计划等进行深入讨论，并提出具体的工作建议。

2014 年 12 月 25 日，长三角城市经济协调会会展专业委员会举办年度工作汇报会。秘书长任国岩做专委会工作汇报。市国内经济合作办副主任叶文涛、市政府会展办副主任张幸迩、市国内经济合作办区域合作处处长史克清、市国内经济合作办副调研员甘金明、浙江万里学院商学院院长孟祥霞、党委书记、副院长孙琪等参加汇报会。

2015 年 1 月 13 日，长三角协调会第 36 次工作会议在徐州召开。来自 30 个成员城市的代表就专题课题、专业委员会建设进行综合评价。长三角协调会会展专业委员秘书长任国岩代表会展专委会作年度工作汇报。

2015 年 2 月，长三角城市经济协调会会展专业委员会网站日前正式上线。网址为 www. c-expo. org。网站将立足服务于长三角会展产业发展，设置产业信息、工作动态、展会信息等栏目，同时发布长三角会展专委会专家研究报告、调研成果等，并及时发布会展专业委员会的工作动态。

2015 年 2 月，浙江万里学院会展 11 级团支部获得团省委、省教育厅等部门“省优秀团支部”称号。

2015 年 4 月，学校委托省教育评估院对 2013 届毕业生职业状况及人才培养质量开展调研，会展经济与管理专业在全校 35 个专业中，就业率第一，创业率第一，核心竞争力位居第四，工资水平系数位居第二。

2015 年 6 月 4 日，商务部召开座谈会，贯彻落实国务院《关于进一步促进展览业改革发展的若干意见》，来自国内政府主管部门、协会、高校、企业的 30 余名代表参加。座谈会就国务院文件出台后具体实施步骤与路径，贯彻落实意见的难点与重点等开展深入交流。任国岩老师出席并作重点发言。

2015 年 6 月 17~19 日，2015 年长三角会展专业委员会年度会议在宁波举办，来自 13 个城市会展业主管部门、协会和企业的专家参加会议。会议各成员城市代表介绍了本市会展业发展情况，就专委会工作进行评价，对下一步的工作计划进行研究，并提出了相关的建议。

2015 年 6 月 26 日，浙江省会展业标准化技术委员会换届工作在杭州市浙江大学城市学院举办，省商务厅、省标技委、全国会展标技委领导以及杭州、宁波、温州等省内主要会展城市政府主管部门、行业协会、高校、企业的会展专家 50 余人参加。任国岩老师当选本届理事会副秘书长单位，这也是本届理事会中唯一一个杭州以外的机构任副秘书长以上职务。

2015 年 7 月 28 日，长三角协调会健康服务业专业委员会在扬州成立。来自长三角 20 个城市的发改委等相关部门及企业负责人到会。任国岩老师作为会展专业委员会负责人应邀出席。

2015 年 10 月，会展专业教师主持承担宁波市会展业“十三五”发展相关研究工作以及会展业“十三五”发展规划的制定工作。专业教师系统汇报了相关的研究成果和课题研究的思路，得到会展办领导的肯定。

2015 年 11 月 22 日，由中国高等教育学会、中国发明协会和中国教育技术协会主办，教育部中央电化教育馆中国信息技术教育杂志社、国家知识产权局《创新时代》杂志社承办的第七届高等学校信息技术创新与实践活动（NETWORK ORIGINALITY COMPETITION，简称高校 NOC 大赛）决赛现场传来捷报，商学院会展专业获创新创业类 1 项一等奖和 2 项二等奖。

2015 年 11 月 23 日，为进一步推进转应用型建设，会展经济与管理专业召开政产学研合作座谈会。

宁波市政府会展办、市会展行业协会，华博会展、前程会展、雅卓会展、中博会展、城之新会展等宁波主要会展企业负责人参加了座谈会。与会人员就“十三五”期间会展业发展趋势、产业对人才需求、会展教育科研创新等方面进行深入系统的讨论，并就会展人才行业标准制订、产学合作共建专业课程、实践教学体系与实习基地建设、兼职教师队伍建设、行业学院建设、应用型会展研究体系建设、学生创业就业服务体系等形成具体合作方案。大家一致表示，浙江万里学院在会展理论及方法研究、政策体系构建、志愿者服务体系构建、会展项目评价等方面做出突出成绩、形成鲜明特色，是宁波市会展业快速发展、系统提升不可或缺的重要组成部分，应给予全力支持。

2016 年 1 月，由浙江万里学院会展经济与管理专业牵头，宁波市会展业促进会、宁波国际会展中心等联合组建的宁波市会展大数据实验中心举行成立仪式，研究中心设在宁波国际会展中心，这也是会展经济与管理专业落实教育部部长讲话精神，将实验室设在企业中的一个初步尝试。宁波市政府分管秘书长张延向会展经济与管理专业负责人授牌。

2016 年 11 月，会展经济与管理专业教师参与的教学改革项目《浙江万里学院专业综合改革理论研究与实践》获浙江省教学成果二等奖。

2017 年 3 月，会展经济与管理专业教师主持的《会展经济与管理专业产教融合体系建设研究与实践》获浙江省教学改革建设项目立项。

2017 年 5 月，宁波市会展经济研究所主持承担宁波市发改委“宁波市会展业发展的路径研究”课题的研究工作，该课题于 2017 年 12 月举行验收，其中“发挥会展业主场外交功能”“格局功能”，做好中东欧博览会的举办工作，谋划举办中国国际港口博览会，适时申办以海洋、港口等为主题的世界博览会的观点得到市发改委、市发展研究院等领导的充分肯定。

2017 年 6 月，会展经济与管理专业被浙江省教育厅立项为浙江省“十三五”特色专业，成为浙江省唯一一个获得立项的本科专业。

2017 年 7 月，会展经济与管理专业教师主持的《浙江省会展业集聚演进特征研究》获得浙江省社科规划课题立项。

2017 年 9 月，浙江万里学院会展经济与管理专业负责人被中国会展经济研究会聘任为统计工作委员会副主任。

2017 年 10 月，浙江万里学院会展经济与管理专业在教育部组织的评估工作中获得优秀，并获得学校的表彰。

2017 年 10 月，会展专业负责人承担杭州之江集团“中国茶博会永久馆建设可行性研究工作”，并主持承担经济可行性分析部分的研究和撰写工作。其中提出的建设“龙坞庄园”，将茶博会永久馆区域打造成为主场外交、国际领导人与外国元首庄园外交的重要基地等观点受到西湖区领导的重视和肯定。

2017 年 11 月，宁波市会展经济研究所所长参加了省商务厅中国（浙江）数字贸易交易会方案的起草工作。该方案得到省商务厅领导的肯定性批示。

第 3 章

浙江万里学院会展经济与管理专业概况

经过 15 年的建设历程，浙江万里学院会展经济与管理专业已初步形成具有较完善的人才培养体系，较扎实的产业支撑平台，较具实力的师资队伍，较完善的实验实践基地，理论与实践相结合、产教融合、理论研究与服务经济有机结合的应用型特色专业。具体包括以下方面。

3.1 专业建设基本情况

3.1.1 具有一定影响力的专业品牌

商学院是浙江万里学院最大的专业学院，现有会展经济与管理、国际经济与贸易、金融学、信息与计算科学、会计学、国际商务、财务管理、统计学等 8 个本科专业。其中，会展经济与管理为国家级特色专业、浙江省“十一五”重点专业、浙江省“十二五”优势专业、浙江省“十三五”特色专业和宁波市服务型教育重点专业；国际经济与贸易为浙江省重点专业、宁波市重点专业；信息与计算科学是浙江省重点专业、宁波市重点专业；会计学为浙江省“十三五”特色专业、宁波市重点专业、宁波市特色专业。

学院现设有三个系，在校学生 3571 任（2017 年 2 月数据）。涵盖经济学、管理学、数学三个学科。其中国际经济与贸易为省重点学科（A 类），应用经济学为省重点学科、省一流学科，技术经济学为宁波市重点学科。

学院拥有长三角城市经济协调会会展专业委员会等区域研究平台，宁波市中东欧合作研究所、宁波市会展经济研究所、宁波市审计研究所、宁波市民营经济研究所、宁波市海洋经济发展战略研究中心等市级研究平台。

3.1.2 具有一定品牌价值的专业建设成果

浙江万里学院是国内首批开展会展本科人才培养的四所高校之一。2002 年，在国家教育部尚未设立会展经济与管理本科专业时，浙江万里学院就结合我国会展业快速发展对人才的需求实际，依托宁波市良好的产业基础，在国际经济与贸易专业设立“国际会展与服务贸易特色班”，并组建会展教研室，开展会展教学和人才培养的探索工作。在此基础上形成的“立足新兴产业的会展特色人才培养”项目，2005 年获得宁波市教学成果三等奖。

2006 年会展经济与管理专业设立后，院系两级层面重视进一步提升专业建设的人才培养的质量。2006 年 11 月，会展管理课程获浙江省重点课程建设立项；会展策划、会展营销、会展服务管理、会展政策法规、会展概论 5 门课程获得宁波市旅游会展人才培养基地课程建设立项；会展人才培养体系建设研究、会展人才培训体系构建等获得宁波市教育局教学改革建设项目立项；2007 年 9 月，“立足新兴产业构建服务型教育体系”获得宁波市教学成果二等奖，2007 年下半年，“会展特色人才培养的理论研究与实践探索”获浙江省新世纪教学改革立项，会展经济与管理专业被列为浙江省重点建设专业，浙江万里学院也成为国内首个获得省级会展专业建设立项的学校。

获得省重点专业建设立项后，会展经济与管理专业高度重视专业建设的层次提升和模式构建工作，重视物化成果的积累工作。2009 年 7 月，会展经济与管理专业被列为“宁波市产学合作十佳案例”，旅游会展人才培养基地项目获得宁波市教学成果一等奖和浙江省教学成果二等奖。2009 年 10 月，会展经济与管理专业被列为宁波市服务型教育重点专业。2016 年 6 月，会展经济与管理专业被国家教育部列为国家级特色专业，这是国内第一个、也是迄今为止唯一一个会展经济与管理国家级特色专业。期间，会展经济与管理专业教师先后获得“建国 60 年中国会展 60 人”“中国十大会展理论人物”“中国十大节庆理论人物”等荣誉称号。

获国家特色专业立项后，会展经济与管理专业把系统开展研究，为国内会展业发展提供理论支撑和实践指导作为专业建设的重点，在人才培养方案、课程建设、实践教学、教学方法改革等方面开展系统深入的探索。2012 年，会展经济与管理专业获得浙江省优势专业立项。在此期间，会展经济与管理专业全面提升建设质量，发挥专业的创新和辐射作用，在形成先发优势、顶端优势的基础上，系统探索会展经济与管理专业的理论、方法、模式，并在实际中得到具体应用，形成专业的引领作用、辐射作用，提升了浙江万里学院会展经济与管理专业在国内外的影响力。会展经济与管理专业在确保招生质量的同时，系统强化学科建设和服务地方经济体系建设。会展经济与管理专业教师积极申报省级会展研究课题，承担宁波市及相关城市的横向课题，在承担课题的过程中，引导教师开展相关研究工作，逐步形成会展理论、会展经济数学研究方法、会展实战应对三大体系。其中，会展经济数学研究方法方面逐步形成城市会展业发展可行性分析、会展中心选址、会展项目策划、会展项目评估、会展拉动作用测算、会展风险管理等 20 余个研究方法组成的体系，并将科研成果及时转化为教学成果，在国内率先开设会展经济数学研究方法课程；在实战应对研究方面，专业教师将产业规划、年度报告、项目评估等常态性项目与研究要报等创新性项目有机结合，形成系统的产业研究服务体系。

2012 年以来，教师服务地方经济与研究性学习互动支撑获得宁波市教学成果二等奖，2016 年，会展经济与管理专业教师参与的两个项目分获浙江省教学成果二等奖。会展经济与管理专业教师先后作为核心成员参加教育部旅游教学指导委员会《会展经济与管理专业建设标准》的编写工作；主持国家旅游教指委“十三五”规划教材《会展策划与管理》的编写工作。2016 年，主持的“会展经济与管理专业综合改造的理论研究与实践探索”获浙江省教学改革建设项目立项；2017 年 3 月，会展经济与管理专业被列为浙江省“十三五”特色专业。

3.1.3　具有一定特色的学科及服务经济体系

会展研究是省国际贸易重点学科、省应用经济学重点学科、省应用经济学一流学科和省港口经济创新团队的方向之一。在应用型科研平台构建方面，2003 年，宁波市政府批准设立宁波市会展经济研究所并挂靠我校；2014 年，长三角城市经济协调会市长联席会议决定设立长三角会展专业委员会，并由宁波市政府牵头，将专业委员会主任、秘书处单位设在我校；2015 年，我校成为中国会展经济研究会统计专业委员会副主任单位，主持商务部会展业发展报告和研究会年度会展数据统计分析报告的撰写工作。

会展经济与管理专业重视科研平台建设、科研体系构建和应用性研究体系建设有机结合，尤其重视结合国内外会展业起步晚、理论方法体系不够健全的实际，系统开展会展理论研究、方法体系构建和实战研究相结合的均衡发展模式。在理论研究方面，重点突破“三理一律（原理、公理、定理和定律）”的研究工作；在方法体系方面，系统开展以城市会展业发展可行性研究、会展中心选址、会展创意逻辑思维、会展项目策划、会展要素策划、会展项目评估、会展拉动作用测算为主线的会展经济数学研究方法体系构建工作；在应用研究方面，初步形成以会展产业规划、会展业发展报告、会展项目评估、会展拉动作用测算、会展政策制定、会展标准研发为核心的常态会展实战研究体系。研究成果 12 次获得副省级以上领导批示。其在服务地方会展业中发挥着十分重要的作用。

3.2　专业定位目标与依据

随着专业建设的层级不断提升、学生生源的质量不断提高，专业建设的目标定位也有不断的微调。在建设层次上，专业始终把建设国内一流的会展经济与管理专业作为核心目标；在模式方面，把建设研究型与应用型相结合的专业作为建设目标；在特色方面，将服务型教育与研究性学习有机结合作为专业建设的特色目标。具体理由如下：

（1）专业在国内具有先发优势。作为国内首批开展会展本科人才培养的四所高校之一、浙江省首个设立会展经济与管理专业的高校，浙江万里学院在教育部尚未设立会展经济与管理专业之前，就结合浙江省、宁波市快速发展的会展业对人才的需求，探索多渠道人才培养工作；2006 年会展经济与管理专业设立后，始终把系统探索会展经济与管理专业建设模式、系统构建会展人才培养体系、系统推进课程教材体系建设和系统探索应用型人才培养体系作为专业建设的主要工作任务，并在具体的实际操作中不断探索。

（2）专业在国内具有顶端优势。作为国内首个会展省级重点建设的本科专业、国内唯一一个国家级特色专业，浙江省重点学科应用经济学、浙江省一流学科应用经济学和浙江省港口经济创新团队的核心方向，会展经济与管理专业始终将探索会展人才培养目标、会展专业建设质量标准作为专业建设的历史使命。同时，积极推进会展理论、方法体系的研究探索工作，在会展产业规划、会展项目评估、会展政策和法规的制订、会展应对性研究等方面形成丰富的物化成果。教师的研究成果应用到理论和实践教学中去，取得了良好的效果。

国内会展经济与管理专业一览表，见表 3-1。

表 3-1　国内会展经济与管理专业一览表

序号	设立年份	学校名称	城市	建设项目
1	2004 年	上海师范大学	上海	
2	2004 年	上海对外经贸大学	上海	
3	2005 年	沈阳师范大学	沈阳	
4	2005 年	广西财经学院	南宁	
5	2006 年	上海理工大学	上海	
6	2006 年	上海应用技术大学	上海	
7	2006 年	上海第二工业大学	上海	
8	2006 年	浙江万里学院	宁波	国家特色、省重点、省优势、省特色、市重点
9	2006 年	广东商学院	广州	
10	2006 年	北京第二外国语学院	北京	
11	2006 年	厦门理工学院	厦门	
12	2007 年	东华大学	上海	
13	2007 年	广州大学	广州	
14	2007 年	湖南商学院	长沙	
15	2007 年	河南财经学院	郑州	
16	2007 年	浙江大学城市学院	杭州	省新型特色、市重点
17	2007 年	山东交通学院	济南	
18	2007 年	重庆文理学院	重庆	

续表 3-1

序号	设立年份	学校名称	城市	建设项目
19	2008 年	中山大学	广州	
20	2008 年	华南理工大学	广州	
21	2008 年	重庆工商大学	重庆	
22	2008 年	云南财经大学	昆明	
23	2009 年	南开大学	天津	
24	2009 年	华东师范大学	上海	
25	2009 年	北京联合大学	北京	
26	2009 年	河北经贸大学	石家庄	
27	2009 年	内蒙古财经学院	呼和浩特	
28	2009 年	哈尔滨商业大学	哈尔滨	
29	2009 年	武汉科技学院	武汉	
30	2009 年	湖北经济学院	武汉	
31	2009 年	湖北商学院北津学院	长沙	
32	2009 年	重庆工商大学融智学院	重庆	
33	2009 年	西安外国语大学	西安	
34	2010 年	天津商业大学	天津	市战略性新兴产业关联专业
35	2010 年	杭州师范大学	杭州	
36	2010 年	浙江传媒学院	杭州	
37	2010 年	华南师范大学	广州	
38	2010 年	广东工业大学	广州	
39	2011 年	四川大学	成都	
40	2011 年	首都师范大学科德学院	北京	
41	2011 年	电子科技大学中山学院	中山	
42	2011 年	浙江树人学院	杭州	
43	2011 年	海南大学	海口	
44	2011 年	河北经贸大学经管学院	石家庄	
45	2011 年	辽宁对外经贸学院	大连	
46	2012 年	北京农学院	北京	
47	2012 年	天津工业大学	天津	
48	2012 年	长春大学旅游学院	长春	
49	2012 年	武汉长江工商学院	武汉	
50	2013 年	新疆财经大学	乌鲁木齐	

续表 3-1

序号	设立年份	学校名称	城市	建设项目
51	2013 年	重庆第二师范学院	重庆	
52	2013 年	琼州学院	三亚	
53	2013 年	四川农业大学	雅安	
54	2013 年	成都学院	成都	
55	2013 年	暨南大学	广州	
56	2013 年	山东财经大学	济南	
57	2013 年	山东女子学院	济南	
58	2013 年	仲恺农业工程学院	广州	
59	2013 年	北京师范大学珠海分校	珠海	
60	2013 年	江汉大学文理学院	武汉	
61	2013 年	中原工学院	郑州	
62	2013 年	上海外国语大学贤达学院	上海	
63	2013 年	哈尔滨德强商务学院	哈尔滨	
64	2013 年	哈尔滨广厦学院	哈尔滨	
65	2013 年	廊坊师范学院	廊坊	
66	2013 年	天津财经大学	天津	
67	2013 年	济南大学	济南	
68	2014 年	华侨大学	泉州	
69	2014 年	黄山学院	黄山	
70	2014 年	华中师范大学武汉传媒学院	武汉	
71	2014 年	巢湖学院	巢湖	
72	2014 年	中南林业科技大学	长沙	
73	2014 年	广东外语外贸大学南国商学院	广州	
74	2014 年	海口经济学院	海口	
75	2014 年	成都信息工程学院	成都	
76	2014 年	四川旅游学院	成都	
77	2014 年	贵州财经大学	贵阳	
78	2015 年	北京石油化工学院	北京	
79	2015 年	天津科技大学	天津	
80	2015 年	吉林艺术学院	长春	
81	2015 年	福建师范大学协和学院	福州	
82	2015 年	贵州民族大学	贵阳	
83	2015 年	云南民族大学	昆明	

续表 3-1

序号	设立年份	学校名称	城市	建设项目
84	2015 年	西安欧亚学院	西安	
85	2015 年	桂林旅游学院	桂林	
86	2015 年	贵州商学院	贵阳	
87	2016 年	太原学院	太原	
88	2016 年	三江学院	南京	
89	2016 年	上海财经大学浙江学院	金华	
90	2016 年	浙江外国语学院	杭州	
91	2016 年	安徽外国语学院	合肥	
92	2016 年	厦门华夏学院	厦门	
93	2016 年	武汉商学院	武汉	
94	2016 年	湖北商贸学院	武汉	
95	2016 年	湖南师范大学	长沙	
96	2016 年	三亚学院	三亚	
97	2016 年	四川外国语大学成都学院	成都	
98	2016 年	四川文化艺术学院	绵阳	
99	2016 年	昆明学院	昆明	
100	2016 年	兰州财经大学	兰州	
101	2016 年	福建商学院	福州	
102	2017 年	吉林工商学院	长春	
103	2017 年	长春科技学院	长春	
104	2017 年	南昌师范学院	南昌	
105	2017 年	河南牧业经济学院	郑州	
106	2017 年	武汉晴川学院	武汉	
107	2017 年	成都理工大学	成都	
108	2017 年	成都信息工程大学银杏酒店管理学院	成都	

（3）专业具有产业和区位优势。近年来，我国的会展业得到快速的发展。其中学校所在的长三角地区是国内会展业最发达的地区。围绕上海举办 2010 年世界博览会、乌镇举办世界互联网大会、杭州举办 G20 峰会以及宁波举办中国-中东欧特色商品展等相关大型活动，会展经济与管理专业重视结合重大会展业的发展，为区域会展业发展服务培养高素质专业人才。2014 年，长三角城市经济协调会第十四次市长联席会议决定设立会展专业委员会，由宁波市政府牵头，浙江万里学院为主任单位和秘书长单位。

专栏2 会展经济与管理专业服务经济平台

（1）宁波市会展经济研究所。宁波市会展经济研究所是2003年经市政府领导批示、市政府办公厅发文批准设立的实际研究机构，主要承担全市会展业发展的相关研究工作。会展经济研究所挂靠浙江万里学院，主要成员包括浙江万里学院会展经济与管理专业骨干教师、市政府及县区会展主管部门相关人员、宁波市相关高校、企业的教师和高级管理人员。会展经济研究所成立以来，坚持“依托产业、服务产业、提升产业”的指导思想，结合宁波市会展业发展的实际，系统开展会展产业规划、会展项目评估、会展政策法规制订、会展产业标准制订、会展应对性研究等工作。研究所共主持承担会展类研究课题50余项，在宁波市会展业发展的实际工作中发挥重要作用。

（2）长三角协调会会展专业委员会。长三角协调会会展专业委员会是2014年第十四次市长联席会议批准设立的四个专业委员会之一。会展专业委员会由宁波市政府牵头，主任单位和秘书长单位均设在浙江万里学院。主要工作是围绕长三角城市经济协调会30个成员城市会展业发展，通过开展研究、服务等工作，推进区域会展业合作发展、协同发展、创新发展。专业委员会设立以来，在会展项目评估、会展产业报告、会展场馆建设可行性分析、会展项目评估、会展产业规划、会展产业政策制订等方面开展工作，并积极推进会展教育科研、会展人才培养等工作。

（3）浙江省会展协会统计信息中心。浙江省会展行业协会统计信息中心是浙江省会展行业协会批准设立的、以会展产业调研、会展信息收集、会展数据挖掘与分析、会展产业报告撰写等工作为主要内容的行业研究机构。2012年设立以来，先后参与会展业发展调研、会展产业政策咨询服务、会展产业报告撰写、会展产业数据分析、会展产业指数测算等相关工作。

（4）中国会展经济研究会统计专业委员会副主任单位。中国会展经济研究会统计专业委员会是中国会展经济研究会下设的会展大数据统计分析机构，主要任务包括全国会展产业数据收集调研、中国会展业统计数据分析、为商务部起草中国会展业发展报告等。早在2006年，浙江万里学院会展专业教师就参与中国会展经济研究会统计工作委员会的相关工作。2017年起，浙江万里学院成为中国会展经济研究会统计工作委员会副主任单位，并由会展经济与管理专业负责承担相关的数据统计分析工作。

（4）专业具有创新创业优势。自2006年以来，会展经济与管理专业始终坚持创新与改革并行发展。专业先后针对人才培养方案、课程建设、实践教学尤其是实验教学环节、毕业论文环节和师资队伍建设等，实施“专业课提前、政治课后延”“一生一市、一课一研”“双导师、学生链”“强化实验教学，回归教育初心”等系列改革措施，系统推进专业建设和人才培养创新。专业教师主持省级教改课改项目5项，世纪教学改革及建设项目15项，获得市级以上教学成果奖9次，取得了较好的成效。专业学生主持全国大学生创新创业项目7项，省“新苗计划”项目6项。2016年，会展专业黎冠文同学获得宁波市创业新秀称号，2017年年初，黎冠文同学入选全国百名大学生创业英雄榜。

（5）专业形成服务经济特色。我校会展经济与管理专业是随着宁波市会展业的跨越式发展而诞生，又在服务宁波会展业创新中得到提升，现在已成为宁波会展业发展不可或缺的重要组成部分。会展经济与管理专业紧密围绕产业发展的实际需要，在系统开展研究的过程中不断夯实理论基础、构建方法体系，系统开展会展产业规划、会展政策研究、会展制度法规研究、会展产业标准研究、会展项目评估、会展产业报告、会展业拉动作用测算、会展城市指数测评等工作，并结合宁波市会展业发展的实际需要，开展应对性研究工作。先后完成各类研究要报 30 余篇，宁波市接轨上海世博会研究等 7 项研究成果 12 次获得副省级以上领导批示，建设进口商品展示基地等 20 余项研究成果在宁波市会展业发展的实际工作中得到具体应用。同时将教师的科研成果转化为课程、实验、研究性学习等教学资源，推动产教融合、理论与实践相结合，形成鲜明特色和可持续发展的良好态势。

会展经济与管理专业建设定位的原则与背景，见表 3-2。

表 3-2　会展经济与管理专业建设定位的原则与背景

原　则	背　　景
原则 1：面向经济和社会发展，以会展产业对人才需求为导向，符合产业岗位技能对人才的需求	会展业是新型的现代服务业，尽管起步较晚，但产业发展较为迅速。国外没有相对明确的会展产业概念，会展活动主要融入旅游管理、休闲管理、服务管理、商务贸易等领域中，因此也没有形成较为系统完善的学科体系。我国高度重视会展产业，因此在理论研究和方法体系构建等方面具有明显的优势。产业发展对会展专业人才有较大的需求，因此，作为国内较早开展会展本科人才培养、国内唯一一个会展经济与管理国家级特色专业，我校会展专业有责任和义务在应用型人才培养体系的构建和实践方面进行有益探索
原则 2：面向学生发展，以生为本，符合生源特点和学生发展的潜质	本专业生源特点：2006 年起招收三本学生，期间 2009 ~ 2013 年并行招收部分专升本学生；2014 年起全部招收一本学生，为浙江省开设会展经济与管理专业高校中文理科招生分数最高的专业。作为省内唯一一个招收会展经济与管理专业一本学生的高校，优良的生源条件也为我们系统开展特色人才培养创造有利条件。因此，要结合生源实际，发挥专业学科在基础理论研究、方法体系构建和应对性研究等方面的优势，构建以学习者为中心的人才培养体系，提升人才培养质量
原则 3：差异化发展，寻求差异化特色，符合专业定位和区域会展业发展对特色人才的需求	浙江万里学院为省属本科院校，本科教育以培养高素质、应用型人才为基本定位，生源以浙江省为主。我校是中国会展经济研究会会展专业委员会副主任单位，专业教师兼任中国会展经济研究会学术指导委员会委员、长三角协调会会展专业委员会主任和秘书长单位，宁波市会展经济研究所、浙江省会展行业协会统计信息中心都设在我校，为我校系统构建应用型人才培养体系创造了有利条件。因此，我校完全具备理论与实践相结合，培养应用型人才的有利条件，也完全可以形成“服务型教育、研究性学习”的人才培养特色

3.3　培养目标

3.3.1　专业培养目标及确定依据

会展专业建设发展过程中，根据不同时期、不同阶段的需求特点，在生源方面发生着较大的变化，先后经历了三本、专升本、一本等不同层次的生源状况，因此，在人才培养的目标定位方面也结合生源的自身实际，在人才培养目标、人才培养方案、教学方法、实践教学等方面有不断的微调。近年来，会展经济与管理专业结合招收一本学生的实际，明确了以应用性研究人才、产业和项目管理人才、高端服务人才为核心的人才培养目标，努力培养具有产业研究能力、产业管理能力、高端策划和服务能力的高素质应用型人才。

会展经济与管理专业培养目标一览表，见表3-3。

表3-3　会展经济与管理专业培养目标一览表

年级	学生	培养目标描述	确定依据
2010级	专升本	培养具有较强管理能力，较好外语水平、系统掌握会展经济学、管理学理论和方法，能够应用会展经济数学研究方法，开展相关研究、产业和项目管理与服务的高素质应用型会展专业人才	专升本学生虽然是专业学生中的优秀人才，但由于专业来源比较广泛，在基础课、专业基础课教学方面和会展经济与管理专业有一定的差别，因此，专升本阶段的学习有助于学生对会展专业知识的掌握，但尚无法形成系统的研究能力，人才培养主要定位在操作管理层面
2013级	三本	培养具有较强管理能力，较好外语水平、系统掌握会展经济学、管理学理论和方法，能够应用会展经济数学研究方法，开展相关研究、产业和项目管理与服务的高素质应用型会展专业人才	三本学生尽管经过系统的基础课、专业基础课和专业课学习，但在数学、外语等方面尚无法达到较高层次，相关的专业知识更多是用于产业管理、项目策划、项目管理等实战操作性管理、服务工作，因此，三本入学的会展经济与管理专业学生主要培养产业管理、项目策划与管理、彩站策划与管理和服务管理等方面的应用型能力
2014级	一本	培养具有较强研究能力，较高外语水平、系统掌握会展经济学原理、会展经济数学研究方法体系，具备应对性研究能力的高素质应用型会展专业人才	一本入学的学生不仅具有扎实的理论基础，也具有良好的理论与实践相结合的能力，因此，会展经济与管理专业在人才培养的过程中，坚持高标准、严要求，重点探索研究性学习、研究性实践等方面的教学创新，旨在培养学生理论与实践相结合，具有产业研究能力和高端管理服务能力的综合型人才

3.3.2　专业培养标准及确定依据

培养标准是专业从人才培养目标出发，对毕业生知识、能力和素质要求的细化描述。相比人才培养目标对培养过程的宏观调控、规范与导向作用，培养目标对培养过程的调控、规范与导向作用更加具体和具有可操作性，是对培养目标的进一步细分和具体化，体现出培养对象的知识、能力和素质方面的主要特征。因此，培养标准则需要立足培养目标，依托学校和专业资源，形成贯穿人才培养整个过程，涵盖理论、方法、实践、研究等各个环节，系统化、特色化的可操作实施的细化指标。具体的培养标准见表3-4。

表3-4　会展经济与管理专业人才培养标准

一级标准	二级标准	三级标准
知识标准	公共基础知识	具备较丰富的政治、文化、法律、心理等人文社会科学方面的知识；具有音乐、体育、美术等方面的基本素养；较深入地掌握大数据、互联网等相关知识和能力；具有环境、公共安全、社会道德、国际礼仪等方面基本常识
	学科基础知识	掌握经济学、管理学等支撑学科的相关理论、方法；掌握外语、计算机、统计学等相关知识；掌握会计学、国际贸易、经济法、管理心理学等方面的相关知识
	专业知识	（1）会展策划能力：主要包括城市会展业发展可行性分析、会展产业定位、会展项目创意选题、会展要素策划、会展活动策划、参展设计策划、会展服务策划等； （2）会展管理能力：包括会展产业管理（政策法规、管理体制、会展标准、产业规划等）、会展企业管理能力、会展项目管理能力和会展服务管理能力； （3）会展服务能力：包括搭建服务、物流服务、接待服务、交通服务、餐饮服务、中介服务等
	产业实用知识	会展选址知识、会展管理体制相关知识、会展政策法规相关知识；会展产业规划、城市区域会展业报告、会展评估、会展拉动作用测算、会展指数测评、会展项目评级、会展企业和城市评级、会展市场营销、企业参展服务与管理等知识
能力标准	学科基本能力	（1）能够应用经济学、管理学的理论方法对会展业开展调研、分析，发现会展业的基本规律、构建会展业计量模型、解决会展业发展过程中存在的实际问题，并提出产业发展相关的对策建议； （2）能够运用统计学、会计学、金融学等知识，对会展产业、会展活动的可能性、操作性开展分析研究，能结合大数据知识，依托相关数据平台，对城市会展业发展进行量化分析； （3）能够运用产业经济学、心理学、营销学、广告学、国际贸易学等理论和方法，对会展产业、会展企业和会展项目的相关工作开展研究并提出相关的对策建议
	专业基本能力	（1）会展策划能力：能结合产业资源（管理资源、区位资源、产业资源、文化资源、设施资源等），客观环境和政府、企业的需求，对会展项目进行要素策划和服务策划等； （2）会展管理能力：能结合会展产业、会展企业和会展项目，开展会展政策法规制订、会展标准制订、会展企业运营方案、会展项目策划管理方案等策划和设计的能力； （3）服务能力：能够结合会展产业、会展企业和会展项目，开展会展物流、会展搭建、会展交通、会展接待、会展中介服务、会展旅游、会展志愿者服务等方面的能力

续表 3-4

一级标准	二级标准	三级标准
能力标准	专业技术能力	（1）会展产业规划能力：能结合城市、区域会展业发展实际开展会展业发展定位分析和产业规划的能力，能结合城市会展业发展的实际，在调研的基础上撰写会展业发展报告的能力； （2）会展政策法规制定能力：能根据城市会展业发展的实际，制定起草会展产业政策、会展产业标准、会展管理办法、会展风险预案等方面的能力； （3）会展营销能力：能结合城市会展业、会展项目的市级，开展市场分析、竞争力分析、展客商结构分析，以及开展招展招商、广告宣传、客户关系管理的能力； （4）参展决策能力：能结合企业参展的实际需要，在参展项目遴选、参展目的分析、参展方案设计和参展操作实施方面开展研究、应用和实施的能力
	专业管理能力	掌握会展产业发展的相关数据、标准，了解会展产业发展的历史、现状和发展趋势，能结合区域、城市经济和社会发展实际，以及会展业发展的相关规划和要求，对会展产业、会展项目、会展企业、会展服务、会展教育科研、会展产品质量等开展管理的能力
	创新创业能力	（1）创新能力：能运用经济学、管理学的理论和方法体系，熟练运用会展理论、方法和相关知识，分析会展业存在的实际问题，提出解决问题的创新思路和对策建议； （2）创业能力：具备在会展及相关产业的岗位上，将理论与实践结合，通过企业管理、项目策划、资本运作、产业创新等手段，开展会展企业与项目的运作管理，实现良好的经济和社会效益的能力
	合作沟通能力	（1）团队合作能力：具有良好的团队意识和团队精神，充分认识团队合作对会展企业管理和项目运作的重要意义，能够充分发挥自身在团队中的特殊作用，与团队成员共同发展、合作创新的能力； （2）跨文化沟通能力：能够结合会展产业国际化、层次化的特征，掌握一门以上的外语知识和能力，能够较为流畅地实现国际沟通交流，能够较系统熟练地掌握会展相关的外文资料，发挥会展业在主场外交、公共外交、国际合作交流方面的特殊作用，实现国际会展合作的能力； （3）信息获取能力：能够借助所学知识，依托国内外、省内外会展类研究和服务平台，开展会展信息和数据挖掘、收集、整理和分析的能力，具备在现有信息资料的基础上推动会展业创新发展的能力； （4）人际沟通能力：掌握行政排序、会展礼仪、文化表达、会展心理等方面的知识，具备在会展项目的运作管理过程中准确表达自己的思想和意愿、倾听别人需求和意愿、适应工作环境和人际环境变化的能力
素质标准	职业精神	具有追求真理、实事求是、勇于探索、乐于实践的科学精神；具有严谨踏实、一丝不苟、精益求精、讲求实效的职业精神；具有爱岗敬业、持之以恒、不断探索、勇于创新的敬业精神
	职业道德规范	严格遵守会展行业保密、知识产权保护等基本规范，遵守会展产业政策法规和行为准则，具有良好的质量、安全、文化、科学和环保意识，以及服务为先的基本素质和规范

续表 3-4

一级标准	二级标准	三级标准
素质标准	社会责任	具有良好的公民素养、国家意识和国际化视野，遵纪守法、正直诚信，自觉维护国家和社会利益，具有强烈的社会责任感和服务意识，能结合主场外交、产业提升、服务创新等，充分发挥会展业在服务政治、社会、文化、经济和生活中的特殊作用

知识是客观事物固有属性或内在联系在人脑中的主观反映，而能力则是完成某项工作的具体本领。知识只有通过在实践中的具体应用，形成固有的能力，才能真正体现知识的力量。因此，会展经济与管理专业在学习相关的知识的基础上，重在形成学生理论与实践相结合，服务产业和经济的能力。

毕业生能力要求与培养标准间的映射，见表 3-5。

表 3-5　毕业生能力要求与培养标准间的映射

毕业要求	培养标准
专业知识	（1）将所学知识应用于实际； （2）能应用计算机等方面的设备技术开展相关工作； （3）能够运用会展大数据开展相关研究工作； （4）能应用网络技术开展管理与服务工作
问题分析	（1）能结合会展业发展的实际发现存在的问题并分析原因； （2）能运用会展理论与方法对问题进行描述与剖析； （3）能运用经济学、管理学、会展经济数学等方法开展分析
问题研究	（1）能结合实际对存在的问题开展系统性研究； （2）能够发现会展业的基本规律与个性特征； （3）能够运用共性特征开展建模研究； （4）能够结合实际提出解决问题的对策建议
设计解决方案	（1）能够对城市会展业发展的可行性开展分析； （2）能够对场馆建设的规模与选址开展研究； （3）能够运用逻辑思维方法开展项目策划工作； （4）能够运用系统研究方法开展会展项目的评估工作； （5）能够运用会展经济数学研究方法开展会展拉动测算工作
应用现代工具	（1）能够熟练使用计算机等设备与工具； （2）能够熟练运用网络技术和大数据技术开展研究与服务工作； （3）能够运用数码技术开展会展项目的管理与服务工作
服务于社会	（1）能够利用所学的知识为政府决策提供服务； （2）能够运用会展策划等知识为会展企业创新提供服务； （3）能够运用会展相关知识为会展辅助企业及项目提供服务

续表 3-5

毕业要求	培 养 标 准
可持续发展	（1）具备研究性学习的能力； （2）具备会展项目创意策划以及会展创新创业的能力； （3）具备结合城市会展业发展提出创新思路的能力
职业规范	（1）具备基本的人文社会科学的素养； （2）能运用历史的、哲学的、心理学等方法，分析社会现象； （3）具有良好的社会公德与社会责任感； （4）具有社会、网络、公益、安全等方面的社会责任感
个人及团队	（1）具有良好的身体素质和个人意识； （2）具备良好的互动沟通及团队意识； （3）具备协调、合作、共同发展的意识与能力
沟通能力	（1）具备与团队沟通的能力； （2）具备跨文化沟通的能力； （3）具备跨行业、跨层次、跨领域协作沟通的能力
项目管理	（1）掌握会展企业及团队管理的基本知识； （2）具备会展项目管理的能力； （3）具有参与重大会展项目的意愿和能力
终身学习	（1）具备不断学习、不断发展、持续创新的意识； （2）具备学习新知识、新模式的能力和愿望； （3）具有学习新知识、新技术的信心和决心

第 4 章

师 资 队 伍

4.1 师资数量与结构

4.1.1 专业负责人

专业负责人任国岩兼任中国会展经济研究会学术指导委员会委员，中国会展经济研究会统计专业委员会副主任，商务部会展专家库专家，长三角城市经济协调会会展专业委员会秘书长、专家委员会主任，浙江省会展行业协会副会长，浙江省会展标准化技术委员会副秘书长，宁波市会展经济研究所所长，宁波市会展业促进会副会长、宁波市会展大数据实验中心主任。

专业负责人是浙江省国际贸易重点学科、浙江省应用经济学重点学科、浙江省应用经济学一流学科和浙江省港口经济创新团队会展经济方向负责人。

专业负责人主持省部级以上课题 5 项，横向课题 40 余项，科研经费 500 余万元。在一级期刊发表论文 3 篇，其中第一作者 2 篇；出版会展学术专著 2 部，为省市政府撰写会展研究要报 30 余篇。其中，7 项研究成果 12 次获得副省级以上领导批示；30 余项研究成果在宁波市会展业发展的实际工作中得到具体应用。其中包括主持制定宁波市会展业“十五”“十一五”“十二五”和“十三五”规划；主持撰写宁波市接轨上海世博会工作方案；主持完成宁波市会展产业政策、宁波市会展业管理办法、宁波市会展业转型升级实施意见、宁波市大型活动专项资金管理办法等一系列政府文件的文稿撰写工作。

专业负责人主持浙江省新世纪教改项目 1 项，浙江省教学改革项目 1 项，浙江省精品课程 1 门，浙江省重点教材 1 部。此外，还主持宁波市教育局教学改革项目 6 项，课程建设项目 1 项，教材建设项目 1 项。主持获得市级以上教学成果奖 6 项，参与获奖 3 项。会展经济与管理专业先后获得宁波市产学合作“十佳”案例和宁波市创业型专业建设经典案例。

专业负责人在国内会展领域具有较高的地位。2015 年以来，连续主持商务部《中国会展业发展报告》、中国会展经济研究会《中国会展业统计数据分析报告》的撰写工作。自 2004 年以来，先后获得新华网、中国会展杂志、会展财富杂志等媒体及行业协会中国会展业十大理论人物、中国节庆产业十大理论人物、建国60年中国会展60人、中国会展业年度人物等行业内荣誉称号。先后获得宁波市委、市政府宁波市优秀共产党员、宁波市接轨上海世博会先进个人、宁波市会展业先进个人等荣誉称号。

专业负责人基本情况及近三年考核情况，见表4-1。

表4-1　专业负责人基本情况及近三年考核情况

姓名	工号	性别	出生年月	入校年月	是否双师	有无产业背景
任国岩	2001900026	男	1964.08	2001.07	是	有
学科类别	最高学历及毕业院校	近五年专业负责人考核情况				
		2012	2013	2014	2015	2016
管理学/经济学	硕士/东北大学	优秀	优秀	优秀	优秀	良好
主要社会兼职	2003~现在：宁波市会展经济研究所所长 宁波市会展人才培养基地主任 2005~2009：宁波市会展业促进会教育科研工作委员会主任 2009~2016：宁波市会展业促进会副秘书长 2006~2010：中国会展经济研究会常务理事 会展教育科研工作委员会副主任 2010~现在：中国会展经济研究会学术指导委员会委员 商务部会展专家委员会专家 2012~现在：浙江省会展行业协会副会长 浙江远见会展创意产业发展研究院副院长 2013~现在：浙江省会展协会统计信息中心主任 浙江省会展标准化技术委员会副秘书长 2014~现在：长三角协调会会展专业委员会秘书长 长三角协调会会展专家委员会主任 浙江省人社厅会展策划师考评员 2016~现在：宁波市会展业促进会副会长					
主要教学经历	先后担任国际会展与服务贸易特色班负责人、会展经济与管理专业负责人、省重点专业负责人、市服务型教育特色专业负责人、国家级特色专业负责人、省优势专业负责人； 主持省教学改革项目2项，省精品课程项目1项，省重点教材建设项目1项，市教学改革建设项目3项，市课程教材建设项目2项； 为本科上讲授会展概论、会展策划、会展管理、会展场馆与设施、会展政策法规、会展服务管理、会展经济数学研究方法、会展市场营销等专业课程8门					
主要科研服务社会经历	主持省社科规划重点课题2项，一般课题1项；主持宁波市社科规划课题5项；主持宁波市会展办、财政局等市局级会展项目37项，累计经费387万元；主持横向课题7项，累计经费26万元					
主要获奖成果	主持的研究成果获得宁波市教学成果二等奖1项，三等奖3项；参与的教学改革项目获省教学成果二等奖2项，市教学成果一等奖1项；另主持的项目获得宁波市产学合作十佳案例1项					

4.1.2　教师队伍的数量与结构

截至 2016 年年底，商学院共有教师 183 人（含思政教师、双肩挑人员及外聘兼职教师）。职称结构方面，正高级以上专业技术职务的教师有 12 人，占专任教师总数的 11.21%；副高级以上专业技术职务的教师 46 人，占专任教师总数的 42.99%。学历结构方面，博士学位教师 23 人，占专任教师总数的 21.50%；硕士学位的教师 71 人，占专任教师总数的 87.85%；硕士以上学位的教师共计 66.36%。此外，在读博士 12 名，占专任教师总数的 11.21%。年龄结构方面，现有专任教师中，40 岁以上 55 人，占专任教师总数的 51.4%；40 岁以下的教师 52 人，占专任教师总数的 48.6%。双师型和国际化教师结构方面，学院专任教师中有职业资格证书、企业实践经历的教师 74 人，占专任教师总数的 69.15%；国际化方面，现有教师中有 11 人完成出国访学，占专任教师总数的 10.28%。具有较好的结构特征。

会展专业现有专业教师 11 名，此外还聘请兼职教师 14 名（其中 6 人实质性承担专业课程教学工作）。名誉及兼职教授 5 名。专业教师中，有教授 1 名，副教授 7 名，讲师 3 名；其中具有博士学位教师 3 名，在读博士 3 名。具有硕士学位教师 7 名。

由于会展经济与管理专业设立时间较短，国内高校的会展专业教师绝大多数为其他专业教师转行而来。会展经济与管理专业现有教师中，经济学背景 3 人，管理学背景 6 人，计算机背景 1 人，英语背景 1 人。其中 8 名教师为“双师型”教师，2 名教师为国际化师资。此外，还有 7 名教师为省、市会展项目评标专家，1 名教师为省人社厅会展职业资格证书考评专家。7 名教师为会展策划师、会展紧缺人才等项目的考培专家。

作为以应用型人才培养为主体的高校，浙江万里学院高度重视“双师型”师资队伍建设。会展经济与管理专业自 2009 年主持承担宁波市服务型教育重点建设专业建设任务以来，就始终坚持“依托产业、服务产业、提升产业”的指导思想，通过教师兼职、挂职、获取高层次职业资格证书、参加国内外高端人才培训项目等手段，提升教师服务经济的能力。

专业教师基本情况汇总表，见表 4-2。

表 4-2　专业教师基本情况汇总表

姓名	性别	年龄	学历	职称	经历	双师	课程	导师
任国岩	男	52	硕士	教授	产业	双师	会展策划	硕导
黄文军	男	40	博士	副教授			会展概论	硕导
王金圣	男	51	博士	副教授	产业	双师	产业经济学	

续表 4-2

姓名	性别	年龄	学历	职称	经历	双师	课程	导师
梁　果	女	39	博士	讲师			会展心理学	
李　毅	男	54	硕士	副教授		双师	网络会展	
李　刚	男	51	硕士	副教授		双师	会展财务	
郑蕾娜	女	36	硕士	副教授	国外		会议管理	
蔡玉新	男	38	学士	副教授	国外	双师	会展营销	
王敏杰	男	37	硕士	副教授			会展管理	
王　佳	女	37	硕士	讲师			参展商实务	
孟祥敏	女	38	硕士	讲师		双师	会展服务管理	

4.1.3　兼职教师情况

会展经济与管理专业充分发挥与产业集合度高、与企业合作性强等特点，依托专业拥有的科研和服务经济平台，系统推进产教深度融合工作，聘请部分产业高管等担任兼职教师。学校、学院出台和制订相关的文件与办法，对兼职教师的资格、选聘过程、日常管理、薪酬建立等方面制定了明确的标准。会展经济与管理专业的兼职教师包括担任硕士生导师、承担本科生授课、为学生举办讲座、参加毕业论文的开题和指导、承担学生的专业实习和现场教学等。值得一提的是，2009 年以来，专业实行“双导师”、教师结对子、企业进校园等改革创新，兼职教师还承担着学生导师和毕业论文指导等工作。

会展经济与管理专业兼职导师情况一览表，见表 4-3。

表 4-3　会展经济与管理专业兼职导师情况一览表

姓名	年龄	职称	职务	学历	单位	类别	地区
陈文飞	47		副主任	博士	市会展办	硕导	宁波
张幸迩	54		副主任	硕士	市会展办		宁波
吴仁兴	51		调研员	本科	市会展办		宁波
徐晓东	42		总经理	硕士	宁波国际会展有限公司		宁波
王　晶	39		总经理	本科	宁波新辰会展有限公司		宁波
杨　杰	45		董事长	本科	宁波华博会展有限公司		宁波
刘志刚	59		会长	本科	浙江省会展行业协会		杭州
汪大华	46		总经理	硕士	宁波中创国际会展公司		宁波
方　曦	46		总经理	硕士	浙江中汽会展有限公司		杭州
蒋志军	43		总经理	本科	浙江广告会展有限公司		杭州

续表 4-3

姓名	年龄	职称	职务	学历	单位	类别	地区
周华杰	41		总经理	本科	宁波中博国际会展公司		宁波
董建才	45		总经理	本科	温州国际会展中心		温州
苏　峰	41		总经理	硕士	宁波国际会展中心		宁波
陈展华	53		总经理	本科	宁波前程会展有限公司		宁波
潘建军	48	高工	董事长	硕士	米奥兰特国际会展	硕导	上海
LARRY	52	教授	副院长	博士	乔治华盛顿大学	博导	美国
李　玺	46	教授	副院长	博士	澳门城市学院	硕导	澳门
谢科范	53	教授	处长	博士	武汉理工大学	博导	武汉
高　峻	53	教授	副院长	博士	上海师范大学	博导	上海

4.1.4　教师队伍建设与发展态势

在《浙江万里学院“十二五”师资队伍建设发展规划》的基础上，商学院制定了教师发展规划。会展专业结合学校、学院发展规划，立足专业建设实际，明确提出了师资队伍建设目标。

(1) 做好教师引进与培养。近年来，会展经济与管理专业重视加强教师的培养和人才的引进工作。引进 1 名博士教师，支持 3 名教师攻读博士学位；鼓励教师参加国内外学术会议，邀请美国纽约乔治华盛顿大学、加拿大俄勒冈大学、中国澳门城市学院、中国台湾成功大学等多名国外专家学者来访，与教师互动交流；专业还派出 2 名教师到市会展办挂职，多角度推进专业教师的培养工作。

(2) 推进教师产学合作。为进一步提升专业教师的整体水平，会展经济与管理专业系统推进“教师高管结对子”工作，每位教师都与一位以上会展业高管合作，构建双导师制。专业教师在中国会展经济研究会、长三角协调会会展专业委员会、长三角协调会会展专家委员会、浙江省会展行业协会、浙江远见会展创意产业发展研究院、宁波市会展经济研究所、宁波市会展业促进会等兼职相关职务，系统推进岗位、项目、服务等方面的有机融合。

(3) 鼓励教师参加学术会议。近年来，会展经济与管理专业积极鼓励支持专业教师参加国内外学术会议，到国外高校访学。会展经济与管理专业教师多次参与甬港经济合作论坛、中国会展经济研究会年会、中国会展业高峰论坛、中国会展教育学术论坛、浙江省会展业高峰论坛、浙江省会展掌门人会议等涉及会展教育、科研、产教融合等方面的会议，加强教师与产业、与机构和行业专家的联系。

(4) 系统推进合作与指导工作。会展经济与管理专业重视通过老教师与新教师结对子进行传帮带，加快提升青年教师的业务水平。此外，商学院还专门设立创新团队，由科研教学水平较高的教师担任负责人，并聘请校外的博士生导师担任团队顾问和学科带头人，吸纳青年教师组成团队，通过开展交流研讨、共同承担科研课题、开展服务经济活动等，提升学科团队建设质量。

4.2 教育教学水平

4.2.1 专任教师水平

根据专业建设发展的实际需要和学校、学院的有关规定，学院和专业都十分重视专业教师水平的提升和日常管理工作。

首先，承担本专业基础课和专业课的主讲教师全部具有讲师职称或博士学位；其次，本专业全部副高级以上职称的专任教师均担任学科基础课和专业课的教学任务；再次，为了确保实验实训教学质量，本专业要求所有包含理论课内的实验教学由主讲教师承担，独立设置的实践环节或者由专任教师担任，或者由专任教师与校外工程师共同承担。

教师能立足专业人才培养目标的达成，按照教学大纲的要求，在教学准备、课堂教学、实验教学、课外辅导、作业批改和学业评价等教学环节中，较好地完成教学任务；且教学材料完整规范，教学质量有保障。2015~2016 学年生评师平均值为 93.97 分，2014~2015 学年生评师平均值为 95.41 分；2013~2014 学年生评师平均值为 96.04 分。总评质量在商学院的相关专业中位于较靠前位置。

4.2.2 师德修养与敬业精神

会展经济与管理专业坚持以“四感教育（责任感、使命感、荣誉感、成就感）”作为师资队伍建设和人才培养的重要手段，鼓励教师培养良好的师德师风，做好教书育人工作。在这种环境和氛围下，专业教师潜心育人，服务专业人才培养和学生成才成长，不仅在日常课程教学、专业建设和教学改革方面投入大量精力，还投入大量时间、通过多种方式关心和指导学生的学业发展与整体成长。如担任班主任、专业社团导师、寝室社区导师、课外实践与创新创业导师等，为学生提供学业指导讲座与座谈交流，开展新生入学教育与毕业季教育活动等。师生之间交流丰富，亦师亦友，感情深厚，营造了良好的学生成长环境。

在做好日常培养工作的同时，会展经济与管理专业教师还结合学院开展的导师制工作，密切师生间的合作。2010 年以来，会展经济与管理专业教师先后通过组织学生参加教师的科研项目、指导学生参与大型会展项目的策划、组织和志愿者服务工作、设立大学生科研项目、指导学生申报全国大学生创新创业项目和浙江省新苗计划项目、指导学生开展“挑战杯”学科竞赛活动、参加全国和全省的会展策划大赛、展台设计大赛、经济管理案例设计大赛等项目，系统推进教师服务经济与学生研究性学习有机结合，逐步形成提升学生发掘自我能力、提升学习兴趣的良好氛围。

表 4-4 给出近三年教师承担导师与课外教育等统计情况。

表 4-4　近三年教师承担导师与课外教育等统计表

姓名	承担工作	取得成绩
任国岩	大学生会展研究会总指导教师、会展孵化器总负责人；担任学生“挑战杯”学科竞赛导师	大学生会展研究会先后获浙江省优秀学生社团、宁波市优秀志愿者团队、江东区优秀志愿者团队；全国挑战杯二等奖、浙江省挑战杯一等奖、二等奖、三等奖
李　刚	大学生会展研究会指导教师、学院创业特色班导师	大学生会展研究会先后获浙江省优秀学生社团、宁波市优秀志愿者团队、江东区优秀志愿者团队；学生先后获宁波市创业新秀、入选全国创业英雄百强榜
李　毅	担任学生会展网络服务团队指导教师；担任学生“挑战杯”学科竞赛项目指导教师	多年坚持做好长三角协调会会展专业委员会网站、商学院会展专业网站以及多家会展企业网站和项目网站的维护工作；指导的学生获浙江省挑战杯二等奖、三等奖各一次
王敏杰	担任学生创业教育导师；担任省“新苗计划”项目导师	指导学生获得全国大学生创新创业项目、浙江省新苗计划项目；指导的学生获得省挑战杯奖项和省会展策划大赛奖项
王　佳	担任学生“挑战杯”学科竞赛项目指导教师	指导学生获得全国大学生创新创业项目、浙江省新苗计划项目；指导的学生获得省挑战杯奖项和省会展策划大赛奖项
蔡玉新	担任学生“挑战杯”学科竞赛导师；学生会展策划师职业资格证书培训项目总负责人	指导学生获得全国大学生创新创业项目、浙江省新苗计划项目；指导的学生获得省挑战杯奖项和省会展策划大赛奖项
郑蕾娜	会展外语兴趣小组导师；全国大学生创新创业项目导师、浙江省“新苗计划”项目导师	指导学生获得全国大学生创新创业项目、浙江省新苗计划项目；指导的学生获得省挑战杯奖项和省会展策划大赛奖项；指导学生获得赛扶大赛华东区二等奖
干金圣	会展大学生研究会导师；国家创新创业计划项目导师；“挑战杯”学科竞赛以及会展策划大赛导师	指导学生获得全国大学生创新创业项目、浙江省新苗计划项目；指导的学生获得省挑战杯奖项和省会展策划大赛奖项
孟祥敏	会展大学生研究会导师；国家创新创业计划项目导师；“挑战杯”学科竞赛以及会展策划大赛导师	指导全国大学生创新创业计划项目 5 项，浙江省新苗计划 2 项；指导学生获得全国挑战杯特等奖、二等奖各一项；浙江省挑战杯特等奖、一等奖、二等奖、三等奖累计 9 项；指导学生会展策划大赛、职业生涯规划大赛、市场营销大赛等获奖项目 12 项

教师的敬业与奉献赢得本专业学生的高度认同，学生积极参与教师的科研活

动，参加服务地方经济平台等工作，在师生同同合作、共同探索的过程中得到发展和提升。

三年来，教师个人教学业绩考核成绩的 A 等平均率达到 45%，超过学院平均水平。作为高度体现教师个体的教育教学投入、水平与成效的教学综合评价，该数据无疑从一个侧面反映了教师团队的整体敬业精神。另外，鉴于专业建设与人才培养的突出业绩与成效，会展经济与管理专业近 2 年来获得集团、学校和商学院领导的多次表扬。

会展专业教师获得各种奖励统计表，见表 4-5。

表 4-5　会展专业教师获得各种奖励统计表

序号	获奖人员名单	级别	获奖名称	获奖时间
1	任国岩	省级	浙江省教学成果二等奖	2009 年
2	任国岩	省级	浙江省教学成果二等奖	2016 年
3	任国岩	市级	宁波市优秀共产党员	2011 年
4	任国岩	市级	宁波市接轨世博会先进个人	2011 年
5	任国岩	市级	宁波市教学成果一等奖	2009 年
6	任国岩	市级	宁波市教学成果二等奖	2012 年
7	任国岩	市级	宁波市教学成果三等奖	2007 年
8	任国岩	市级	宁波市教学成果三等奖	2005 年
9	任国岩	市级	宁波市会展业先进个人	2016 年
10	任国岩	市级	宁波市会展业先进个人	2015 年
11	万松钱	市级	宁波市优秀科技特派员	2013 年
12	万松钱	校级	校青年教师大赛二等奖	2013 年
13	郑蕾娜	市级	宁波市接轨世博会先进个人	2011 年
14	郑蕾娜	校级	我最喜爱的教师	2014 年
15	孟祥敏	省级	浙江省优秀挑战杯指导教师	2014 年
16	孟祥敏	市级	宁波市优秀党务工作者	2013 年

4.3　教师教学投入情况

4.3.1　教授、副教授承担本科教学情况

会展经济与管理专业专任教师中共有 8 位正副教授。根据学校教授为本科生授课的相关要求，每位教授每年均主讲至少 2 门本科课程。另外，根据浙江万里学院专业平台课、专业课交叉的特点，会展经济与管理专业的部分基础课和平台课由商学院的国际贸易、金融学、会计学等专业教师讲授，其中正副教授开设课

程 8 门，因此，本专业课程中由正、副教授主讲的课程为 17 门，超过学科课程总数的 50%以上。

教授、副教授承担本科教学任务情况表，见表 4-6。

表 4-6 教授、副教授承担本科教学任务情况表

序号	教师姓名	职称	年度	课 程	学时
1	任国岩	教 授	2015/2016	会展策划、会展经济数学研究方法、会展场馆管理	8
2	闫国庆	教 授	2015/2016	国际贸易理论与政策、国际市场营销	6
3	伍宪斌	教 授	2015/2016	高等数学、会展经济数学研究方法	5
4	万松钱	副教授	2012/2015	会展管理、会展场馆与设施、会展服务管理	8
5	李 刚	副教授	2015/2016	会展概论、会展财务管理、会展市场营销	7
6	李 毅	副教授	2015/2016	网络会展、会展管理信息系统	5
7	黄文军	副教授	2015/2016	会展概论、会展营销、创业教育理论与实践	7
8	王金圣	副教授	2015/2016	经济学、产业经济学、会展市场营销	9
9	蔡玉新	副教授	2015/2016	会展市场营销、会展专业英语、会展商务英语	8
10	郑雷娜	副教授	2015/2016	会议管理、会展概论、会展服务管理	7

4.3.2 教师教学改革与研究

作为新兴产业的新设专业，专业从建设伊始，就把产教融合、推进教学改革作为专业建设的主线。专业教师与产业实践的结合，培养了教师高度的创新意识、改革意识和责任意识。主要体现在以下方面：

（1）高度重视教学改革研究工作。专业教师对自己的教学活动在专业人才培养目标达成和质量提升的作用和责任方面有着明确的认识，并努力在实践中予以落实。每位教师都参与专业组织的走进企业调研，参加会展产业需求标准制定工作。培养方案制定后，每位教师都参与到相关的课程教学大纲的制定工作中。在共同研讨的基础上，依据专业人才培养方案所要承担的培养功效及所要支撑的人才培养标准，确定自己所承担课程的教学目标，以此为基础确定教学内容、方法和手段，以及教学考核方法和相应的课程资源建设方案，编写课程教学大纲，并由全体会议讨论和专业负责人审定通过。教学过程中，教师按照大纲的要求实施教学活动，包括进行相应的教学设计、制定教学进度计划和撰写课程教案。专业所在系组织对教学进度计划等材料的审定，对于新开课，学院和系还要共同组织对教学方案、课件等课程基本教学基本材料的审核和评估。教学过程中，组织同行教师不定期相互听课，组织每学期的期中教学座谈会；通过学生信息员、班主任和教学督导及时了解学生的学习问题；期末要求教师对课程考试和考察结果进行分析；按照学校要求每学期组织师生对所有课程进行教学评价，以确保教学目标的达成和教学质量。

（2）系统推进教学改革研究工作。针对本专业人才培养与教学过程的关键环节与问题，教师积极开展教学研究与改革，并落实到教学与人才培养实践中。本专业教师的教学研究与改革具有以下三个特点：

一是教师参与的广泛性。本专业自设立以来，教师支持各级教学质量工程项目合计 30 项，其中省级项目 7 项，市级项目 12 项，校级项目 13 项。全部教师均有主持教学改革项目的经历。

二是教研教改的针对性与持续性。所有的教研教改都立足专业建设与人才培养，围绕人才培养模式改革、课堂教学模式改革、实践教学体系与模式改革、课程体系与教材建设、实验教学示范中心、实践教育基地等关键问题展开，并就其中的某些关键问题进行了深化与拓展研究。以实践教学为例，持续进行了多项教学改革立项研究，取得较好的成效。

三是教改的有效性和辐射性。依托教研教改，有效地破解了专业建设与人才培养中的若干关键问题，促进了专业建设水平和人才培养质量的提升。包括人才培养目标的制定、人才培养方案的创新、人才培养方法的改革、课程教材建设的提升，实验实习实训等教学模式的创新。

（3）教学改革研究取得明显成效。专业教师重视通过教学改革研究提升专业建设和人才培养质量，也重视形成物化研究成果。专业教师以教改教研成果为基础，在期刊上发表各类教学研究论文 17 篇，出版专著 2 部，先后获得省市教学成果奖 9 项。

教师教研与建设项目汇总表，见表 4-7。

表 4-7　教师教研与建设项目汇总表

序号	项目名称	立项单位	立项时间	主持人
1	会展专业综合改革的理论研究与实践探索	省教育厅	2016 年	任国岩
2	立足新兴产业提升会展特色专业建设研究	省教育厅	2006 年	任国岩
3	《会展管理》精品课程建设	省教育厅	2007 年	王凤山
4	《会展管理》重点教材建设	省教育厅	2010 年	任国岩

续表 4-7

序号	项目名称	立项单位	立项时间	主持人
5	应用型本科毕业论文成绩评定的社会参与机制研究——以会展经济与管理专业为例	省教育科学规划研究课题	2013 年	王敏杰
6	我国创业教育实践背景下大学生创业意向及其影响因素分析——以宁波 15 家高校为实地调研对象的实证研究	省教育科学规划研究课题	2012 年	丛海彬
7	案例教学提升新专业师资水平的机制研究	省教育科学规划研究课题	2010 年	王敏杰
8	适应地方产业发展需求的科技创业教育模式的研究与实践	市教育科学规划课题	2013 年	孟祥敏
9	大学生公益创业组织治理模式研究	市哲社规划课题（教育）	2013 年	谢敏
10	适应地方产业发展需求的科技创业教育模式的研究与实践	市教育科学规划课题	2013 年	孟祥敏
11	80 后大学生创业案例解析	省社科联课题	2009 年	郑蕾娜
12	创业视角下的三本院校校企合作模式及运行机制研究	省教育厅科研课题	2011 年	谢敏
13	会展人才培养的理论研究与实践探索	市教育局	2007 年	任国岩
14	会展专业建设特色模式研究	市教育局	2007 年	鞠方辉
15	会展人才培训体系建设研究	市教育局	2007 年	蒋晓光
16	《会展概论》课程建设	市教育局	2007 年	万松钱
17	《会展营销》课程建设	市教育局	2007 年	陈林兴
18	《会展策划》课程建设	市教育局	2007 年	任国岩
19	《会展管理》课程建设	市教育局	2007 年	王凤山
20	宁波市接轨上海世博会人才培养研究	市教育局	2009 年	任国岩
21	会展经济数学研究方法特色教材建设	市教育局	2009 年	任国岩
22	《会展专业英语》课程建设	市教育局	2009 年	郑蕾娜
23	宁波市接轨世博会志愿者培训体系建设	市教育局	2009 年	孟祥敏
24	宁波市会展师资队伍建设模式及路径研究	市教育局	2010 年	任国岩
25	会展专业学科建设的成果及特色研究	市教育局	2011 年	任国岩

（4）提升了教改的层次性与学术性。作为国内唯一的会展经济与管理国家级特色专业，会展专业教师始终把系统探索会展经济与管理专业建设的理论、方法和实战工作作为专业建设的重要组成部分。旨在通过不断地探索、研究和实践，为国内开设会展经济与管理专业的高校提供理论支撑和参考借鉴。在研究探索的基础上，专业教师通过撰写学术论文、研究报告等手段，逐步形成一批专业

建设的物化成果，在国内会展经济与管理专业建设中产生一定的影响。

教师教学研究论文汇总表，见表4-8。

表4-8 教师教学研究论文汇总表

序号	论文名称	发表期刊	发表时间	作者情况
1	经管类跨专业综合实训课程“多维交互式”教学评价体系构建与创新	当代经济	2016年12月	王金圣、刘美玲
2	创业导向会展专业“三实”教学体系综合改革	教育教学论坛	2015年9月	王佳、黄文军、任国岩
3	宁波甬创辉煌会展服务有限公司模拟公司的实证研究	科技资讯	2014年8月	孟祥敏、叶蓉蓉
4	大学生公益创业组织治理模式研究	中国高教研究	2014年3月	谢敏、王丽娜、韩煜伟
5	基于社会身份认同和自我效能的公益创业教学策略	浙江万里学院学报	2014年11月	王丽娜、谢敏、鞠方辉
6	高校基层党组织促进和谐就业的长效机制研究	开封教育学院学报	2013年8月	谢敏、任青梁
7	以创新创业为导向的大学生思想素质教育与专业教育相结合的研究——以浙江万里学院商学院会展专业为例	佳木斯教育学院学报	2013年5月	孟祥敏、杨光
8	案例教学提升新设专业师资水平研究——以会展经济与管理专业为例	浙江万里学院学报	2012年3月	王敏杰、任国岩
9	教师负面声誉对学生评教影响及其机理：一个纵向实验设计	浙江万里学院学报	2012年3月	王丽娜、谢敏
10	会展企业人才培训方案设计思路	浙江万里学院学报	2009年7月	蒋晓光、王琳媛
11	跨越会展管理人才培养的误区	浙江纺织服装职业学院学报	2009年3月	贺新宇
12	会展企业人才培训方案设计思路	浙江万里学院学报	2009年7月	蒋晓光、王琳媛
13	创建《会展管理》省级精品课程的历程与思考	浙江万里学院学报	2008年3月	王凤山、任国岩
14	会展经济与管理专业课程体系建设的思考	浙江万里学院学报	2007年7月	任国岩
15	浅论会展专业人才的培养与开发	当代经济	2008年7月	王凤山、冀春贤、戚能杰
16	学生管理中“三不管地带”的原因分析及预防对策	浙江万里学院学报	2007年11月	谢敏
17	论高校经济与管理类创新性实验体系构建的意义和原则	实验室研究与探索	2007年4月	王金圣、孟祥霞

续表 4-8

序号	论文名称	发表期刊	发表时间	作者情况
18	会展经济与管理专业建设与课程体系建设的研究与思考	中国会展经济研究会学术论文集	2007 年 3 月	任国岩
19	基于能力培养的经管类实验教学体系创新探索	实验室研究与探索	2007 年 3 月	江彦、王金圣
20	大学治理六要素模型	浙江万里学院学报	2005 年 8 月	谢敏、郑哲

4.4　教师发展与服务

4.4.1　教师发展政策措施与执行

为进一步提升教师发展质量，学校专门设立教师服务为中心；商学院也设立了发展指导委员会，承担专业建设、学科发展的对外合作以及教师发展与服务工作。首先，会展经济与管理专业始终认真执行学校有关教师发展的相关政策与制度；学院层面、专业层面共同提供脱产时间并资助经费，鼓励青年教师通过脱产修读博士学位和海外访学等，支持教师到合作企业单位进行挂职锻炼学习；选派教师参加短期的行业技术培训等。

其次，利用专业自筹的教研与科研经费，支持专任教师和实验技术人员参加学术会议与交流、教学会议与交流，参加行业技能培训并参加相关研修班等，鼓励教师结合自己的研究成果，在会议上作专题发言、互动交流等，以提高教师的发展质量。

教师外出参加教学会议等一览表，见表 4-9。

表 4-9　教师外出参加教学会议等一览表

序号	会议名称	举办时间	举办单位	参会教师	会议报告	佐证材料
1	国家旅游教指委年度扩大会议	2016 年 11 月	国家旅游教指委	任国岩	小组发言	邀请函及照片
2	中国会展经济研究会年会	2016 年 12 月	中国会展经济研究会	任国岩	专题发言	会议议程和照片
3	中国会展教育高峰论坛	2016 年 7 月	国家旅游教指委	任国岩	专题发言	会议议程和照片
4	浙江省会展专业掌门人会议	2016 年 3 月	浙江省会展学会	李　刚	大会发言	会议议程及照片
5	泛长三角会展教育论坛	2016 年 5 月	中国会展经济研究会	李　刚	大会发言	议程及照片

续表 4-9

序号	会议名称	举办时间	举办单位	参会教师	会议报告	佐证材料
6	长三角会展业发展合作论坛	2015 年 7 月	长三角协调会办公室	任国岩、李刚、郑蕾娜、孟祥敏	大会发言	会议议程与照片
7	2016 年中国会展教育论坛	2016 年 7 月	国家旅游教指委	任国岩	大会发言	会议议程与照片
8	2015 年中国会展教育论坛	2015 年 6 月	国家旅游教指委	任国岩	大会发言	会议议程与照片
9	2014 年中国会展教育论坛	2014 年 7 月	国家旅游教指委	任国岩	大会发言	会议议程与照片
10	2013 年中国会展教育论坛	2013 年 3 月	国家旅游教指委	任国岩	大会发言	会议议程与照片
11	2016 浙江省会展掌门人会议	2016 年 10 月	浙江省会展学会	李　刚	大会发言	会议议程与照片
12	2015 浙江省会展掌门人会议	2015 年 10 月	浙江省会展学会	李　刚	大会发言	会议议程与照片
13	2014 浙江省会展掌门人会议	2014 年 11 月	浙江省会展学会	李　刚	大会发言	会议议程与照片
14	2013 浙江省会展掌门人会议	2013 年 10 月	浙江省会展学会	任国岩	大会发言	会议议程与照片
15	2016 浙江省会展行业协会年会	2016 年 12 月	浙江省会展协会	李刚、任国岩、孟祥敏	大会发言	会议议程与照片
16	2015 浙江省会展行业协会年会	2016 年 1 月	浙江省会展协会	李刚、任国岩、孟祥敏	大会发言	会议议程与照片
17	2016 浙江省会展行业协会年会	2015 年 2 月	浙江省会展协会	李刚、任国岩、孟祥敏	专题报告、大会发言	会议议程与照片
18	2013 浙江省会展行业协会年会	2014 年 2 月	浙江省会展协会	李刚、任国岩、孟祥敏	主持、大会发言	会议议程与照片
19	2016 浙江省会展标准化技术委员会工作会议	2016 年 12 月	浙江省会展标准化技术委员会	任国岩、李刚	主持会议	会议议程与照片

续表 4-9

序号	会议名称	举办时间	举办单位	参会教师	会议报告	佐证材料
20	2015 浙江省会展标准化技术委员会工作会议	2015 年 12 月	浙江省会展标准化技术委员会	任国岩、李刚	大会发言	会议议程与照片
21	2017 年中国会展经济研究会年会	2017 年 4 月	中国会展经济研究会	任国岩	大会发言	会议议程与照片
22	2017 年欧亚经济论坛	2017 年 9 月	国家商务部、西安市政府	任国岩	专题发言	会议议程与照片
23	2017 年中国（嵊州）县域会展业高峰论坛	2017 年 10 月	中国会展经济研究会、嵊州市政府	任国岩等	主持、专题发言	会议议程与照片
24	2017 年长三角协调会年度会议	2017 年 3 月	长三角协调会办公室	任国岩	专题发言	会议议程与照片
25	2017 中国会展教育高峰论坛	2017 年 6 月	中国会展经济研究会、上海师范大学	任国岩	专题发言	会议议程与照片

4.4.2　青年教师培养

除了严格执行学校关于青年教师培养的规章制度，落实青年教师入职教育和青年教师导师制外，本专业还结合专业建设自身特点和教学团队建设，通过以下几方面的具体措施，加强青年教师的培养，帮助其提升业务水平和教学能力，以适应岗位要求。

（1）团队研讨。围绕专业建设和课程建设的有关主题，经常性地开展团队教学研讨活动，并且鼓励青年教师提出自己的思路，发表自己的见解。此外，会展经济与管理专业还经常邀请校内外会展专家，在学科专业建设方面举办讲座交流，对教师的发展提供指导和支持。

（2）教改教研。入校初期，通过参与教研教改项目，培养起教研教改意识、主动性，提高其教研教改的能力和水平；在经过若干项目的参与后，鼓励其自主申报教研教改项目，结合实际问题开展系统研究，并在项目的申请与实施过程中给予大量的指导与团队支持。

（3）科研与学术交流。鼓励与引导青年教师教学与科研相长，并积极为青年教师从事科研提供指导与支持。包括选题、申请书撰写、经费资助外出学术交流等。

（4）教材建设与教学资源开发。结合课程建设与教学改革，通过参与教材编写，培养青年教师的教学设计与教学组织能力；通过网络课程教学资源的组织、设计与开发，培养青年教师的教学能力。

（5）交流与进修。选派青年教师参加教学会议、企业培训、攻读博士学位以及出国访学等，开阔其教学视野，提高科研能力和学术水平。

（6）教学示范与指导。通过课程组内研讨、集体备课、互相听课等，促进团队成员间的交流，帮助青年教师快速提升教学能力。与企业高管结对子，实施双导师、学生链模式。

（7）教师服务经济。专业教师结合学科专业建设和服务经济发展的实际需要，系统强化对产业发展规律的探索，对研究方法的提炼，在此基础上，系统推进服务地方经济工作。依托会展科研及服务经济平台，承担会展研究项目，推进理论与实践的有机结合，促进地方会展业创新发展。

——加强会展基础理论研究。会展业是新兴的现代服务业。国内起步晚，国外没有独立的产业体系，因此，理论基础薄弱，亟待开展系统性研究。为解决会展产业匮乏的问题，专业教师结合产业实际，系统推进会展产业基本理论（公理、原理、定理、定律）的研究，并形成一系列原创性研究成果。尽管现在还是起步初期，但在业内已经引起反响，经过几年的努力期待形成完整的体系。

教师开展的会展“三理一律”探索性研究部分成果，见表4-10。

表4-10　教师开展的会展“三理一律”探索性研究部分成果

理论类型	理论描述	理论价值
公理	会展是创造差异性的活动	对旅游与会展的差异进行界定
	会展业具有现代服务业的基本特征	对会展活动的外延进行描述
定理	会展具有注意力经济效应	在大量的会展活动的基础上提炼的
	会展业能提升产业的综合竞争力	在大量的会展活动的基础上提炼的
	会展业能促进文化产业发展	在大量的会展活动的基础上提炼的
	会展场馆建设能够优化城市空间布局	在大量的会展活动的基础上提炼的
原理	展会展品范围与客商来源范围恒定原理	在大量的研究基础上对产业特征进行描述
	规模相同的会展项目，境外展客商越多，对城市的消费拉动作用就越大	在大量的研究基础上对产业特征进行描述
	会展项目的效益与规模成正比，与客商的数量成正比，与场地的租金成反比	在大量的研究基础上对产业特征进行描述
定律	会展项目具有生命周期的特征，持续创新可以延长展会的生命周期	在大量的研究基础上对产业特征进行描述

——促进教师提高应用型能力。教师支持鼓励教师在行业内挂职、兼职等工作，以进一步提升专业教师的应用型、服务地方经济能力。专业教师兼任中国会展经济研究会学术委员会委员、长三角城市经济协调会会展专业委员会主任、秘

书长、专家委员会主任和副秘书长等职务；还担任浙江省会展行业协会副会长、宁波市会展行业协会副会长、宁波市会展经济研究所所长等职务。7 名教师为省、市政府采购办会展项目评标专家。

专业教师主持的部分服务经济课题一览表，见表 4-11。

表 4-11　专业教师主持的部分服务经济课题一览表

课题名称	主持人	立项单位	立项时间
宁波会展业“十三五”前期研究规划	任国岩	宁波市会展办	2014 年
宁波市会展业“十三五”规划制订	任国岩	宁波市会展办	2015 年
宁波国展中心 11 号馆功能规划研究	任国岩	宁波市会展办	2016 年
建设中东欧进口商品展示基地研究	任国岩	宁波市会展办	2015 年
宁波智慧会展体系建设研究	闫国庆	宁波市会展办	2013 年
中东欧博览会国际合作研究	闫国庆	宁波市商务局	2014 年
宁波会展项目评价体系建设研究	闫国庆	宁波市会展办	2013 年
2015 年宁波国际服装节评估	李　刚	宁波市经信委	2015 年
2014 年宁波国际服装节评估	任国岩	宁波市经信委	2014 年
2013 年宁波国际服装节评估	任国岩	宁波市经信委	2013 年
浙江省会展项目评估标准研究与制订	任国岩	省会展标技委	2015 年
长三角会展业合作发展研究	任国岩	长三角协调会	2014 年
余姚特色农业会展项目研究	万松钱	宁波市科技局	2013 年
余姚铜产业博览会可行性研究	王　佳	余姚市会展办	2013 年
宁波市政府主导型会展项目转型升级研究	任国岩	宁波市会展办	2013 年
宁波大型活动专项经费管理办法研究	任国岩	宁波市财政局	2016 年
宁波进口展项目退税评估	李　刚	宁波市会展办	2014 年
宁波文化产业博览会评估	任国岩	宁波市文广局	2016 年
长三角会展网设计建设研究	李　毅	长三角协调会	2014 年
中国（芜湖）科普博览会评估	任国岩	芜湖市科技局	2014 年
海宁会展产业发展政策研究	王金圣	海宁市会展办	2014 年
南亚博览会项目评估指标体系研究	任国岩	南博会主委会	2016 年
2015 年浙江省会展数据统计与分析	王　佳	省会展业协会	2016 年
浙江省技术交易成果展评估研究	黄文军	省科技评估中心	2014 年
嵊州机电博览会项目评估	王敏杰	省科技评估中心	2014 年
宁海国际会展中心运营管理研究	黄文军	宁海会展办	2013 年
宁波会展产业政策创新研究	任国岩	宁波市会展办	2013 年
2013 年宁波政府主导项目绩效评价	任国岩	宁波市会展办	2013 年

续表 4-11

课题名称	主持人	立项单位	立项时间
2014 年宁波政府主导项目绩效评价	任国岩	宁波市会展办	2014 年
2015 年宁波政府主导项目绩效评价	任国岩	宁波市会展办	2015 年
2015 年宁波会展业发展报告	任国岩	宁波市会展办	2015 年

4.4.3 专业教师与企业高管结对子

为进一步提高专业教师与产业融合、了解会展企业和项目的运作情况，进一步密切与企业的合作关系，2009 年起，会展经济与管理专业结合宁波参与上海世博会、申办以海洋为主题世界博览会、开展会展项目评估等工作，启动专业教师与产业高管结对子工作。要求每位专业教师与至少一名以上高管结对子，结对子后的校内外教师在导师之中形成“双导师”模式。并在此基础上形成“双导师、学生链”教学模式改革。该项目实施后，受到教师和学生的欢迎，也得到政府主管部门和企业的认可。专业教师与产业专家发挥自身优势，共同合作，不仅在承担教学任务方面发挥重要作用，也为教师理论与实践结合、系统提升服务经济能力创造有利条件。企业高管不仅参与专业教学，而且还在实践教学、学科竞赛、毕业论文开题与答辩环节发挥十分重要的作用。

会展专业教师与产业专家结对子情况，见表 4-12。

表 4-12　会展专业教师与产业专家结对子情况

专业教师	产业专家	专家单位	专家职务
闫国庆	吴仁兴	宁波市政府会展办	副主任
	杨　杰	宁波华博会展有限公司	董事长
任国岩	张幸迩	宁波市政府会展办	副主任
	潘建军	上海米奥兰特国际会展有限公司（上市公司）	董事长
黄文军	杜　翔	杭州白马湖会展中心管理有限公司	总经理
蔡玉新	陈展华	宁波华盟会展有限公司	董事长
李　刚	周华杰	宁波中德国际会展有限公司	总经理
王金圣	陈　震	上海世博国际会展有限公司	副总经理
李　毅	蒋志军	浙江广告会展有限公司	总经理
王　佳	张建辉	宁波前程会展有限公司	总经理
郑蕾娜	汪大华	宁波中创国际会展有限公司	总经理
王敏杰	施国平	宁波雅卓会展服务有限公司	总经理
梁　果	王　晶	宁波江南会展有限公司	总经理

第 5 章

教 学 资 源

巧妇难为无米之炊。教学资源是确保专业建设、教学改革和人才培养的必要条件。浙江万里学院及商学院都高度重视教学资源体系建设。尤其是实施二级学院管理以来，商学院充分发挥学院规模大、专业数量多、招生质量好、高收费专业多等特点，充分发挥资金集聚优势，在学校相关建设的基础上，进一步加大二级学院的投入，确保学院各专业发展对经费和资源的需求；会展经济与管理专业更是发挥作为国家特色专业、省重点专业、省优势专业、市服务型教育重点建设专业在资金、品牌、社会资源等方面的优势，将外来的专业建设经费、教学改革和建设项目经费与基本建设经费有机结合，系统提升专业教学资源的档次。

5.1 学科平台

商学院十分重视科研学科平台建设，在做好省、市级学科平台建设的基础上，系统推进服务经济平台建设。学院共拥有省一流学科应用经济学、省重点学科应用经济学、省重点学科国际贸易、省港口经济创新团队、省哲学社会科学重点研究基地临港现代服务业与创意文化研究中心等一批省级科研学科平台，以及宁波市重点学科企业管理、宁波市重点学科技术经济学、宁波市区域经济创新发展研究基地、宁波市甬商研究基地、民营经济研究中心（与中国社会科学院合建）、创意设计产业与城市发展研究中心（与中国社会科学院合建）等一批市级重点学科及研究基地。以及一批市政府批准设立、与政府主管部门、相关机构合建的专业性研究机构。

商学院科研学科平台一览表，见表 5-1。

表 5-1 商学院科研学科平台一览表

序号	级别	名 称	批准部门（外联部门）	批准时间
1	省级	浙江省哲学社会科学重点研究基地——临港现代服务业与创意文化研究中心	浙江省社科联	2010 年 6 月
2	省级	浙江省高等学校创新团队——港口经济创新团队	浙江省教育厅	2009 年 12 月

续表 5-1

序号	级别	名　　称	批准部门（外联部门）	批准时间
3	省级	浙江省实验教学示范中心——经济与管理实验教学示范中心	浙江省教育厅	2010 年 10 月
4	省级	浙江省财政厅实验专项——金融市场综合实验室	浙江省财政厅	2005 年 8 月
5	省级	浙江省民营企业经营管理者培训基地	浙江省经贸委	2004 年 2 月
6	省级	浙江省院士专家工作站——基于云计算的智慧城市应用研究	中共浙江省委人才工作领导小组	2012 年 9 月
7	区域	长三角城市经济协调会会展专业委员会	长三角协调会	2014 年 3 月
8	市级	宁波市社科重点研究基地——宁波市甬商研究基地	宁波市社会科学院	2006 年 12 月
9	市级	民营经济研究中心（与中国社会科学院合建）	宁波市教育局	2008 年 12 月
10	市级	创意设计产业与城市发展研究中心（与中国社会科学院合建）	宁波市教育局	2010 年 1 月
11	市级	宁波市审计研究所	宁波市审计局	2006 年 3 月
12	市级	宁波市会展经济研究所	宁波市会展办	2003 年 5 月
13	市级	宁波市工业经济发展研究中心	宁波市经济委员会	2001 年 6 月
14	市级	民营经济研究所	宁波市人民政府发展研究中心	2015 年 1 月
15	院级	大宗商品交易研究所	舟山大宗商品交易中心	2015 年 11 月
16	院级	经济与管理大数据应用研究中心	浙江省同花顺集团	2015 年 11 月

5.2 教学经费

商学院是浙江万里学院最大的专业学院，由于学院重视教学质量提升和人才培养创新，加之专业多为热门专业，因此受到社会的追捧。2014 年起，商学院按照学校的相关要求，结合市场对人才的实际需要，在金融学、会计学、国际贸易、财务管理等四个专业实施高收费改革。在全校的 5 个高收费专业中，商学院占有 4 个，而且招生人数的比重达到 90%以上。充足的生源、接近学校转专业人数最高限制的转专业人数、占据全校较大比重的创新班学生选择商学院专业，以及数量占商学院 2/3 的高招生学生数量，使商学院成为学校经费最充足的专业学院，这也为“二级管理”背景下的学院创新发展奠定了坚实的基础。

（1）人才培养经费概况。结合学校“二级管理”要求，教学经费投入纳入年度预算，优先安排本科教学资源建设及日常运行经费。在教学经费投入机制上，采用“基本运行+专项”模式，教学基本业务费及校内教学专项由可统筹经费统一安排，同时重点支持专业建设、教学改革、本科实验室建设、教学条件改善等教学专项经费申报。近年来，在本科生规模相对稳定的情况下，学校对二级学院调整了经费下拨方式，学院也根据学校对二级学院经费的增长，对学院本科教学经费也投入持续增长，生均教学经费实现同比例递增，满足了教学需求。

（2）教学经费支出情况。近年来，商学院教学经费随着生均经费的不断提高，呈明显的增长态势。2014~2016 年教学日常运行经费及教学改革、教学实习实践、学生活动、其他教学专项等经费支出逐年增长。经费总支出方面：2014~2016 年，学院教学经费总支出分别为 429. 3 万元、424. 8 万元、456. 3 万元，占教育总经费的比例稳定在 20%左右；教学日常运行经费支出：2014~2016 年，教学日常运行经费支出分别为 112. 1 万元、106. 2 万元、115 万元；生均年教学日常运行支出逐年增长，分别为 350 元、365 元、370 元，保障了日常教学活动正常开展；教学专项经费支出：2014~2016 年，教学专项经费支出分别为 317. 2 万元、318. 5 万元、341. 3 万元。其中，2016 年教学改革支出 8. 6 万元、专业建设支出 60. 1 万元、实践教学支出 75. 2 万元，学生活动经费支出 162. 2 万元。学院建立了一套较为合理的经费分配机制，有严格的教学经费管理办法，经费的使用效益明显。

（3）教学经费分配及比例。教学基本运行经费投入根据学校要求，依据教师人数、学生人数、承担实验实习教学工作量等指标进行分配，经评审后下达项目预算，并纳入学校综合预算，专款专用。学院对教学日常运行经费及专项经费实行项目化管理，单独核算，保证专款专用，实行经费会签、负责人“一支笔”审签制度，落实经济责任制。

学院每年在财务决算时对经费使用、变动和效益等情况进行对比分析，并将分析结果作为下一年度预算依据。学校要求与教学经费有关人员都要自觉遵守国家财经纪律，接受有关主管部门和财政、审计、监察等部门的监督检查。

商学院近三年教学经费支出情况一览表，见表 5-2。

表 5-2　商学院近三年教学经费支出情况一览表

项　目		金额/元		
		2013/2014 学年	2014/2015 学年	2015/2016 学年
教育经费概况	1 教育经费总额	21379160	30504000	31270800
	2 教学经费总额	4292795	4247537	4563318
本科教学经费支出	1 教学日常运行支出	1121100	1062300	1150000
	2 教学专项经费支出	3171695	3185237	3413318
	2. 1 教学改革支出	51517	56258	85814
	2. 2 专业建设支出	567802	586746	601257

续表 5-2

项　目		金额/元		
		2013/2014 学年	2014/2015 学年	2015/2016 学年
本科教学经费支出	2.3 实践教学支出	817062	747722	751600
	2.3.1 实验、实习	424447	430314	423398
	2.3.2 校外实习实践基地建设经费	70706	71804	73600
	2.3.3 学科竞赛经费	213362	154215	234491
	2.3.4 素质拓展经费	108547	91389	20111
	2.4 学生活动经费支出	1481500	1502300	1622100
	2.5 其他专项	253814	292211	352547
	2.5.1 一般设备购置费	180000	200000	220000
	2.5.2 教学仪器维修	31236	32630	58410
	2.5.3 教学督导经费	19177	20764	28812
	2.5.4 教学研究所、系教研组经费	23401	38817	45325
	2.6 建设专项经费	523056	575220	766737

（4）专业校级以上立项建设经费。2006 年专业设立后，就一直主持承担宁波市、浙江省和国家级专业建设项目，并在经费方面得到国家、省、市各级财政的大力支持。专业结合国家级特色专业建设、浙江省优势专业建设、浙江省重点专业建设、浙江省特色专业、宁波市服务型教育重点专业建设和宁波市应用型人才培养基地建设，累计获得 600 余万元的经费支持。近三年累计使用经费 240 万元。其中，实验室（会展综合实验室、摩米科技产业院“双创基地”、跨专业实训室等）建设经费 76 万元，采购会展实训软件 65 万元，会议实训室建设 53 万元，其他研究性学习经费 27 万元。

此外，会展经济与管理专业凭借多个高层次的学科、专业和服务地方经济平台，充分发挥专业在业内的优势，在实践教学、产教融合、兼职师资队伍建设等方面形成互惠互利、合作共赢的发展格局，在系统开展的产学深度融合、校企深度合作、资源共享等方面也为专业建设节省大量的资金支出。

专业建设立项及自筹经费一览表，见表 5-3。

表 5-3　专业建设立项及自筹经费一览表

项 目 名 称	立项单位	立项时间	经费额度	项目负责人
国家级特色专业	教育部	2010 年	40 万元	任国岩
浙江省重点专业	省教育厅	2007 年	80 万元	任国岩
浙江省优势专业	省教育厅	2012 年	40 万元	任国岩
浙江省特色专业	省教育厅	2017 年	80 万元	任国岩

续表 5-3

项 目 名 称	立项单位	立项时间	经费额度	项目负责人
宁波市重点专业	市教育局	2009 年	300 万元	任国岩
省教改项目会展专业综合改革	省教育厅	2016 年	2 万元	任国岩
宁波旅游会展业人才培养基地（会展专业学科建设）	市教育局	2006 年	92 万元	任国岩
浙江省精品课程会展管理	省教育厅	2007 年	10 万元	王凤山
浙江省新世纪教改项目立足新兴产业的会展特色专业建设	省教育厅	2007 年	5 万元	鞠方辉
专业综合改革建设项目	学校	2009 年	5 万元	任国岩
大学生创新创业项目	学校	2016 年	5 万元	李　刚
会展实验室建设项目	学校	2016 年	65 万元	王金圣

（5）市级以上建设项目配套经费。会展经济与管理专业在获得市级以上建设项目立项的同时，还获得学校和学院配套建设经费的支持。自专业 2007 年获得浙江省重点建设专业立项以来，学校和学院共支持专业配套建设经费近 600 万元。近 5 年本专业建设共获得学校、学院配套建设经费 220 万元。具体立项和使用情况如下：

商学院支持专业建设立项经费一览表，见表 5-4。

表 5-4　商学院支持专业建设立项经费一览表　（万元）

项 目 名 称	主持人	立项经费	经费结余
招收一本学生背景下会展专业人才培养模式与手段创新研究	任国岩	3	0
会展研究性学习特训班建设	王金圣	3	0.56
会展专业研究性实践基地建设	蒋天颖	3	1.7
会展专业职业教育体系设计	孟祥霞	3	0.82
会展经济与管理专业行业评价标准设计	蔡玉新	2	0
会展岗位职业标准调研与制订	王敏杰	2	0
会展营销实验软件采购	郑蕾娜	10	0.35
国外高校会展职业教育研究与借鉴	郑蕾娜	3	0
翻转课堂式教学模式应用于《会展概论》教学的改革与实践	李　刚	2	0.57
长三角会展网日常维护	李　毅	2	0
现代学徒制建设	王　佳	2	0.18
合　计		40	4.8

（6）学校相关配套经费。根据国家级特色专业、省优势专业、市服务型教育重点专业建设的要求，所在学校要为建设项目提供 1：1 的配套经费支持。根据要求，学校、学院近年来共为会展经济与管理专业提供专业配套经费 400 余万元，主要用于会展综合实验室建设（含会展策划、会展管理、会展设计和会展材质搭建等四套会展软件采购）、会议实训室建设、摩米科技产业院建设、会展创新创业孵化器建设、会展企业进校园建设、跨专业综合实训室建设。此外，还专门为会展经济与管理专业学生开展研究性学习、会展大数据实验中心建设、会展紧密型实习基地建设等提供经费支持。

会展专业学校部分配套经费一览表，见表 5-5。

表 5-5　会展专业学校部分配套经费一览表　（万元）

项目名称	主持人	立项经费	经费结余
宁波市会展大数据实验室	任国岩	20	0
会议实训室建设	王金圣	70	0
会展综合实验室建设	任国岩	65	0
宁波摩米产业院及双创基地建设	黄文军	40	2.7
宁波会展创新创业孵化基地	万松钱	12	0.46
中国中东欧特色商品展志愿者服务体系建设	闫国庆	12	0
余姚慧聪网会展创业实训基地	李　刚	8	0
浙江省会展统计信息中心	王　佳	5	0
会展策划软件采购项目	王金圣	15	0.75
会展管理实验软件采购	王金圣	15	0.75
会展材质与搭建软件采购项目	任国岩	15	0
长三角会展专委会数据库建设	李　毅	2	0.57
浙江省会展项目评估标准建设	任国岩	2	0
跨专业综合实训室会展功能建设	王金圣	10	0
现代学徒制与中国会展“青蓝计划工程”建设	李　刚	5	2.8
会展职业资格证书培训	蔡玉新	10	0
会展国际合作交流项目	郑蕾娜	4	0
会展专业学生研究性学习支持项目	王敏杰	5	0
合　计		296	7.46

5.3 教学设施

5.3.1 实验室建设与利用

（1）学校的条件建设。浙江万里学院高度重视教学基础设施的投入和学院的整体环境建设。学校图书馆总建筑面积3万多平方米。馆内拥有一个200余座设备先进的报告厅、一个多媒体视听中心、8个学术研讨室、20个不同功能的阅览室，83个可供教师和学生使用的研习间，配置了近500台计算机，无线网络覆盖了整个图书馆，可同时接纳8000多读者进馆借阅学习，真正在馆内实现了“人、机、书”一体化，极大地方便了读者，是一个信息化、智能化程度较高的高校图书馆，能够满足各种会议、学术研究和学术交流等需要。图书馆馆藏纸质文献150万册，引进中国知网、超星数字图书馆、Nature等中外文数据库54个。其中，为会展经济与管理专业配备了完善的图书资料。

（2）商学院的条件建设。商学院在教学建设的过程中，也高度重视教学科研环境建设。2016年学校调整学院专业布局和办公用房，增加了学院面积，并对所有楼房进行了改造，确保教学设施使用安全、舒适。目前，学院拥有地上建筑面积达8000多平方米大楼，大楼内设教师办公室、会议室、经济与管理实验教学中心和一个多功能厅。学生教室由学校统一提供。学院为提高教学管理和办公现代化的水平，投入经费购置的大量现代化设备，使我们的教学管理和办公都实行了网络化，教师授课全部用多媒体，提高了工作效率。

实验实训条件建设。学院现有省级实验教学示范中心1个，中心面积3007平方米，拥有仪器设备1091台套，教学仪器设备总值1132万元，拥有商务基础实验室、经济与管理专业实验室、经济与管理综合实验室。其中，专业实验室包含会展实验室、财会实验室、国际贸易实验室、ERP实验室、模拟沙盘、数据分析实验室、金融统计分析实验室；综合实验室包含跨专业综合实训、金融市场综合实验以及互联网+大金融实训室。近三年，学院累计投入专项经费600多万元，用于本科实验教学中心仪器设备的补充与更新，实验教学条件得到大幅改善。

（3）会展经济与管理专业实验条件建设。会展经济与管理专业拥有会展综合实训室、会议实训室、大学生会展工作室等校内会展实验实训平台。此外，会展经济与管理专业还结合应用型试点示范专业建设，进一步推进产学合作共建产业实验教学平台工作。2015年，经专业负责人提议，市政府会展办批准，联合市会展业促进会、宁波国际会展中心有限公司、宁波主要会展企业，联合建立宁波市会展大数据实验中心，采用宁波市大型活动保障系统电子平台来进行会展数据统计分析，并在此基础上开展会展研究、研究性学习和实验教学活动。

专栏3　宁波市会展大数据实验中心
宁波市会展大数据实验中心是2015年由我校提出，经市政府会展办批准设立的会展大数据实验平台。该平台由浙江万里学院牵头，联合宁波市会展办、宁波市会展业促进会、宁波市国际会展中心有限公司、中国移动宁波分公司以及宁波市主要会展企业，依托挂靠我校的宁波市会展经济研究所，由我校会展经济与管理专业负责人担任实验中心主任。市政府分管秘书长向我校会展经济与管理专业负责人专门举行授牌仪式，全市100余家会展企业见证了这个有意义的时刻。 会展大数据实验中心一期项目主要依托宁波市政府会展办、宁波市公安局联合建设的宁波市会展大数据辅助突发公共安全事件防控平台，并结合会展业发展的实际，由我校会展经济与管理专业教师根据会展项目管理的实际需要进行了进一步提升和完善。该平台依托移动基站系统，能分区域（场馆）动态辨识会展中心的人流量（每10秒钟更新一次数据），并进行来源地、年龄、性别等相关特征的识别，以及对违法犯罪人员的信息识别和防控功能。依托该平台，可以进行会展活动展客商统计与辨识，不同区域展区的热力图分析。我专业还专门研发出国内领先的万平方米客商滞留度、展区展品密度等评价指标，结合数据对不同展区和展品的吸引力进行分析；进而还可以对客商在甬滞留时间、主要去向进行跟踪分析。该系统解决了困扰国内会展业的客商数据统计难问题，对评价展会的办展质量和对城市经济拉动作用具有十分重要的意义。

宁波国际会展中心人流量实时监控系统，如图5-1所示。

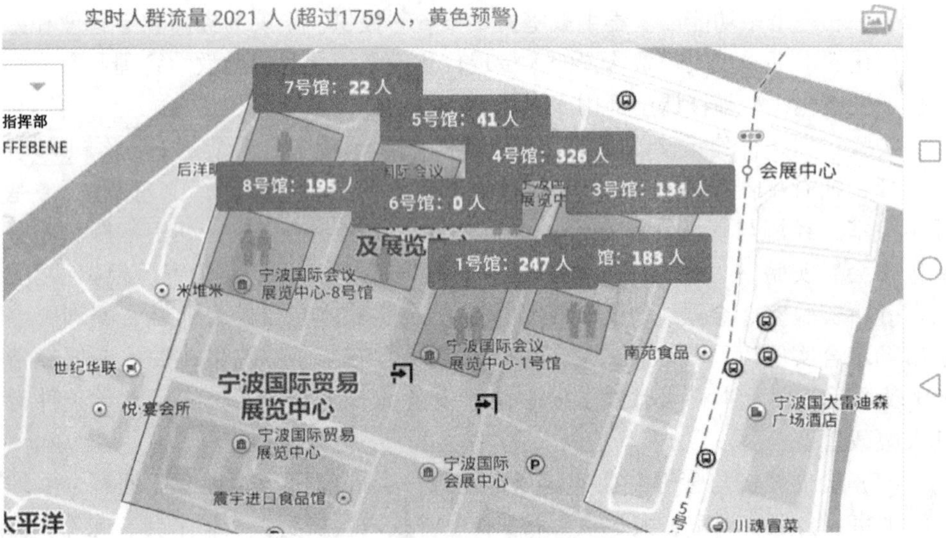

图5-1　宁波国际会展中心人流量实时监控系统

宁波国际会展中心展客商来源辨识系统（省内），如图5-2所示。

宁波国际会展中心展客商来源辨识系统（省外），如图5-3所示。

宁波国际会展中心人流量24小时动态净流量分析系统，如图5-4所示。

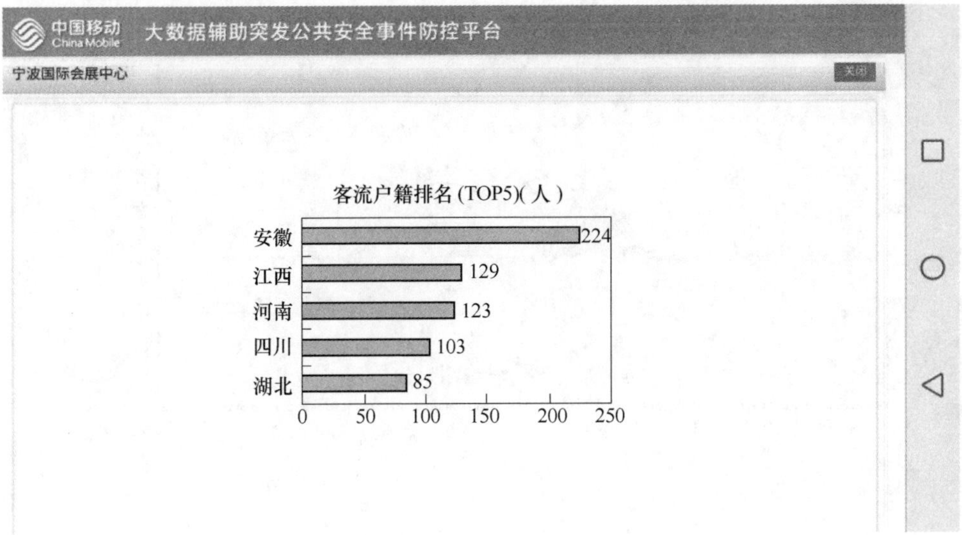

图 5-2　宁波国际会展中心展客商来源辨识系统（省内）

（图片来源：中国移动通信集团浙江有限公司）

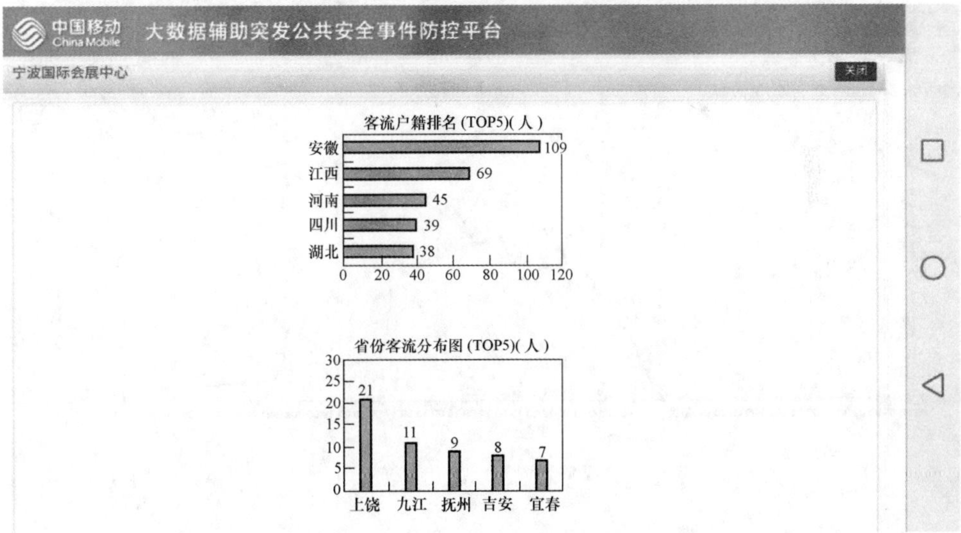

图 5-3　宁波国际会展中心展客商来源辨识系统（省外）

（图片来源：中国移动通信集团浙江有限公司）

宁波国际会展中心人流量 24 小时动态区域对比分析系统，如图 5-5 所示。

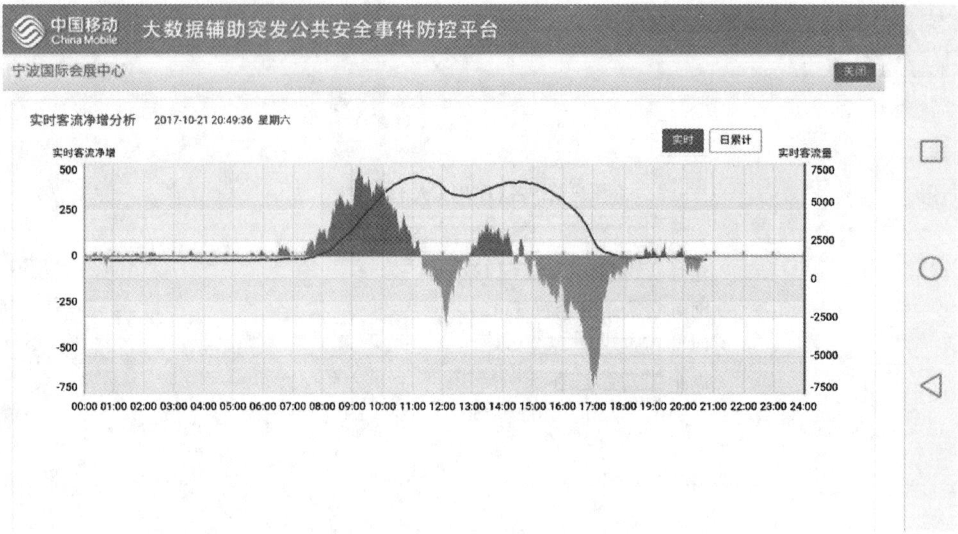

图 5-4　宁波国际会展中心人流量 24 小时动态净流量分析系统

（图片来源：中国移动通信集团浙江有限公司）

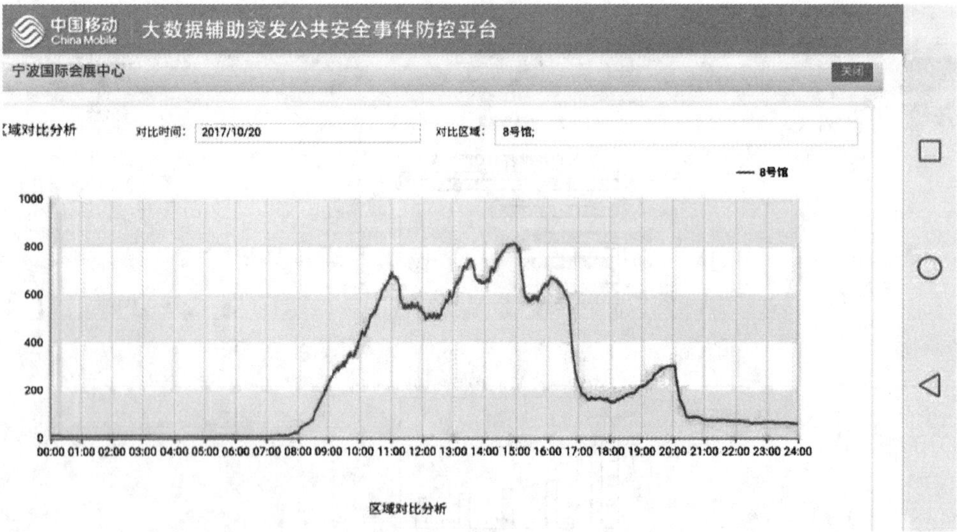

图 5-5　宁波国际会展中心人流量 24 小时动态区域对比分析系统

（图片来源：中国移动通信集团浙江有限公司）

宁波国际会展中心人流量热力图分析系统，如图 5-6 所示。

图 5-6　宁波国际会展中心人流量热力图分析系统

宁波国际会展中心展客商年龄段分析系统，如图 5-7 所示。

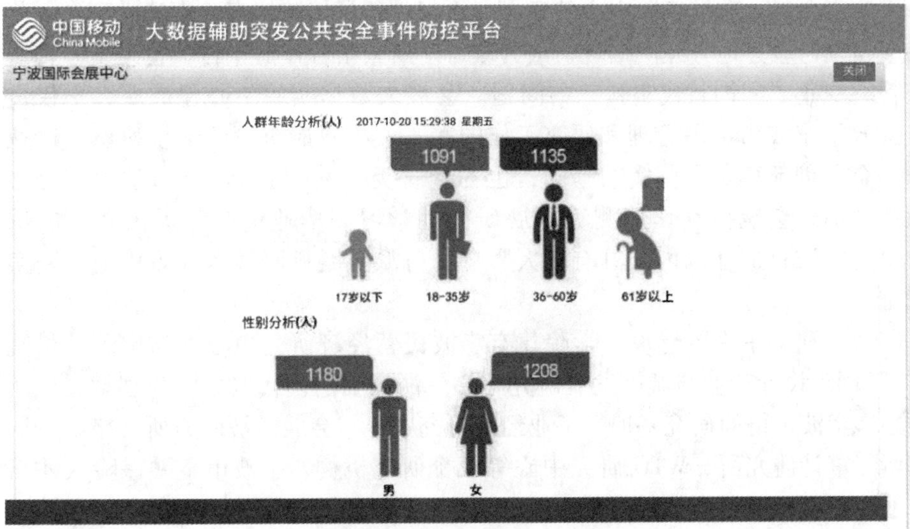

图 5-7　宁波国际会展中心展客商年龄段分析系统
（图片来源：中国移动通信集团浙江有限公司）

宁波国际会展中心展客商驻留时间分析系统，如图 5-8 所示。

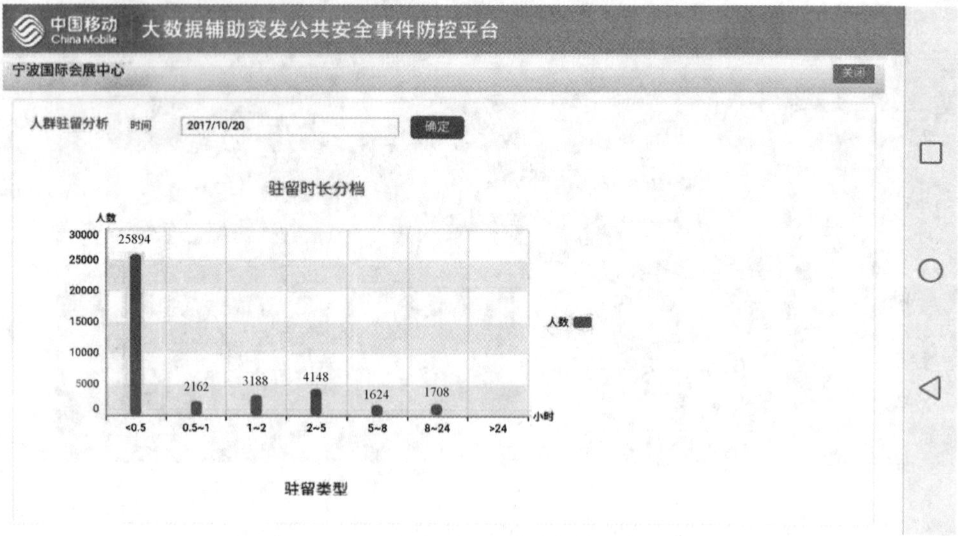

图 5-8　宁波国际会展中心展客商驻留时间分析系统

（图片来源：中国移动通信集团浙江有限公司）

宁波市会展大数据实验中心的建设，不仅创新了传统的实验室建设理念，将实验室建设与服务地方经济结合，成为政产学研紧密合作的平台，也改变了传统的经管类专业“实训替代实验”的问题。会展大数据实验中心建成后，不仅进一步提升了宁波市会展管理和研究工作的水平，为政府决策、学校科研、产业服务和企业创新奠定了坚实的基础，也为经管类实验“正名”，为学生结合会展项目评估、会展拉动作用测算开展研究性学习和毕业论文等提供必要的保障，也为宁波打造在国内外具有较大影响的甬派会展科研学术群体奠定了坚实的基础。

（4）科研共享平台建设。学院建有宁波民营经济研究中心（与中国社科院合作）、创意设计产业与城市发展研究中心、浙江临港现代服务业与创意文化研究中心、宁波市甬商研究基地、工业经济研究中心、会展经济研究所、旅游发展研究所、审计研究所、WTO 研究中心等九个研究机构，宁波市金融保险人才培养基地、浙江省民营企业经营管理者培训基地等两个培训（培养）基地和港口经济创新团队一个省级创新团队，特色凸显，已成为我院服务地方经济的平台和中坚力量，为本科人才培养提供支撑。

（5）会展经济与管理专业的相关条件建设。会展经济与管理专业校内实践教学基地主要依托浙江省实验示范中心——商学院经管实验中心平台，共设有会展综合实验室、摩米科技产业院及“双创基地”、会议实训室、宁波市会展创新创业孵化基地、华博公司会展部等五个专业独立的实践教学场所，另外还与其他专业公用跨专业实践教学平台、统计实验室、ERP 实验室、博远创业公司等综合性实践教学平台。为进一步提升校内实验体系建设的质量和档次，有效提升会展专业学生研究性、设计性、综合性实验教学环境质量，专业教师依托我校在国内率先研发的会展经济数学研究方法体系，联合省内相关企业，共同设计开发会展决策平台与数据库系统。

专栏 4 会展决策平台与数据库系统

会展决策平台与数据库系统是专业依托会展经济数学研究方法设计开发的会展业决策分析平台及数据库系统。平台依托会展产业数据库，结合会展业发展实际，对城市会展业发展可行性分析、会展中心选址、会展项目策划、会展项目评估、会展拉动作用测算、会展成本分析等开展决策分析工作。其中的创意策划方法、时空图法、赋值还原法、矩阵叠加法等决策分析方法可以有效解决会展产业决策过程中存在的实际问题，为政府决策提供支撑，为产业创新提供服务。

5.3.2 实训教学基地建设

在实验室建设基础上，会展经济与管理专业还充分发挥校内外资源，推进实训基地建设。2013 年，会展专业与宁波市会展业促进会合建宁波会展创新创业人才孵化基地，为学生创业、校企合作提供平台；2015 年，学院以会展专业为核心，与慧聪网余姚分公司合建会展创业咖啡，在为慧聪网提供展示服务的同时，合作推进会展创新创业工作；2016 年，与国家级科创园区宁波鄞创科技园开展合作，并与宁波摩米创新工场信息科技有限公司合建的商学院摩米产业研究院及“双创基地”，该基地正在装修采购建设中，2017 学年将正式投入使用，作为国家级科创园区鄞创科技园科技展示的重要平台。此外，专业学生还充分借助学校的会议设施开展相关实训活动，以及每年举办大学生文化用品展、大学生生活用品展等多个校内会展项目。

5.3.3 实习教学基地建设与利用

会展经济与管理专业具有较强的实战性，因此，专业十分重视理论与实践的结合，强化校内外实习基地的建设。在校内主要是通过企业进校园方式，与宁波华博会展有限公司、宁波雅卓会展服务有限公司、城之新会展有限公司建立万里学院工作部，结合上述公司的宁波国际服装节、宁波国际家具博览会、宁波国际机械产业博览会、宁波住宅产业博览会等项目开展市场调研、项目策划、服务管理等工作；在校外主要依托宁波国际会展中心设立宁波会展大数据实验室、浙江万里学院会展经济与管理专业校外实践基地，依托杭州奥体博览中心、宁波华博会展公司、宁波国际贸易展览中心常年展馆、余姚中塑国际会展中心等设立的紧密型校外会展实践教学基地。

5.3.4 教学信息化资源与条件利用

我们正处于一个网络信息时代，作为网络信息时代的先行者和重要组成部分，教育的网络信息化是不可或缺的。会展经济与管理专业也高度重视专业的信息化建设，通过多重手段提升专业建设的信息化水平。

（1）门户交流网站与交流群。会展经济与管理专业设有专业网站、专业建设微信公众号和会展专业交流群等系列门户网络体系。

1）会展经济与管理专业门户网站。主要是介绍专业建设的基本情况，专业建设的动态信息，专业建设的相关成果。并通过互动平台来提高专业建设的交流和融合。专业网站建立以来，受到各方的高度重视。

2）专业服务经济平台网站。包括长三角城市经济协调会会展专业委员会网站、宁波市会展经济研究所网站等。主要是对外宣传推介会展经济与管理专业学科建设、科学研究、服务经济等方面的相关内容。

3）微信公众号。主要包括会展经济与管理专业微信公众号，长三角协调会会展专业委员会公众号，以及参与行业共建的会展学研究、会展策划家等行业公众微信号。

4）QQ 群和微信群。主要包括专业教师 QQ 群、各专业班级的微信群等。此外，还结合大学生会展研究会、研究性学习小组等设立相关的研究性学习和兴趣类 QQ 群及微信群。

（2）系列精品课程网站。主要包括浙江省精品课程会展管理网站，以及通过 MOODL 平台开设的全部专业课程网站。通过课程网站，可以为学生提供必要的网络课程信息，密切与学生之间的沟通联系。

（3）会展虚拟仿真实训教学平台。2010 年以来，会展经济与管理专业设计并与相关企业合作开发了会展虚拟仿真实训平台。该平台包含会展流程模拟系统、会展艺术设计系统、会展决策平台系统、会展产业数据库系统等主要部分。学生可以通过实训平台在校内各个场所开展实训教学。如果给予一定的开放权限，也可以在全国范围内开展远程实验教学和实训教学，为未来建设区域性中心实验平台，实现资源共享奠定坚实基础。

5.3.5 图书资料建设

会展经济与管理专业在学校现有的较完整的图书资源的基础上，每年专门为教师、学生订阅会展类相关期刊，放在系会议室供教师和学生参考。专业教师还充分发挥与产业合作密切的优势，与中国会展经济研究会、相关城市会展业主管部门和行业协会合作，收集整理《中国会展经济研究会电子版资料》，上海、大连、厦门、成都、昆明、哈尔滨等相关城市会展业简报等资料，以及下载会展学研究、中国活动产业推进联盟、活动策划家、会议圈、北上广深会展联盟、东北亚会展联盟等业内主要的微信群中专家学者发布的研究成果、数据资料。此外，还充分发挥专业教师每年承担中国会展业发展报告、长三角会展业发展报告、宁波市会展业发展报告等撰写工作，系统收集整理国内会展产业、会展项目、会展设施和会展服务等方面的资料，及时提供给学生参考。

5.3.6　国际教育体系建设

商学院高度重视国际化人才培养工作，积极推进教学科研和人才培养的国际合作工作，与 20 余个国外高校建立紧密的合作关系，开展交换生、考研直通车、攻读硕士研究生等多渠道的合作。学院每年都派出教师到国外开展访学、科研合作等工作。

商学院学生可参加的国外合作院校项目一览表，见表 5-6。

表 5-6　商学院学生可参加的国外合作院校项目一览表

合作院校	项目介绍	专业	网　址
美国纽约州立大学普拉茨堡分校（SUNY，lattsburgh）	海外学习项目（有部分学费优惠）学分转移项目（有部分学费优惠）	商学院所有专业	http：//www. plattsburgh. edu
美国肯特州立大学（KSU）	海外学习项目 本升硕	商学院所有专业	http：//www. kent. edu
美国爱达荷州立大学（ISU）	海外学习项目 本升硕	商学院所有专业	http：//www. isu. edu
美国罗克福德学院	交换生项目 海外学习项目 本升硕	商学院所有专业	http：//www. rockford. edu
法国普瓦捷高等商学院（ESCEM）	交换生项目（英语授课）海外学习项目（英语授课）本升硕（双硕士学位，学制 1 年，英语授课）	商学院所有专业	http：//www. escem. fr
法国巴黎十二大	交换生项目（英语授课）本升硕项目（法语授课）	商学院所有专业	http：//www. univ-paris12. fr

续表 5-6

合作院校	项目介绍	专业	网　址
英国邓迪大学（UOD）	本升硕（学制 1 年） 海外学习项目（有部分学费优惠）	商学院所有专业	http：//www. dundee. ac. uk
英国赫特福德大学（UH）	本升硕（学制 1 年，有部分学费优惠）	商学院所有专业	http：//www. herts. ac. uk
波兰科兹明斯基大学（KOZMINSKI UNIVERSITY）	交换生项目（英语授课）	商学院所有专业	http：//www. wspiz. edu. pl/index. php/en
西班牙胡安卡洛斯国王大学（URJC）	交换生项目（英语授课） 海外学习项目（英语授课） 本升硕	商学院所有专业	http：//www. urjc. es
匈牙利布达佩斯商学院（BGF）	交换生项目（英语授课） 海外学习项目（英语授课）	商学院所有专业	http：//en. bgf. hu
挪威生命科学大学	本升硕（英语授课）	商学院所有专业	http：//www. umb. no
爱尔兰都柏林城市大学（DCU）	本升硕（英语授课）	商学院所有专业	http：//www. dcu. ie
新西兰马努卡理工学院（MIT）	短期文化交流项目 交换生项目 海外学习项目（有部分学费优惠）	各相关专业	http：//www. manukau. ac. nz
韩国启明大学	交换生项目（英语授课） 本升硕（韩语授课） GMBA（全球 MBA 项目，英语授课）	商学院所有专业	http：//www. kmu. ac. kr
南非开普敦半岛理工大学（CPUT）	本升硕 交换生项目、海外学习项目	各相关专业	http：//www. cput. ac. za
哈萨克斯坦国际经贸大学	交换生项目（英语授课） 海外学习项目（英语授课）	商学院所有专业	
荷兰泽兰德大学	海外学习项目（英语授课） 交换生项目（英语授课）	商学院所有专业	http：//www. hz. nl
克罗地亚札格雷布经济管理学院	交换生项目	商学院所有专业	

会展经济与管理专业充分发挥专业特点和生源优势，近年来加大推进国际合作办学。除广泛应用学校的国际合作交流平台外，还与美国纽约乔治华盛顿大学、加拿大亚岗昆大学、德国汉堡大学、韩国启明大学等国外高校，以及中国台

湾南台科技大学、中国澳门科技大学、中国澳门城市学院等港澳台高校建立紧密合作关系。其中，与中国澳门城市大学自 2014 年起建立会展、旅游类专业直通车项目。专业负责人签名推荐的学生，可免试进入中国澳门城市学院攻读硕士学位。现已有 3 名学生通过该项目在中国澳门城市学院攻读硕士研究生。在此基础上，2017 年起正式启动与德国汉堡设计与传播应用科学大学联合培养会展经济与管理—品牌管理国际双学位专业建设项目。并于 2017 年 8 月 6 日合作成立“浙江万里学院-德国汉堡设计与传播应用科学大学联合学院”，会展经济与管理专业成为首批合作办学的三个专业之一，采用全英语教学培养会展经济与管理专业品牌管理方向学生。现正在向国家教育部报送相关手续，如获批准，将正式开展实施工作，如图 5-9 所示。

图 5-9　浙江万里学院-德国汉堡设计与传播应用科学大学联合学院

5.4　专业建设与人才培养方案

5.4.1　专业建设目标与规划

（1）专业建设目标。浙江万里学院是国内首批开展会展本科人才培养的四所高校之一，也是浙江省首个设立会展经济与管理专业的高校。专业设立以来，始终把立足服务地方会展经济发展，探索会展理论与方法体系建设，培养高素质应用型会展专业人才，发挥先发优势打造国内会展专业建设品牌作为专业建设的工作目标，并围绕这一目标系统推进各项工作。

（2）专业建设思路。会展经济与管理专业在建设过程中，始终将市领导为会展业提出的“立足产业、服务产业、提升产业”的发展目标作为学科专业建设的纲领性文件。在专业建设的过程中，始终将服务宁波会展产业发展作为专业建设发展的核心基础。在此基础上，努力探索会展业发展的基本规律和基本方法，并理论与实践相结合培养高素质应用型人才。

（3）人才培养的整体框架。会展经济与管理专业在人才培养体系的构建中，始终将专业人才、特色模式作为工作的主线。在课程的设置上，坚持“宽专结合”的“T”字形人才培养理念，在确保专业基础课的同时，强化理论教学与实践教学有机结合，突出以会展策划、会展管理、会展服务为核心的专业人才培养。具体方案及人才培养体系的整体架构如图 5-10 所示。

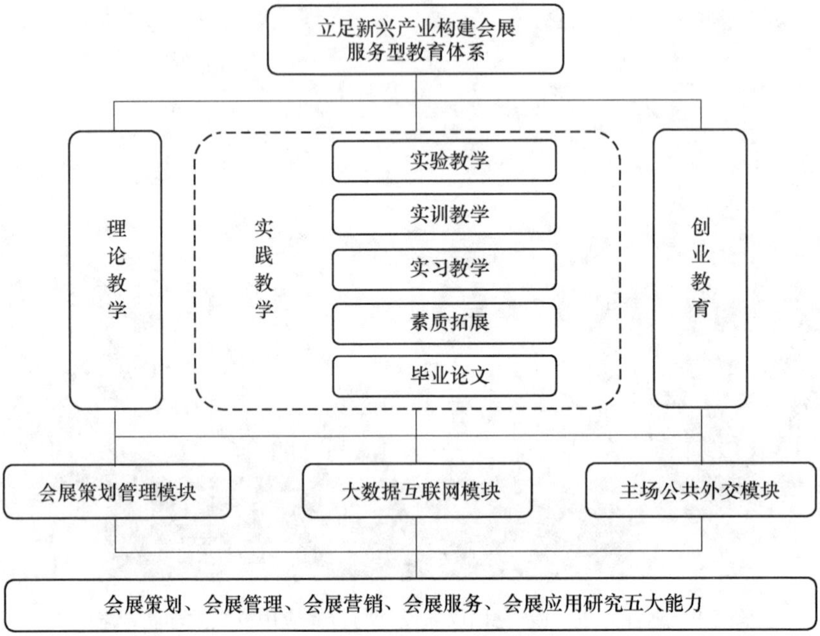

图 5-10　会展经济与管理专业人才培养体系示意图

（4）教学指导委员会建设。会展经济与管理专业为进一步提升专业建设质量，设立了专业建设指导委员会。邀请国内最有影响力的行业专家、高校专家学者，以及地方政府会展主管部门领导，组建成一支专业性、产业性、区域性相结合的教学指导委员会专家队伍。负责指导专业制订发展目标、审核发展规划、审定人才培养方案和课程建设目标，对师资队伍建设、人才培养等提出指导意见，以确保专业建设的质量。

会展经济与管理专业专家指导委员会成员一览表，见表 5-7。

表 5-7　会展经济与管理专业专家指导委员会成员一览表

姓名	工作单位	职务	备注
袁再青	中国会展经济研究会	会长	
刘大可	北京第二外国语学院经贸会展学院	院长	
谢科范	武汉理工大学	副院长	博导
潘建军	上海米奥兰特国际会展有限公司	董事长	上市公司
张幸迩	宁波市政府会展办	副主任	

5.4.2　专业建设与成效

会展经济与管理专业是随着宁波市会展业的跨越式发展而诞生，又在服务宁波会展业发展的实际工作中得到快速提升，现在已经成为宁波市会展业不可或缺的重要组成部分。通过 10 年系统的努力，专业建设实现了从无到有、从小到大、从弱到强的发展历程，在人才培养质量、服务地方经济、专业建设水平、对外辐射影响等方面都取得了可喜的成效。逐步形成学科体系与专业体系有机融合，内涵建设与品牌建设相得益彰的发展态势。

（1）人才培养质量不断提高。生源和毕业生质量不断提升。在经历了招收三本学生、专升本学生之后，会展经济与管理专业 2014 年起开始招收一本学生，入学平均分数也由 2013 年的 475.45 分提高到 2015 年文科 629.89 分、理科 608.21 分（浙江考生为参照），平均提升 143.6 分；2015 年、2016 年全校文理科最高分均在会展专业，生源质量有明显提升；专业 2013 年、2014 年一次就业率达到 100%，2013~2015 年连续三年学生创业率超过 10%。系统推进创新创业人才培养。会展经济与管理专业系统开始了创业课程，围绕“创新创业”系统完善人才培养体系。专业学生主持国家大学生创新创业项目 1 项；黎冠文同学的“手绘 POP 项目”2015 年年产值已达到 2000 万元，该项目获得 2015 年度全国大学生 NOV 策划大赛一等奖，他也入选全国“大学生自强之星”入围奖，并获得宁波市 2015 年首届创业新秀等荣誉。会展 11 级团支部 2015 年当选浙江省优秀团支部；陈超俊同学 2014 年获得浙江省“十佳大学生”入围奖和全国“大学生自强之星”入围奖。

会展经济与管理专业学生团体性获奖项目一览表，见表 5-8。

表 5-8　会展经济与管理专业学生团体性获奖项目一览表

序号	项目名称	获奖主体	授予时间	授予单位
1	全国先进班集体	会展 0612 班	2010 年	国家教育部
2	浙江省优秀团支部	会展 11 级团支部	2015 年	共青团浙江省委

续表 5-8

序号	项目名称	获奖主体	授予时间	授予单位
3	浙江省优秀社团	大学生会展研究会	2008 年	浙江省教育厅
4	宁波市教育系统先进党支部	会展专业学生党支部	2011 年	宁波市教育工委
5	宁波市优秀志愿者集体	大学生会展研究会	2008 年	共青团宁波市委
6	宁波市优秀志愿者集体	大学生会展研究会	2010 年	共青团宁波市委
7	宁波市优秀志愿者集体	大学生会展研究会	2008 年	共青团江东区委
8	宁波市优秀志愿者集体	大学生会展研究会	2010 年	共青团江东区委
9	宁波市优秀志愿者集体	大学生会展研究会	2012 年	共青团江东区委

（2）专业建设质量不断提升。会展经济与管理专业是国家教育部 2004 年结合我国成功申办 2010 年上海世博会而开始批准设立的新设专业，随着会展业规模不断扩大，专业发展速度较快，截至 2017 年 10 月，全国共有 108 所高校设立该专业。其中，浙江省有 7 家高校（按照批准设立的时间顺序为：浙江万里学院、浙江大学城市学院、杭州师范大学、浙江传媒学院、浙江树人学院、浙江外国语学院、上海财经大学浙江学院）。浙江万里学院 2006 年设立该专业以来，立足浙江省发达的会展经济，在省、市政府会展主管部门的大力支持下，专业建设得到跨越式发展。2006 年主持市应用型人才培养基地会展学科、专业建设，2007 年获得浙江省重点建设专业，2009 年获得宁波市服务型教育重点专业，2010 年被教育部列为国家级特色专业建设点。也是迄今为止国内唯一一个会展经济与管理国家级特色专业。

会展经济与管理专业建设项目（专业类）一览表，见表 5-9。

表 5-9　会展经济与管理专业建设项目（专业类）一览表

序号	专业建设项目	立项单位	立项时间	负责人
1	国家级特色专业建设点	国家教育部	2010 年	任国岩
2	浙江省“十三五”特色专业	浙江省教育厅	2017 年	任国岩
3	浙江省“十二五”优势专业	浙江省教育厅	2012 年	任国岩
4	浙江省“十一五”重点建设专业	浙江省教育厅	2007 年	任国岩
5	宁波市服务型教育重点专业	宁波市教育局	2009 年	任国岩
6	旅游会展应用型人才培养基地会展专业建设	宁波市教育局	2006 年	任国岩
7	校专业综合改革试点专业	学校	2009 年	任国岩

（3）学科科研平台成效显著。专业设立以来，始终高度重视学科建设。2007 年，国际经济与贸易获得浙江省重点学科（A 类），国际会展是其中三个方向之一；2009 年，港口经济团队获省高校创新团队，会展经济为其中三个方向之一；

2012 年，应用经济学获得浙江省重点学科，会展经济为其中四个方向之一；2016 年，应用经济学获得浙江省一流学科，会展经济是其中四个方向之一；会展产业也是 2010 年获批的浙江省哲学社会科学重点研究基地临港现代服务业与创意文化研究中心的重要支撑点之一。此外，会展技术经济还是 2014 年获批的宁波市技术经济学重点学科的方向之一。

在做好学科平台建设的同时，会展经济与管理专业还积极推进服务经济平台建设。2003 年，经市长批示、市政府批准设立宁波市会展经济研究所并挂靠浙江万里学院，会展专业负责人任所长至今，这也是国内迄今为止地市级以上城市唯一设立的市级会展研究机构；2014 年，长三角城市经济协调会（上海市、浙江省、江苏省 25 个城市以及安徽省 5 个城市共 30 个城市政府间合作组织）市长联席会议决定设立长三角会展专业委员会，主任和秘书处单位设在浙江万里学院，专业教师担任专委会主任、秘书长和专家委员会主任职务；2016 年，专业负责人依托中国会展经济研究会统计工作委员会平台，主持撰写《2016 年中国会展业发展报告》，该报告已由商务部在 2016 中国（北京）国际服务贸易交易会上发布。此外，浙江省会展行业协会信息统计中心落户我校，相关的年度统计数据已作为省统计局的重要参考；专业负责人还担任浙江省会展标准化技术委员会副秘书长，主要负责宁波市会展标准化的推进工作。

5.4.3　专业影响力不断提升

专业建设所取得的成效，也得到了国家教学指导委员会、行业高层领导、教育部相关专家、会展行业协会等会展业内人士和会展企业的高度认可，扩大了专业在国内外的影响力。

（1）得到专业评价机构等较高的评价。艾瑞深校友会自 2015 年对全国的会展经济与管理专业进行排名以来，浙江万里学院会展经济与管理专业连续两年排名全国第一，2015 年是 87 家，2016 年是 98 家高校参加排行；2014 年 4 月，《高校招生》执行总编辑郭小川在《中国教育报》撰文（国家教育部网站全文转载），称“浙江万里学院的会展经济与管理专业”等“堪称国内同类专业的翘楚”，考生们在报考志愿时“应予以重视”，如图 5-11 所示。

（2）得到政府部门的高度重视。2014 年，长三角城市经济协调会（长三角 30 个城市政府间合作组织）第十四次市长联席会议决定设立四个专业委员会，其中长三角会展专业委员会主任单位、秘书长单位均设在我校（专业教师担任专业委员会主任、秘书长和专家委员会主任）；此外还主持浙江省人社厅会展执业资格证书一、二级题库建设工作；主持省标技委会展项目评估标准的制定工作；2008 年以来，宁波市会展经济研究所连续 8 年获得市政府会展业贡献奖；专业负责人任国岩连续 2 年获得市政府会展业先进个人。

2014年高考头道大餐—
300个国家级特色专业任你挑

郭小川，《高校招生》杂志执行总编辑。高考志愿填报研究专家。从事高考志愿研究十余年，多年参与高考录取工作，多次采访各级招生考试机构、高校招办负责人及考生、家长等，搜集了大量高考案例，并对高校招生章程进行了潜心研究，其《看透录取规则》是全面、系统、深入运用高校录取规则指导考生填报志愿的专著。曾参与编写《平行志愿宣传手册》，多次应邀在全国各地开展高考志愿讲座。主要作品有《破译黄冈神话》《有多少高考可以重来》《志愿连环话：调档何以又掉档》《图解高考志愿》《细读章程：别在高考第一步摔跤》《什么专业是值得追捧的“热门”》等。

北京大学的哲学、中国人民大学的社会学、北京林业大学的风景园林、北京语言大学的汉语国际教育（对外汉语）、中国传媒大学的播音与主持艺术、北京师范大学的电影学（原影视学）、天津工业大学的非织造材料与工程、复旦大学的管理科学、同济大学的历史建筑保护工程、上海海事大学的交通管理（原航运管理）、上海商学院的工商管理（连锁经营管理）、内蒙古科技大学的冶金工程（稀土工程）、辽宁大学的国民经济管理、长春理工大学的光电信息科学与工程（光电子技术科学）、黑龙江大学的俄语、南京大学的天文学、南京审计学院的审计学、中国计量学院的质量管理工程（原产品质量工程）、浙江万里学院的会展经济与管理、厦门大学的海洋科学、江西科技学院的汽车服务工程、山东工艺美术学院的艺术设计学、河南工业大学的粮食工程、武汉理工大学的物流工程、中山大学的人类学、电子科技大学的电子科学与技术、西北工业大学的复合材料与工程、西安外国语大学的翻译、兰州大学的理论与应用力学等都是国家级特色专业，堪称同类专业领域里的翘楚。考生在填报志愿时，亦应给予充分的重视。

中国教育报、中国教育新闻网刊发《高校招生》主编、著名高考志愿填报专家郭小川的文章，对浙江万里学院会展经济与管理专业给予高度评价。

图 5-11　《高校招生》执行主编郭小川对会展经济与管理专业给予高度评价

（3）得到国家教指委的认可。专业负责人作为核心成员参加国家教指委会展经济与管理专业人才培养标准制订工作；国家公共管理教指委（2014 年以前会展经济与管理专业隶属公共管理教指委）主任娄成武称赞我校会展专业是“建设期最短的国家特色专业”；2016 年上半年，国家旅游教指委（2014 年以后会展经济与管理专业隶属旅游教指委）设计了 10 门会展经济与管理专业的必修专业课程。其中，会展管理、会展策划、会展营销为核心专业课，我校会展经济与管理专业负责人主持会展策划教材的编写工作。

（4）得到行业高层专家的认可。会展专业建设及服务地方经济相关工作也得到会展业高层专家的认可。2012 年，国际展览局名誉主席吴建民先生专程来我校听取会展经济与管理专业建设汇报；国际展览局秘书长洛塞泰斯在来宁波访问时，还专门仔细了解会展科研、会展人才培养和专业建设的情况，并支持我校教师到国际展览局挂职学习；中国会展经济研究会会长袁再青、中国会展经济研究会副会长潘建军等也多次来我校，为教师和学生举办讲座，与教师和学生互动交流，并对专业建设和人才培养进行指导。

5.4.4　转专业制度建设与执行

为了更好地培养高等教育大众化阶段高素质应用型人才，贯彻因材施教原则，促进学生个性发展，增强学生的自主选择性，根据教育部《普通高等学校学生管理规定》和《浙江万里学院学生学籍管理办法》，2008 年学校制定了《浙江万里学院校内优秀学生转专业管理办法》。办法规定，新生第一学期必修课程（不含体育）的平均学分绩点在同专业同年级学生排名前 30%者可以申请转专业。各学院在转专业前可组织一定形式进行专业介绍，并根据教学资源情况，确定各专业的转专业指标、转专业标准；招生办报学校审批后向全校公布各专业的转专业指标、转专业标准。各专业按年级为单位累计转入的学生数原则上控制在该专业一年级原学生数的 10%以内。

2015 年起，由于 2014 级开始招收一本学生，因此涉及会展经济与管理专业的转专业工作结束。会展经济与管理专业的生源质量也因此而实现明显的战略性提升，成为学校入学分数最高的专业。

会展经济与管理专业转专业情况表，见表 5-10。

表 5-10　会展经济与管理专业转专业情况表

学　年	转专业转进	转专业转出	创新班选本专业
2011/2012 学年	5	0	
2012/2013 学年	7	0	3
2013/2014 学年	3	0	2
2014/2015 学年	3	0	4
2015/2016 学年		0	1

5.4.5　培养方案质量与修订

在专业建设过程中，重视人才培养体系改革，探索系统性、颠覆性创新，促学生早进产业、早进科研、早进社会。注重实效，努力改变“百万教师玩魔方”的教改方式，系统推进专业改革的实效性。

（1）专业课提前。将专业课由传统的第四学期开始讲授提前到第一学期，顺应学生入学后了解专业的强烈需求，构建“以学习者为中心”的教学体系，使学生一入学就了解专业、参与科研、进入产业。解决学生戏称“大一成高四”

的问题，促进学生专业兴趣的提升。

（2）政治课后移。讲政治课由传统的第一、二学期讲授改为第五、六学期讲授，使政治课与专业、调研、考研考公务员有机结合，激发学生的学习热情，提高政治课教学效果。改变政治课教学存在问题但难以解决、甚至怯于解决的矛盾，提升政治课的教学质量。

（3）课程论文与毕业论文融合。实施“一生一市、一课一研”。学生一入学就选择一个城市，结合课堂教学开展针对性研究，每门课程撰写研究论文，课程研究论文与毕业论文前后衔接、有机结合、形成体系，最终形成毕业论文的雏形。通过不间断的实战研究，解决“毕业论文抄全球”的问题。

（4）强化实践教学环节。加大实践教学课程的比重（由 2011 年的 18%提高到 2015 年的 20%），引导教师参与行业管理与服务（应用型大学老师要比从业人员更懂产业），强化实践实验探索，避免“理论靠学校、实践靠社会”“四年大学不如三周培训”的问题。在此基础上，强化职业资格证书培训，搭建校企对接平台，为学生就业提供便利。

5.5 课程资源

课程资源建设是专业建设的重要组成部分，也是课程建设的重要基础。近年来，会展经济与管理专业充分发挥科研和服务地方经济优势，系统推进科研及服务地方经济成果转化为教学资源，初步形成了课程平台、课程内容、课程主讲教师和课程实践环节相结合的课程资源体系建设，为提升课程建设的水平，进一步促进专业建设奠定了坚实的基础。

5.5.1 课程质量与优质课程资源建设

会展经济与管理专业设立以来，高度重视课程建设。其中会展管理课程被列为浙江省精品课程，会展概论、会展管理、会展策划、会展营销、会展专业英语、参展商实务、会展政策法规等 7 门课程被列为宁波市旅游会展应用型人才培养基地重点课程建设项目。

专栏 5　会展策划课程建设与创新

会展策划课程是会展经济与管理专业的核心专业课程，也是会展经济与管理专业区别于其他经管类专业的最核心知识点。为做好会展策划课程的教学工作，会展经济与管理专业结合产业实际与人才培养的需要，逐步形成“宏观规划、中观策划、微观计划”三层次的会展策划课程体系，将传统的会展策划只重视策划文本的撰写，拓展到城市会展业发展研究、会展创意策划和会展文本撰写三个方面，丰富了会展策划的内涵，拓展了会展策划的外延。

会展经济数学研究方法课程是依托专业教师在服务地方会展产业发展的实际工作中提炼出来的城市会展业发展可行性分析、会展中心选址、会展项目策划、会展项目评估、会展拉动作用测算、会展风险管理等研究方法形成的会展应用型数学研究方法体系，也是国内唯一一所开展会展经济数学研究方法课程的高校，对提升学生应用性研究能力具有重要作用。

> 会展策划课程是会展经济与管理专业的核心课程。专业结合产业实际，在国内率先提出“宏观规划、中观策划、微观计划”三层次课程体系，并将会展产业规划、会展产业定位、会展策划方法等应用到课程中去，解决了会展策划课程灵感思维的不确定性和以方案策划为主层次性不高等问题。
>
> 会展管理课程是浙江省精品课程和重点教材。专业结合产业管理、项目管理、企业管理和服务管理的实际，提出产业管理、流程管理、要素管理、功能管理四大体系，将产业管理与项目、企业管理有机结合，形成一定特色。

5.5.2 教材建设与选用

会展经济与管理专业设立以来，专业教师先后主编出版《会展概论》《会展组织与管理》两部教材，参编《会展基础知识》教材。现正在主持国家旅游教指委“十三五”规划教材《会展策划与管理》的编写工作。其中，会展管理教材被列为浙江省重点教材，会展经济数学研究方法教材被列为宁波市重点教材。此外，专业教师还充分发挥对产业熟悉、对教材熟悉等优势，集中选用包括“十一五”规划教材、“十二五”规划教材在内的国内优秀会展专业教材。在教学过程中，还邀请教材的编写者与专业教师共同备课，开展研究，讨论课题建设与实验体系建设，进一步提升了专业教师的教学水平。

5.5.3 课程教学改革

(1) 优化课程内容改革教学手段。紧密结合学生的特点，优化课程内容。其中《会展经济数学研究方法》课程为我校在国内首创，《会展策划》课程形成了与其他高校微观计划为主差异较大的“宏观规划、中观策划、微观计划”的“三观”模式，在业内引起高度关注；在教学手段上，系统开展慕课、合作式教学、翻转课堂、微课等教学手段，构建以学习者为中心的课程教学体系。这些直观性、动态性和大容量的信息，使教学内容实现了对时空的超越，提高了学生的学习兴趣和学习效率，促进了学生对教学内容的理解和掌握。在此基础上，系统推进案例教学，一方面组织教师引导学生开展案例收集研究，另一方面将教师服务地方的研究成果直接转化为教学案例。很多学生在参加案例研发和教师科研的同时，也进一步提升了了解产业、理解知识的效果。教师与企业高管结对子，通过定期召开研讨交流会、现场教学、建立微信群、QQ群等方式，共同指导学生开展产业调研和岗位服务工作，有效提升了学生了解产业、参与活动、提升能力的效果。

教师科研与课程改革情况信息表，见表5-11。

表 5-11　教师科研与课程改革情况信息表

课程名称	主要改革内容	改革成效	高校对比
会展经济数学研究方法	将教师科研成果提炼成为20余个应用型研究方法，独立设置课程开展教学。包括城市会展业可行性分析（量表法）、城市会展业定位研究、会展资源评价、会展选题策划（矩阵法）、会展举办时间选择（时空图法）、会展项目选址（模糊评价、重心、极坐标法）、主办单位选择（赋值还原法）、会展活动策划（叠加法）、会展产品定价（改性赋值还原法）、会展项目评估、会展拉动作用测算、会展业准入与竞争（博弈论法）、会展业项目趋势预测（回归分析法）、会展业风险管理等	不仅填补了国内外会展及相关专业缺少方法类课程教学的空白，也系统培养了学生通过产业实际提炼方法、构建模型，以及用方法解决实际问题的能力	国内尚无其他高校系统开设会展经济数学研究方法及相关的课程
会展策划	结合专业教师主持承担会展产业规划、会展项目策划、会展项目绩效评价等研究课题，将会展策划课程内容分为宏观规划、中观策划、微观计划三个层面。宏观规划重视城市资源分析，学生可通过学习掌握城市会展业发展的基本要素，并能够为城市会展业发展制定规划；中观层面主要是结合资源分析，通过方法引导学生依托资源、依托方法、依托数据开展会展项目策划；微观计划主要是指导学生科学、规范完成会展文案策划等工作	通过改革，让学生跳出策划文本的框子，掌握依托城市和产业资源、依托方案和案例数据来进行会展项目策划的能力，同时拓展了规划方面的知识	高校当前会展策划课主要集中于微观计划，在城市、资源视角整体看待会展城市、产业和项目规划方面涉及内容较少
会展政策与法规	结合专业教师主持会展产业政策制定、会展管理办法研究、政府大型活动经费使用管理办法制定、会展评估标准制订、会展政策资金评价标准制订、会展企业及项目招投标评价指标体系等系列课题，在教学过程中，完全结合产业的实际需要讲授会展管理体制、会展产业政策、会展产业规划（与会展策划中讲授规划不同：前者主要讲规划的制订，后者主要讲国内各级、各地规划的特点）、会展管理办法、会展相关标准和会展相关法规	通过创新会展政策法规课程教学，学生系统掌握会展业的政策特征以及国内政策法规，还结合实际开展应用，对提升学生理论实践相结合能力有重要意义	国内高校用经济法等课程替代会展政策法规，即使部分院校开设会展政策课程，也多为文本的讲授，缺少对相关原理和案例的介绍

（2）推进研究性教学体系建设。专业重视教师的研究与学生学习互动支撑。教师不断结合自身的研究成果，将相关内容传授给学生；学生则结合教师的研究课题等，积极推进研究性学习体系建设。学校鼓励学生参与教师的课题研究，先

后大规模组织学生参加宁波国际服装节评估、中东欧特色商品展展客商满意度调查等课题；专业每年都要为学生设立科研项目，引导学生发现产业规律、解决实际问题的能力。此外，专业鼓励学生结合产业实际开展规律性研究，共有 32 名学生获得原创新、参与性、应对性课题立项。依托研究课题，学生共发表研究论文 22 篇，获得软件著作权证书 7 项。

会展专业部分研究性学习课题立项清单，见表 5-12。

表 5-12　会展专业部分研究性学习课题立项清单

课 题 名 称	主持学生	主要原理性观点
客商场馆滞留时间与展会质量的关系研究	鲍煌烈	会展质量与滞留时间成正比
会展场馆人流量与心理感受之间的关系	庄影雯	人数增加由失落感向压力感转变
中国（芜湖）科普博览会评估研究	叶蓉蓉	综合展专业客商与观众结构关系
浙江科技成果展评估研究	岑磊	财政支持与参展商参展意愿
参展商参展面积与影响因素研究	王　强	与产品生命周期和参展目标有关
会展安保数量与展会规模类型关系研究	李小策	展馆面积增加人数呈阶梯式下降
展会效益与面积、类型、结构关系研究	刘雯雯	面积越大展客商结构越优效益越好
城市级别与会展场馆的特征研究	陈小琴	展品创新度与参展资金来源关系
服博会客商入馆时间特征关系研究	徐　璨	形成客商-时间关系曲线
影响参展商参展意愿的主要因素研究	杨岚迪	客商的数量和结构是核心要素
城市级别与展会类型特征研究	施杨川	级别与平台、产业、项目类关系
浙江省县域会展业发展特征研究	王鹏清	项目资源、规模、展客商特征

（3）探索现场教学体系建设。会展经济与管理专业结合专业特点，系统推进与实践教学相结合的现场课程教学体系改革。结合专业教师承担的会展服务经济项目，依托宁波市举办的大型会展项目，借助企业导师的经验和知识，常态性组织现场教学工作。具体见表 5-13。

表 5-13　会展经济与管理专业现场教学情况一览表

序号	课程名称	教学地点与项目	现场教学内容	主要承担人员
1	会展管理	宁波国际会展中心	现场管理、风险管理	李刚、吴继煌
2	会展营销	宁波华博会展公司	营销的方法、技巧	郑蕾娜、杨杰
3	参展商实务	宁波国际会展中心	展台布设、参展目标	董峰、王佳
4	会展服务管理	宁波国际会展中心	会展搭建、物流等服务	王晶、万松钱
5	会展场馆与设施	宁波国际会展中心	场馆设施、配套服务	陆小平、任国岩
6	会展政策法规	宁波国际会展中心	会展业政策、绩效评价	吴仁兴、任国岩

5.6 社会资源

5.6.1 社会资源基本情况

浙江万里学院会展专业建设的一个重要基础就是产业对人才的需要以及对办学的支持，在专业建设的过程中，专业教师与行业紧密合作，也得到行业的高度认可，获取了大量的行业资源。这也是专业由新专业逐步发展成为国家级特色专业的核心支撑。

会展经济与管理专业教师社会兼职情况一览表，见表5-14。

表5-14 会展经济与管理专业教师社会兼职情况一览表

序号	资源名称	专业教师
1	中国会展经济研究会学术指导委员会委员	任国岩
2	中国会展经济研究会统计工作委员会副主任	任国岩
3	商务部会展专家库专家	任国岩
4	长三角协调会会展专业委员会秘书长	任国岩
5	长三角协调会会展专业委员会副秘书长	李 刚
6	浙江省会展行业协会副会长	任国岩
7	浙江省会展行业协会副秘书长	李 刚
8	浙江省会展行业协会外联部副部长	孟祥敏
9	浙江省会展统计信息中心主任	任国岩
10	浙江省会展统计信息中心副主任	王 佳
11	宁波市会展业促进会副会长	任国岩
12	宁波市会展经济研究所所长	任国岩
13	浙江省人力资源与社会保障厅会展考评员	任国岩
14	浙江省政府采购办会展项目评标专家	任国岩
15	宁波市政府采购办会展项目评标专家	任国岩、李毅、蔡玉新、李刚
16	宁波市政府会展专项资金评审专家	任国岩
17	上海会展紧缺人才考评专家	任国岩、李毅、蔡玉新、李刚

5.6.2 社会资源利用效果

会展经济与管理专业依托中国会展经济研究会、长三角协调会会展专业委员会、浙江省会展行业协会、宁波市会展经济研究所和宁波市会展业促进会等相关社会资源，积极搭建教学、科研、创新创业、师资队伍建设等平台，取得了明显成效。主要体现在以下方面：

（1）师资队伍建设。借助相关的社会资源，专业教师不仅拥有众多的社会资源，提升了专业在国内会展业的地位，同时也为教师结合实际开展相关活动奠定了坚实的基础。包括教师挂职锻炼、双导师制（教师与高管结对子）、承担科研项目、培养教师实践能力等方面。此外，兼职教师参与教学环节、实践环节和毕业论文环节也有效提升了产教融合的水平。

（2）服务经济平台建设。依托中国会展经济研究会统计工作委员会，专业教师不仅系统掌握国内会展业数据，承担商务部会展业发展报告撰写，也为教师开展研究提供最全面的数据支持；依托长三角协调会会展专业委员会，专业教师密切了与长三角城市会展主管部门的紧密合作，也为学生开展“一生一市、一课一研”活动提供了必要保障；依托宁波市会展经济研究所，专业教师每年可以参与到宁波市会展业发展的相关研究工作，承担相关研究课题；依托宁波市会展业促进会，专业教师密切了与宁波市会展企业、会展项目的紧密合作关系，在承担研究课题的同时，也为学科平台建设奠定基础。

（3）实践教学环节。浙江省会展行业协会共分两批公布 40 家省内会展企业作为省内高校共享的跨专业实践教学基地，浙江万里学院会展经济与管理专业负责人作为省会展协会分管教学科研工作的副会长，直接负责该项工作的建设工作，进一步方便了我专业学生开展实践教学和毕业论文活动；宁波市会展业促进会、宁波国际会展中心面向我校会展专业学生开放，学生只需凭借学生证就可以参观除车展以外的全部会展项目。

（4）研究性学习建立教学环节。会展经济与管理专业重视开展研究性学习和案例教学工作。学校依托的社会资源对专业建设发挥了十分重要的作用。其中学生依托专业教师主笔撰写商务部中国会展业发展报告、长三角会展业发展报告、浙江省会展业发展报告和宁波市会展业发展报告，将学生研究性学习与教师主持的研究课题有机结合，确保学生在介入教师科研的同时，获得大量数据、方法等方面的指导和资料。其他的平台也对学生的研究性学习及案例开发提供了非常有利的条件。

专栏 6 长三角协调会会展专业委员会大事记

长三角会展业合作发展始于 2009 年。2009 年 3 月，为配合举办 2010 年上海世博会，推进长三角成为国际上有影响力的会展城市群，打造长三角区域会展业品牌，长三角城市经济协调会决定设立长三角会展业合作发展研究课题，由宁波市政府牵头，浙江万里学院具体负责项目的研究工作，拉开了长三角区域会展业合作的序幕。

一、积极开展会展业合作课题、专题工作

（1）积极开展课题研究工作。2009 年 3 月，在湖州召开的长三角城市经济协调会第九次会议上，决定设立“长三角会展业合作”等多项研究课题。其中，“长三角会展业合作”课题由宁波市政府牵头，由浙江万里学院负责承担。课题研究过程中，就长三角区域会展业发展的现状、问题开展研究，并就建立区域会展业合作机制，探索区域会展业合作路径、制订会展业合作规则等提出具体建议。

（2）系统推进长三角会展业合作专题。2010 年 3 月，在嘉兴举办的长三角协调会第十次市长联席会议上，决定在开展“长三角会展业合作”课题研究工作的基础上，积极推进长三角会展业合作专题工作，并提出要通过撰写《长三角会展简报》、《长三角会展要报》、开展《上海世博会对长三角区域拉动作用测算》等工作。2011 年 9 月，专题承担单位浙江万里学院在系统推进“长三角会展业合作专题”的同时，完成了《上海世博会对长三角区域经济拉动作用测算》工作。研究表明，在 2010 年 5 月 1 日至 2010 年 10 月 31 日共计 184 天的举办期间，上海世博会为长三角区域带来的直接拉动作用可达到 2000 亿元；根据世博会的后续效应将延续 10 年左右的特点，自 2002 年 12 月 3 日国际展览局举行第 132 次大会，上海市成功获得 2010 年世博会的主办权，到 2010 年 5 月 1 日正式举办以“城市，让生活更美好”为主题的世博会，再延续到 2020 年，可累计给长三角区域带来的拉动作用可超过万亿元。在经济效益之外，还带来了城市知名度、城市群品牌、城市基础设施建设提升等一系列社会效益。为上海世博会开展总结分析提供了一定的参考借鉴。在此基础上，专题项目还完成 20 期专报、要报的撰写工作，就长三角区域会展产业特征、长三角区域会展业合作机制、上海世博会经典案例、后世博时代区域会展业合作发展等问题开展研究。在国内外会展业产生一定的影响。

二、依托长三角会展专业委员会开展区域会展业服务工作

2014 年 3 月 30 日，在盐城召开的长三角协调会第十四次市长联席会议批准设立长三角会展专业委员会，并由宁波市政府牵头组建，进一步创新了长三角会展业区域合作的机制。专委会设立后，先后开展了一系列的工作：

（1）积极开展专委会的筹建工作。盐城会议结束后，宁波市政府会同浙江万里学院，立即着手长三角协调会会展专业委员会的筹建工作。筹备组成员先后与长三角协调会 30 个会员城市的政府会展主管部门开展交流，并邀请各城市政府会展主管部门加入会展专业委员会。与此同时，启动长三角会展业专委会章程起草、架构设计、工作计划制订、网站设计等相关工作，并积极开展相关工作，为举办成立大会做好充分的准备。

（2）努力扩大会展专委会的影响。专委会批准设立后，宁波市政府及浙江万里学院会展专业教师，就积极举办各种活动，逐步扩大长三角会展专业委员会的影响。2014 年 5 月，会展专委会（筹）主办浙江省会展业教育科研工作论坛，来自省内 10 个城市的会展教师、政府主管部门成员、会展企业从业人员参加；2014 年 6 月，会展专委会（筹）主办浙江省人力资源和社会保障厅会展业高级研究研修班，来自长三角 12 个城市的会展业从业人员和高校教师参加培训，70 人获得相关培训证书；2014 年 9 月，专委会承担宁波市政府主导型会展项目转型升级和宁波市政府主导型会展项目绩效评价指标体系的设计和年度会展项目的评估等工作。

（3）召开长三角会展专业委员会成立大会。2014 年 9 月 25 日，举行会展专业委员会成立大会及第一次专业委员会会议，公布了长三角专委会组织架构和章程，与会代表交流了各城市会展业工作，并讨论了专委会工作计划。来自长三角协调会的 12 家成员城市的政府会展主管部门的领导出席会议。会上，各城市交流了会展业发展的经验，也对专委会的后续工作提出了具体要求。专委会成立后，为配合开展工作，专委会秘书处根据工作计划，2014 年 10 月 10 日，组建了长三角会展专家委员会，上海、杭州、无锡、芜湖、绍兴、宁波等城市的会展研究人员参加了专家委员会，并明确了专家委员会的工作任务和相关职能；2014 年 11 月 1 日，长三角会展专业委员会网站正式上线运行，并对相关城市会展业发展情况进行介绍。

（4）系统推进服务区域会展业合作发展工作。专委会成立后，根据盐城会议纪要及相关文件要求，系统推进区域会展业服务工作。2014 年 11 月 7 日，会展专委会受芜湖市贸促会委托，对中国（芜湖）科普博览会开展项目评估工作；2015 年 3 月，专委会秘书长应邀参加了杭州市会展办西湖博览会年度项目的评估工作；2014 年 11 月，专委会秘书处承担了浙江省科技厅技术交易成果展、嵊州机电产品博览会评估等工作；2015 年 4 月，专委会专家组成员主持承担无锡市 2014 年度会展业发展报告的撰写工作，会展专委会秘书长等多名专家共同参与；2016 年 4 月，专委会专家还为温州家博会的参展商、客商就会展项目的价值与评估体系等开展专题讲座。

（5）系统提升区域会展业合作研究水平。为进一步提升区域会展业合作质量，夯实区域会展业合作理论基础，专委会还积极组织专家组成员开展区域会展业合作发展研究工作。2014 年 11 月 26 日，专委会专家在《经济地理》杂志发表“长三角会展场馆的集聚演进特征研究”论文；2015 年 4 月，在《经济地理》杂志发表了“长三角知识密集型服务业集聚演进特征研究”论文；2015 年 5 月，会展专委会完成《城市会展业发展决策研究》、《城市会展业发展的理论、方法与应用》两部专著的出版工作。此外，专委会秘书处还先后主持承担宁波市会展业“十三五”发展前期研究和宁波市会展业“十三五”规划制定工作。

（6）积极参与国家、省市有关部门的相关工作，扩大会展专委会在国内外的影响。2015 年 6 月 4 日，会展专委会秘书长应邀要参加商务部组织的落实国务院《关于加快推进展览业改革发展的若干意见》的座谈会，并就相关问题发表意见，受到商务部服贸司领导的肯定；2015 年 6 月 17 日，举办第二次专委会会议，同时邀请中国会展经济研究会袁再青会长解读国务院《关于加快推进展览业改革发展的若干意见》；邀请厦门市会展行业协会会长郑智做落实国务院文件、会展产业基金、会展协会服务工作报告；组织与会代表参观在宁波举办的台湾名品展；2016 年 5 月，专委会秘书长、副秘书长等参加了在珠海召开的商务部关于推进会展教育与人才培养工作座谈会，并就如何提升会展科研服务水平，做好会展人才培养等工作提出了相关的对策建议。2016 年 5 月，专委会秘书处还参与了商务部“2016 年中国展览业发展报告”的撰写工作，该报告在 5 月底举办的中国（北京）国际服务贸易交易会上正式发布。

（7）系统开展区域会展业标准研发工作。为进一步规范区域会展业发展，进一步完善区域会展业合作的机制，专委会重视对会展产业数据的调研和会展业标准的研发工作。2015 年 7 月，浙江省会展标准化技术委员会举行换届选举，专委会秘书长担任第二届会展标技委副秘书长；2015 年 8 月，会展专委会主持承担浙江省标准化委员会《会展项目评估标准》的制定工作；2015 年 9 月，专委会秘书长主持设计开发的上海市劳动局职业技能培训基地会展实训软件正式通过验收并投入使用；2015 年 11 月 8 日，会展专委会作为协办单位参加 2015 上海世界创意经济峰会国际论坛的相关工作，并担任《创意经济与管理》杂志编委；2016 年 3 月，专委会秘书长主持编写的“会展策划师”一、二级职业资格证书考试项目试题标准通过浙江省职业技能鉴定中心的鉴定。

（8）积极开展相关会展服务工作，扩大专委会的影响。会展专委会重视通过与域内外城市会展业开展合作，逐步扩大长三角会展专委会的影响。2014 年 12 月，专委会秘书长应哈尔滨市会展办邀请，为哈尔滨市政府会展主管部门、行业协会和企业作“会展策划的方法与实战”专题讲座；2015 年 2 月，专委会与浙江省会展行业协会共同组织开展 2015 年度浙江省优秀会展企业、优秀会展项目、优秀会展场馆和先进个人的评选工作。2015 年 8 月，专委会秘书长参加了由中山大学举办的会展业发展专题论坛，并在会议上做了“大型会展活动与国家对外合作战略”的专题演讲，结合国内中国东盟博览会、中国亚欧博览会、中国俄罗斯博览会、中国阿拉伯博览会、中国中东欧博览会等区域性国际会展项目，分析大型会展项目在促进举办城市成为国家对外合作战略支点城市，进而在自贸区建设方面开展先行先试、探索会展业在经济和社会发展中的相关作用及规律和特征。

第 6 章

培　养　过　程

专业人才培养过程是衡量专业建设质量的重要标志，也是高素质应用型人才培养的核心环节。会展经济与管理专业一直高度重视培养过程的设计、实施、管理与监控。在设计层面，强调培养目标—课程体系—实践教学—师资队伍的系统衔接；在实施层面，重视理论与实践相结合、校内与校外相结合、科研与教学相结合；在管理层面，重视专业规划、平台建设和制度体系建设；在监管层面，重视信息服务体系、反馈体系、奖惩体系的建设。通过“四位一体”的培养体系建设，确保人才培养过程的科学性、系统性、规范性和创新性，也为培养高素质应用型人才提供了必要的保障。

会展经济与管理专业人才培养体系架构图，如图 6-1 所示。

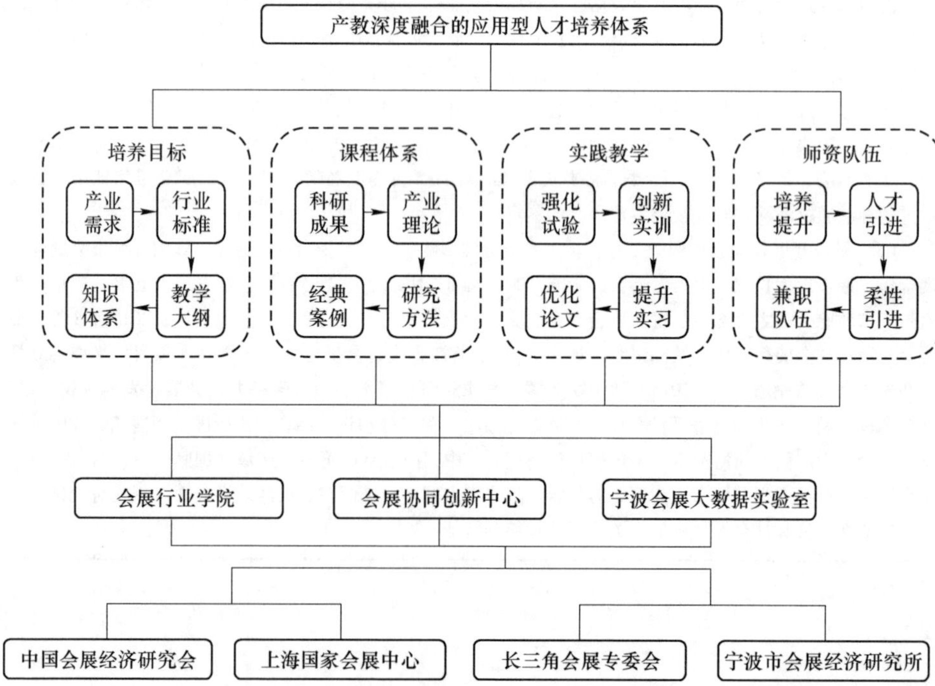

图 6-1　会展经济与管理专业人才培养体系架构图

6.1　培养方案执行

在培养体系形成后，培养方案的执行则是确保人才培养体系刚性与柔性结合的重要环节。在这个环节，学校、学院和专业层面都采取了相关的措施，也确保了培养方案的有效执行。

6.1.1　培养方案执行情况

人才培养方案体现了教学的目标以及达到这个目标必须完成的教学内容，对最终能培养出什么样的人才起至关重要的作用。因此，会展经济与管理专业系根据学校的部署，充分发挥专业社会渠道广泛、产教融合紧密的特点，坚持每年结合学校“走进企业”人才培养适应性调查，组织教师，采取向社会问卷调查，走访相关企事业单位，以及与历届毕业生座谈等多种形式，弄清社会人才需求状况及要求的知识与技能，与此同时，分别走访了“天津商业大学”“浙江大学城市学院”“中山大学”“上海师范大学”“浙江传媒学院”“重庆文理学院”等多所兄弟院校，就相关专业建设的问题进行了广泛的交流。此外，专门派人参加了“教育部全国高等学校旅游管理专业教学指导委员会”组织的年度会议、专业与课程建设的相关会议，听取教指委的指导，并同与会的全国各高校进行了广泛交流。在上面这些工作的基础上，专业教师与专业教学指导委员会经过多次反复讨论，对我专业原人才培养方案进行修订，确定了会展经济与管理专业本科、专升本等专业的人才培养方案，2006 年 9 月等该方案通过了学校组织的校外专家的评审。根据人才培养方案，执行情况具体如下：

（1）严格执行教学计划。为使人才培养过程符合专业培养目标，有较强的可操作性，使人才培养的各项要求能在教学过程中具体落实。在执行过程中，重视教学计划的权威性，确保教学计划执行的刚性。到目前为止，专业已开课程均按计划执行，执行情况良好。

（2）制定完善教学规定。为系统规范教学行为，确保教学质量达到较高要求，学校、学院和专业分层次制定了完善的教学规定。专业基础课和专业课的教学大纲、实验大纲、课程设计大纲和实验指导书由课程建设小组集体讨论，并由专业教学指导委员会审定通过；各任课教师按教学大纲认真备课、精心组织教学。严格执行学院的各种规章制度，坚持每学期系领导、系教学督导、专业负责人及老师听课制度。严把考试质量关，坚持试卷审核制度，严格考试纪律。在期中教学检查中均召开教师座谈会、学生座谈会并安排老教师听课，及时反馈意见。

（3）优化课程体系建设。会展经济与管理专业始终把课程建设作为专业建设的关键环节，重视课程建设根据专业人才培养方案和人才市场需求，设置了专业学位课程和专业选修课程，突出专业特点，强调理论教学与实践教学相结合，从而达到人才培养目标的知识、能力和素质要求。目前，已完成1门省级精品课程、7门市级重点课程，3门院级精品课程、1门系级精品课程建设，课程资料全部上网，实现资源共享。

（4）推进教学改革和创新。探索新的教学方法和教学手段对专业基础课和专业核心课程，采用案例教学、多媒体教学、小组讨论、专题研究、网上教学等多种教学手段，拉近了理论教学与实际的距离；不定期到会展企业参观实习，开展现场教学，邀请会展主管部门、场馆、企业、协会的有关领导和高级管理人员给教师和学生做报告、讲课，走校企结合办学之路，本系所开课程中100%采用多媒体教学，教学效果良好。

（5）重视加强教材建设。为确保教学质量，专业严格执行学院关于教材编写、评价和选用制度，所开课程都选用获奖教材或面向21世纪教材或国家规划教材，有实验的课程都选用或自编了配套的实验指导书，并在教学实践中不断完善和提高。专业教师积极组织编写相关教材，提升教学的整体质量。

（6）强化实践教学环节。会展经济与管理专业高度重视实践教学环节，将实践教学环节作为应用型人才培养的重要渠道。在实验教学方面，重视研究性、验证性、综合性、设计性实验体系建设，改变经管类专业“实训替代实验”的瓶颈问题；在实训方面，探索企业进校园，课堂走出去等新模式，培养学生解决实际问题的能力；在实习方面，专业充分发挥与产业合作紧密的特点，系统推进以志愿者服务、兼职员工、双导师制、项目员工制、项目参与制为主线的实习教学模式。系统构建了“课程实验、课程设计、认知实习、毕业实习与设计”的实践教学体系。在完善专业课程体系的基础上体现知识、能力、素质的协调发展，提高学生的创新和服务会展经济等实践能力。

（7）培养学生创新服务能力。会展经济与管理专业坚持“以人为本”“以生为本”的教学理念，系统开展“四感（使命感、责任感、成就感、荣誉感）教育”激发学生学习兴趣，积极倡导素质教育，制定了关于学生创新活动的计划与措施。积极鼓励学生参加各种竞赛，如全国大学生会展策划大赛、全国大学生挑战杯创新设计大赛、浙江省经管类案例大赛等，开辟第二课堂活动，制定了学生第二课堂活动学分认定办法，鼓励学生参与老师的科研项目等。

6.1.2 培养方案师生认知度

本专业的人才培养方案是在广泛征求产业专家意见的基础上，并经过各专业教师反复研讨的结果，最后经过专业建设指导委员会研究确定的。因此，会展专业教师对会展经济与管理专业人才培养方案有着高度的认同。

在教师认同的基础上，会展经济与管理专业还高度重视专业学生对人才培养方案的认同度，尤其是对会展经济与管理专业人才培养方案改革中与其他专业不同的方面，更需要得到学生的理解与认同。为此，会展经济与管理专业通过多种渠道加强与学生的沟通交流。

（1）新生入学教育。会展经济与管理专业一直延续一个优良的传统，那就是专业负责人每年都要去接待新生，同是新生报到的第一个晚上就组织学生召开师生见面会。专业负责人除介绍专业的特点、地位及发展历程外，还要重点介绍专业建设和教学改革的情况。尤其是向学生布置开展“一生一市、一课一研”研究性学习体系建设的情况，培养学生对人才培养方案的认同感。

（2）会展概论课程。会展经济与管理专业与商学院其他专业有一个很大的不同，就是会展经济与管理专业不开设专业导论课程，而是直接开始会展概论课程。这是因为会展专业为避免学生一年级不接触专业，将大一戏称为“高四”的问题，实施人才培养方案“专业课提前、政治课后延”的改革，学生一入学就直接接触专业课程，培养学生的专业兴趣，也便于学生早进专业、早进产业、早进科研，进一步激发了学生的专业热情。

（3）导师制系统指导。浙江万里学院实施导师制制度。会展经济与管理专业更是结合生源和人才培养方案的特点，将导师制直接从一年级启动（其他专业多为从二年级启动）。专业教师与产业高管形成的“双导师制”进一步提升了学生的产业兴趣和专业自豪感，也有助于从一年级就指导学生开展专业课程教学、研究性学习和现场教学等工作，学生在亲身经历的基础上，不仅对专业产生兴趣，也对人才培养方案形成深度认同。

6.2　教学资源情况与校本资源开发

6.2.1　课程教学资源的开发

（1）会展经济数学研究方法课程资源开发。会展业尚未形成自己独立的数学研究方法体系，由于缺少模型和量化支撑，不仅影响了政府和企业的决策与创新，对教学也产生较大影响，这是会展业无法系统提升科学性和竞争力的瓶颈。教师结合课题立足产业研究，形成 20 余个方法构成的会展应用型研究方法体系，在填补国内外空白的同时，提高了教学的规范性和研究的科学性。

主要会展经济数学研究主要方法一览表，见表 6-1。

表 6-1　主要会展经济数学研究主要方法一览表

方法名称	主要内容	解决的问题
城市会展业可行性分析	采用量表分析手段，从城市的经济总量、设施情况、产业政策、市场环境等指标入手进行量化分析	城市是否具备办展条件，能否发展会展产业

续表 6-1

方法名称	主要内容	解决的问题
会展业发展定位分析	结合城市产业、区位、基础设施、人口总量等特征判断城市、产业、项目定位	解决城市会展业发展的方向和等级等问题
会展场馆容量分析	针对城市的基本情况和发展会展业的诉求，分析场馆的最佳、最大容量	解决会展场馆建设的规模测算问题
会展场馆建设选址（中心、模糊评价、极坐标）	结合交通、行政、居民等区域分布，发展空间、土地价格等选择会展中心位置	解决城市会展场馆建设过程中选址问题
会展创意分析（矩阵法）	结合国际、国家、省份、城市热点问题，及主办单位级别等分析展会主题	解决会展项目策划过程中主题遴选问题
会展举办时间分析（时空图法）	根据国内同类会展项目的举办时间，采用图表法分析最佳的举办时间	解决会展项目举办过程中时间选择问题
主办单位选择（赋值还原法）	参照同类会展项目的主办单位、举办时间、空间布局测算主办单位的级别	解决会展项目举办过程中主办单位选择问题
展位价格制定（比较分析法）	参照其他展会价格、本展会的生命周期和投入产出等分析合适的展位等价格	解决会展项目策划过程中的价格制定问题
会展活动策划（叠加法）	参照相近展会的实际情况，确定拟举办展会的活动数量、类型和规模	解决会展项目举办过程中项目策划问题
会展评估方法	根据规模、结构、类型、满意度等指标对会展项目的质量开展评估	解决会展项目的绩效评价问题
拉动作用测算方法	结合展位销售、消费拉动、文化创新、品牌价值等测算会展业的拉动作用	解决会展项目经济和社会效益的测算问题

部分会展经济数学研究方法示意图如图 6-2 所示。

（2）会展案例教学课程资源开发。会展经济与管理专业在课程建设过程中，充分发挥专业与经济发展结合度高的优势，结合实习工作，系统推进教师科研成果转化为教学资源，系统推进教学案例的开发工作。截止到 2017 年 3 月，专业共开发教学案例 15 个，有效地提升了课程教学的整体质量，促进了应用型人才培养工作。具体案例见表 6-2。

在案例开发中，专业教师重视依托产业实际，结合教学内容的需要，不断提炼会展教学所需要的共性特征和个性特点，将会展项目的具体内容与会展教学的案例性特征有机结合，发掘隐藏在会展项目底层的深层次特征，引导学生通过分析典型案例掌握会展项目策划管理的规律性方法和手段，培养举一反三的能力，实现应用型人才培养的目标。

会展经济数学研究方法

会展创意思维：定性与定量——主题、产业、资源

资源	生态服装 390	生态文具 390	信息服装 370	信息文具 370	生态家电 351	生态旅游 351	服装科技 340	国际文具 340
管理	8	9	8	9	7	8	8	9
区位	9	9	6	8	7	8	9	7
文化	10	7	9	6	6	9	10	8
品牌	10	10	10	9	8	8	10	10
市场	8	7	8	7	6	9	8	7
服务	9	8	8	7	7	8	9	8
综合	54	50	49	47	42	50	54	49
得分	21060	19500	18130	17390	14742	17550	18360	16660
排序	1	2	4	6	8	5	3	7

会展项目策划资源矩阵法

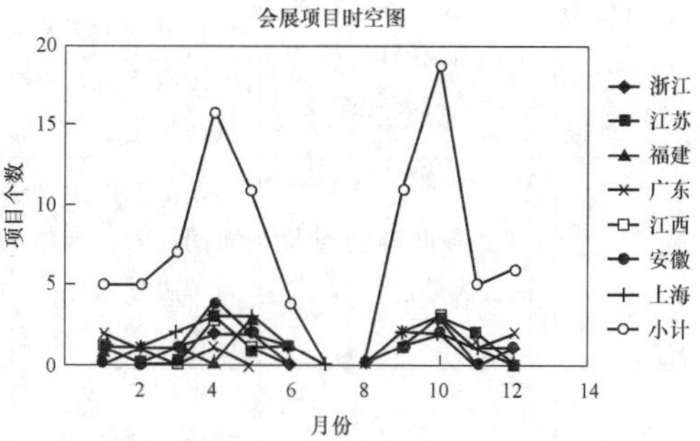

会展项目时间安排时空图法

名称	级别	规模	论坛	评奖	发布	演出	比赛	其他
项目一	国家级	8万平	5	2	5	7	有	统计
项目二	省级	4万平	4	2	4	6	无	统计

名称	级别	规模	论坛	评奖	发布	演出	比赛	其他
专业类	国家级	7万平	5.5	2	7	5	有87%	统计
专业类	省级	3.3万平	5.8	1.5	4.5	2.3	有51.5%	统计
消费类	省级	3万平	4.1	1.8	4	11.3	无56%	统计

会展活动策划数据分析叠加法

赋值还原法相关数值分析及计算

名称	城市	主办	级别权	距离权	产业权	主办单位
浙江文具博览会	杭州	浙江省政府	6	5	7	5
沈阳文具博览会	沈阳	沈阳市政府	6	2	6	2
西部文具博览会	成都	国家商务部	6	2	6	9
慈溪文具博览会	慈溪	慈溪市政府	2	5	2	1
重庆文具博览会	重庆	国家教育部	5	2	6	8
江苏文具展	无锡	江苏贸易厅	4	4	5	4
内蒙古文具展	赤峰	内蒙古商务厅	3	2	4	4
长沙文博会	长沙	湖南文具协会	5	3	7	3
唐山文具展	唐山	唐山贸易局	3	2	4	1
东盟文博会	昆明	东南亚联盟	5	2	3	10

计算方法：主办单位×(三权加和)÷平均加权

赋值还原法测算主办单位及定价

宁波市 2020 年会展项目相关数据表

项目名称	展览面积（平方米）	展位价格（元）	总利润（千元）
宁波国际家具产业博览会	56000	7600	2100
宁波国际机械工业博览会	32000	6000	8500
宁波印刷机械展	15000	4500	320
宁波食品工业博览会	27000	4000	560
宁波家电博览会	41000	5500	1560
宁波塑机产业博览会	25000	3500	960
宁波文具博览会	12000	4000	700
宁波国际住宅产业博览会	47000	6000	1700
宁波年货展	18000	3000	210
宁波花卉博览会	12000	2000	120

会展产业发展规律研究建模法

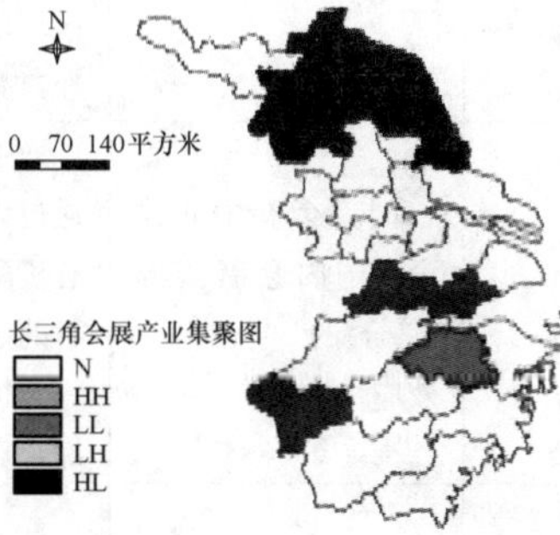

选择流动展举办地空间分析法

图 6-2　部分会展经济数学研究方法示意图

表 6-2　会展经济与管理专业教学案例开发情况一览表

序号	案例名称	案例主要内容	案例开发目标
1	从徐霞客游记到中国旅游日：宁海开游节的文化嬗变	主要介绍宁海县依托《徐霞客游记》开篇语策划宁海开游节，并成为中国旅游日，正在积极谋划申报世界线性文化遗产的历程与运作模式	主要行程资源在会展项目策划中的作用理念，引导学生发掘历史文化，做好项目策划工作
2	上海世博会与黄浦江大动迁	结合上海世博会选址黄浦江，形成黄浦江大动迁格局，借助重大会展项目解决城市瓶颈问题，实现会展项目优化城市空间布局	引导学生如何通过会展项目的科学选址，系统解决城市发展问题，实现重大创新
3	蒋晓松：一个人的创新与博鳌亚洲论坛	根据蒋晓松与日本前首相细川护熙、菲律宾前首相拉莫斯，在一个不经意的聚餐时，达成举办亚洲论坛的意向，最终获得国家领导人认可并顺利举办的事实，提炼会展项目策划的经典案例	旨在明示学生会展项目策划有时往往存在细节之中，引导学生在细节中发现会展策划机会的能力
4	西湖博览会：历史文化品牌的演绎与新生	根据杭州结合1929年西湖博览会的历史品牌，结合新时期城市发展的实际需要，使老品牌焕发青春、再创辉煌的事实，提炼品牌项目创新发展的经典案例	旨在引导学生掌握传统品牌创新发展的基本思路，培养学生发掘传统品牌项目提升会展产业竞争力的能力
5	东盟博览会：会展活动自由贸易区建设	主要结合广西南宁市，在举办东盟博览会的过程中，如何发挥会展项目在区域政治经济合作中的特殊作用，使城市成为国家对外合作战略的支点，并成功获得自贸区建设的历程，提炼区域国际会展项目提升城市竞争力的经典案例	旨在引导学生掌握会展项目在国际政治经济中的作用，明晰会展层次理论，提升学生对会展项目重要意义的认识
6	国家会展中心建设：国内会展资源整合的“虹吸”效应	通过对上海市建设国家会展中心，通过设施资源优势与城市资源优势的有机融合，最终促成国际重大会展项目的定向流动，通过基础设施建设进一步提升城市在国内外会展产业中的综合竞争力的案例	旨在引导学生对城市资源、基础设施资源在会展产业发展中重要意义的理解，重视会展基础设施建设
7	世界互联网大会：旅游小镇也能举办国际会议	结合乌镇举办世界互联网大会，系统提升小城镇在国际互联网产业中重要地位的实际过程，形成会展项目提升城市注意力经济作用的观点，形成会展项目提升竞争力的案例	旨在引导学生，小城镇也可以通过项目策划，举办大型国际会展项目，极大提升小城镇在国际上的影响力

续表 6-2

序号	案例名称	案例主要内容	案例开发目标
8	潍坊风筝节：娱乐中渗透出文化的力量	通过潍坊举办国际风筝节，将娱乐性项目发展成为一个在国内外具有较大影响力的产业项目，揭示会展项目可借助各类资源，形成特色产业，提升城市竞争力	旨在引导学生了解娱乐活动也可以作为会展产业的资源，只要注意发掘，完全可以写出大文章
9	青岛啤酒节：从大到小的务实变迁	结合青岛啤酒节由定位国际性产业项目到定位在国际性娱乐项目的里程，明确项目的科学定位在会展项目策划和举办过程中的特殊作用	旨在引导学生重视会展项目策划和举办中的细微特征，结合实际开展项目策划和定位，不要贪大，过分将会展文化与会展绩效挂钩

专栏 7　会展案例开发——中国徐霞客开游节：从历史文化向会展旅游的嬗变

内容提要

在对中国徐霞客开游节从文化资源发掘、项目策划到品牌提升、拉动产业和县域经济发展等过程进行客观描述的基础上，运用管理学、经济学中的相关理论和方法，分析项目由文化资源到会展项目、由会展项目向标志性品牌、可带动产业发展的特色项目发展的规律，揭示了持续发掘文化资源、系统推进项目创新、努力提升产业竞争力的基本原理、规律和特征，并就项目发展过程中可借鉴的经验进行阐述，旨在为相关城市和地区发掘文化资源、策划会展项目、推动展品所在产业创新发展的路径提供参考借鉴。

关键词：会展业；徐霞客开游节；文化资源；中国旅游日；世界线性非物质文化遗产

绪　论

400 多年前（1613 年），一位新婚不久的文化青年，从东海之滨的宁波开始，踏上了游历之路，这一走就是 34 年。他可能没有想到，他游历经历形成的《徐霞客游记》，成为旅游产业的经典著作。他更没想到的是，《徐霞客游记》中的开篇语，380 多年后在他开游之地形成了一个在国内外具有较大影响的节庆活动，他开游的日子，也是这个活动的举办时间，在他开始游历的 397 年后，成为这个世界上人口最多的国家的盛大节日——中国旅游日。也许再过几年，他游历经过的线路，很可能成为中国第一个世界线性非物质文化遗产——徐霞客游线。当然，在他的开游地，有一批执着的人，在不懈地探索和追求，是他们二十多年如一日的不懈努力，才使他短短 24 个字的开篇语，从中华民族浩如烟海的历史文化中脱颖而出，成为中国旅游、会展产业的一段佳话，也被后人们视作从历史文化向会展旅游产业嬗变的经典案例。

研究对象介绍

宁海县会展管理中心前身是 1999 年设立的临时性机构“开游节组委会”，2009 年正式设立“宁海县大型活动办”，机构成立之初主要是做好徐霞客开游节的举办工作。为适应全县会展产业快速发展的需要，2016 年更名为宁海县会展管理中心。在十四届开游节的举办过程中，在 20 多年研究和筹备的过程中，宁海县会展管理中心（大型活动办公室），会同县内外文化学者、旅游和会展专家，系统探索文化发掘、项目策划、政策和规划制定、场馆设施建设，最终形成在国内有鲜明特色的县域文化产业名城，市会展业成为县域经济发展的重要组成部分。

案例主体介绍

2002年5月18日至20日，首届中国（宁海）徐霞客开游节在宁海隆重举行。至2016年，已先后举办十四届中国徐霞客开游节，形成了在国内外具有较大影响的节庆品牌。

宁海，顾名思义就是一个宁静的海湾，一片祥和的土地，位于浙东中部沿海，三门湾和象山港两大港湾之间，陆域面积1843平方公里，辖14个乡镇、4个街道，户籍人口63万。宁海历史悠久，文化底蕴深厚，自西晋太康元年（公元280年）建县，至今已经有1700多年，曾涌现出方孝孺、潘天寿、柔石等名人志士，拥有着众多的古镇、古村、古戏台等历史沉淀，十里红妆婚俗、泥金彩漆列入国家级非物质文化遗产名录，前童、许家山、龙宫村入选中国历史文化名镇名村，是《徐霞客游记》开篇地和“中国旅游日”发祥地，是中国古戏台文化、婚嫁文化和茶文化之乡。宁海生态绝佳，山水风光秀美，森林覆盖率达到62.58%，空气监测优良率98.1%，素有“天然氧吧”之美誉，拥有国家AAAA级景区宁海森林温泉、前童古镇和伍山海滨石窟等一批景区景点，500公里的国家登山健身步道更是将全县串接成了一个县域大景区，是宁波市首个国家级生态示范区、可持续发展实验区和国家生态县。此外，最令人钦佩的还是宁海的生态与经济互促共进。坚定不移举生态旗、打生态牌、走生态路，大力发展生态经济，积极推进“两美”宁海建设，走出了一条“绿水青山就是金山银山”的生态与经济互促共进的发展道路。作为《徐霞客游记》开篇地、中国旅游日发祥地和徐霞客游线申报世界线性文化遗产倡导地以及徐霞客游线标志地寻找与认证发起单位之一，宁海一直以传承和弘扬徐霞客文化及其精神内涵为己任。用执着的追求谱写出生态与经济完美结合的崭新篇章。

一、宁海开游节的策划和举办历程

（1）执着研究发掘“开篇语”。徐霞客（1586~1641年），名弘祖，字振之，号霞客，明朝南直隶江阴（今江苏江阴市）人。出生在南直隶江阴（今江苏江阴市）一个有名的富庶之家，祖上都是读书人。他的父亲徐有勉一生不愿为官，也不愿同权势交往，喜欢到处游览欣赏山水景观。受耕读世家的文化熏陶，徐霞客幼年好学，博览群书，尤钟情于地经图志，少年即立下了“大丈夫当朝碧海而暮苍梧”的旅行大志。万历三十六年（1608年），徐霞客就开始了游历生活，但遗憾的是没有留下游记。万历四十一年（1613年），徐霞客从宁海出西门，开始了他历时28年的游历生活，也正是在这期间，积累资料完成了那部脍炙人口的历史名著《徐霞客游记》。

宁海民间徐学爱好者研究徐霞客游记有着悠久的历史。2000年6月8日，浙江省徐霞客研究会和宁海县人民政府，在宁海联合举办了2000《徐霞客游记》开篇暨宁海旅游文化研讨会。中国徐霞客研究会名誉会长、秘书长；浙江省徐霞客研究会名誉会长、会长、副会长兼秘书长；香港等地徐学代表等60多名徐学领导和专家参加会议，并开展了学术交流、“开篇地”考察等系列活动。

（2）文化搭台策划举办宁海开游节。从2001年下半年开始，宁海县内外有关人士，就策划举办“中国（宁海）徐霞客开游节”事宜，并向宁海县委、县政府提出建议，就开游节的定位、规模、活动内容等提出了初步设想。宁海县委、县政府经过认真研究后作出决定：在徐霞客开游的5月19日，举办首届宁海开游节。自2002年开始，至今已成功举办了十四届徐霞客开游节。一年一度的开游节已成为宁海扩大开放、招商引资和加强经贸合作的重要载体，成为展示宁海人精神风貌和经济社会发展的重要舞台。开游节在国内外具有较高的知名度和影响力，获得“中国节庆国际影响力百强”“中国最具潜力十大节庆”“中国十大人物类节庆”“中国节庆杰出典范奖”等奖项。经过10多年的不懈努力，培育了徐霞客开游节的品牌。

（3）积极倡议获批中国旅游日。1983年中国成为世界旅游组织的成员后，旅游学界和业界就在研究探讨设立“中国旅游日”事宜。但设在哪一天，理由和依据是什么一直有较大争议。从2000年以来，宁海的徐学研究者提出倡议，要求将《徐霞客游记》开篇日（5月19日）设为“中国旅游日”，此后，宁海持续举办“中国徐霞客开游节”“徐霞客文化研讨会”“中国旅游日”论坛、“当代中国徐霞客”评选等活动。2008年3月，浙江省旅游局上书国家旅游局，要求确定“5月19日”为“中国旅游日”。在各级政府和旅游部门的推动下，在全国两会代表委员、各地徐学界、传媒界的合力倡议下，2011年3月30日，国务院决定将5月19日确定为“中国旅游日”，宁海从《徐霞客游记》开篇地成为中国旅游日发祥地。同年5月19日，国家旅游局和浙江省人民政府共同在宁海隆重举行“首届中国旅游日庆典”活动。

（4）率先提出“霞客游线申遗”的倡议。2011年，当首个中国旅游日庆典结束后，宁海就提出将霞客游线申遗作为举办开游节的新主题。在历届开游节上，谋划举办了一系列活动，从发起“重走霞客路”到举办“徐霞客游线‘申遗’考察座谈会”、“徐霞客游线的当代重兴”——徐霞客游线申遗与游线标志地认证研讨会，并最终达成游线节点城市的《徐霞客游线当代重兴之宁海共识》，联合探索徐霞客游线的文化遗存和现状，挖掘徐霞客游线的文化价值，宣传和弘扬徐霞客精神，联动霞客游线节点城市推动这项工作。近几年来，在全国政协文史委、国家文物管理部门的发动下，在人民政协报等单位的组织下，这项工作取得了很好的效果。

（5）启动徐霞客游线标志地认证工作。2014年11月，人民政协报社和宁海人民政府成立徐霞客游线申遗协调联络办公室，组建了中国徐霞客游线申遗专家委员会、推进委员会以及精神顾问团，制定《徐霞客游线标志地认证方案》《徐霞客游线标志地认定办法》。同年11月25日在全国政协礼堂金厅召开“徐霞客游线标志地认证”信息发布会。2015年3月正式启动徐霞客游线标志地认证工作，到目前为止，已经认证了二批，涉及河南、广西、福建、江西、浙江等五省的13个标志地40多个标志点。

（6）修复完善徐霞客游记场景。在《徐霞客游记》开篇中，明确记载了宁海境内的地方有宁海西门、梁皇山、王爱山等地，共计行程50多公里。至今这些地方名称未变、古道路径清晰，大部分遗迹保持原样，2015年5月被评为首批“徐霞客游线标志地”。已修复境内50公里的霞客古道，以及沿线古桥、路廊和古驿站，建成全国首条国家登山健身步道。在城市建设过程中，注重融入霞客文化元素，建成徐霞客大道、霞客公园、中国旅游日纪念馆，重建西门城楼，成立宁海徐霞客研究会、徐霞客旅游学院，建有徐霞客酒店、客栈和驿站。徐霞客已成为宁海最闪亮的金字招牌、最显著的城市标志以及最独特的文化符号。

从《徐霞客游记》开篇语，到策划举办中国徐霞客开游节，进而申报获批“中国旅游日”，再到积极倡议申报世界线性文化遗产，宁海人完美诠释了从文化到会展旅游产业嬗变的精彩历程，也为我国会展旅游产业发展树立了一个经典范例。

二、宁海开游节的主要活动与特征

活动也是节庆项目的核心组成部分。14年来，宁海开游节的主办者在不断摸索中前进，在持续创新中提升，形成了前后衔接、不断演进、不断创新、不断提升的活动体系。

（1）内容涵盖面广。根据中国会展经济研究会和国内专家学者对会展业的定义，会展业是展览、会议、节庆、演出、比赛及其他大型活动的统称。中国徐霞客开游节的活动既包括开幕式、大巡游等主题活动，也包括论坛、展览、比赛、演出等配套文化活动。其中，巡游仪式、高峰论坛、大学生寻访开游地、户外运动大赛、当代徐霞客评选、宁海文具展及模具展、宁海国际经贸活动论坛、大型文艺晚会及焰火晚会等都已形成系列品牌。

（2）项目特色鲜明。旅游是寻找差异性的活动，会展是创造差异性的活动。根据国内会展专家的研究，会展项目在举办的过程中，随着人们对活动的要求不断提高，会展项目的策划难度逐步增加。如何在满足参加节庆活动的游客和市民的需求的同时，不断提升节庆活动的新颖度，主办单位进行了深入的研究。在他们的努力下，中国徐霞客开游节论坛主题不断创新、活动内涵持续精彩，举办十四届以来，届届有创新，确保了节庆活动的创新性及核心引力。

（3）管理规范创新。在中国徐霞客开游节举办的过程中，宁海县委、县政府高度重视，宁海县会展管理中心全力以赴，形成了系统完善的管理体系。在组织机构、主办单位、项目设计、项目管理、对外合作、配套服务等方面都有着系统完善的体系和措施，确保了开游节不断创新、不断发展，最终形成品牌。

三、宁海开游节的作用分析

自2002年5月19日开始，宁海先后成功举办了14届“中国徐霞客开游节”、6届“中国当代徐霞客”评选、5届“百所高校大学生寻访徐霞客足迹”，以及“徐霞客旅游节合作峰会”、“中国旅游日论坛”、霞客游线申请世界遗产“浙江宁海在行动”等主题活动，形成了系统完善的项目体系。

（1）文化为基点，品牌作保障。2011年，在宁海的推动下，5月19日被国务院批准为“中国旅游日”。由此，宁海从《徐霞客游记》开篇地跃升为中国旅游日的发祥地，一个立体式、多元化的“中国旅游日发祥地”品牌逐渐清晰。在中国徐霞客游记品牌的影响和带动下，宁海县的旅游产业软硬件设施都得到较快提升，森林温泉建成国家AAAA级景区，被评为“中国十大温泉度假基地”，前童古镇成功创建国家AAAA级景区，梁皇山建成AAA级景区，并建成国家登山健身步道。景区由点汇成线，也带动了各类农家乐的快速发展，截至2016年5月，全县农家乐经营户增至500户、农家乐经营点发展到20多家，形成一批省级农家乐特色村、省级农家乐示范点。

(2) 以节为媒，以行会友。2009年，宁海县建成国内首条标准化国家登山健身步道，三年后累计建成500公里。它将沿线的生态资源、民俗文化、景点景区、产业基地、农家乐等休闲旅游健身资源“串珠成链”，形成一个在长三角具有较大影响力的全国生态旅游健身先行区。作为全国户外运动大赛暨中国户外运动节的举办地，浙江宁海的山地户外成为一块有影响力的招牌。

2011~2013年，宁海县分别举办了两届全国露营大会和两届全国户外运动大赛暨中国户外运动节，吸引了来自全国各地的5000余名户外及旅游爱好者参加。借助国家登山健身步道，“千里走宁海”活动已连续举办两届。从九月到来年五月，依季节不同，每月有不同主题活动。各类冠名、宣传以及展销，极大地提升了本地户外企业的知名度。围绕登山步道，宁海有了一系列的户外产品，体育用品企业80余家，其中规模以上企业50余家，年销售额达20亿元，成为“中国运动杖之乡”。

(3) 以节促农，以节富民。一个“徐霞客开游节”，带动了全县的乡镇节庆，“一镇一品、一乡一节、一村一景”的乡村旅游格局业已形成。桑洲镇以“捕捉桑洲”开辟摄影基地，引来广大摄影爱好者拍摄采风；岔路镇以“金桃节”为契机，吸引游客赏民俗、采鲜桃、评桃王。据统计，2015年全县乡村旅游共接待游客310万人次，直接营业收入25.5亿元，带动全县10.2万农民增收致富，拉动农民收入8.6亿元，乡村节庆品牌后续效应开始显现。“土豆节”富了胡陈乡，而“枇杷节”红了“宁海白”。会展项目的溢出效应明显。

“十年磨一剑，梦回开篇地。”中国徐霞客开游节的举办，不仅形成了宁海节庆旅游的品牌，也孕育了“中国旅游日”这个产业节日，正在申办的“徐霞客游线”世界线性非物质文化遗产，将把中国的会展和旅游文化传播到全世界，让更多的国内外游客关注“中国徐霞客开游节”、铭记“中国旅游日”、期待“徐霞客游线”成为世界线性文化遗产。

案例研究结论、研究发现与讨论

中国徐霞客开游节在前期研究、文化发掘、项目策划和组织管理过程中，广泛应用了经济学、管理学的相关原理，在不断提升项目创新发展的同时，也形成了理论与实践结合的经典范例。突出体现在以下管理学原理的具体应用：

(1) 系统原理。系统性原理是指为了达到最佳管理，必须进行系统分析，抓住系统的三个环节：目的性、全局性、层次性。呈现出目标不断优化、范围不断拓展、层次不断提升的特征。在项目的策划和举办过程中，宁海县从《徐霞客游记》开篇语入手，从无到有，由小至大，不断创新、不断拓展、不断完善，形成了有影响力的品牌项目；在活动的安排方面，持续推动创新，逐步培育系列项目，经过系统的运作逐步形成品牌；在产业关联方面，将徐霞客开游节的文化资源与优势产业、特色农业、旅游景点、旅游产品、餐饮服务有机结合，形成了“活动铸造品牌、品牌关联产业、产业提升经济发展”的格局，推动宁海实现了由旅游资源小县向省级旅游强县的蜕变。

(2) 开放性原理。开放性原理是指任何有机系统都是耗散结构系统，系统与外界不断交流物质、能量和信息，才能维持其生命。从会展产业和项目的特征看，作为耗散结构系统，会展项目存在可借鉴、易模仿、期望高、创新难等特点。根据旅游学、会展学原理，旅游是寻找差异性的活动，会展是创造差异性的活动。会展创新定律认为，随着项目举办时间的不断延伸，观众对项目的创新度不断提升，往往由于创新力度不够导致项目的吸引力下降，甚至是项目的消亡。在项目的策划过程中，组委会结合实际需要，在不断了解游客和项目参与者信息的基础上，把“寻找差异”和“创造差异”有机结合、相得益彰，不断创新，确保了开游节“常办常新”。在项目的举办过程中，组委会重视活动主题的不断创新、活动内容持续亲民、活动安排新颖独特，以满足游客和节庆活动参与者的需求。

(3) 择优原理。择优原理是指通过不断择优来实现组织利益最大化。中国徐霞客开游节在举办过程中，不断根据客观环境的变化以及自身的特点优化选择项目的目标。在发展初期，主要是通过发掘文化资源策划会展项目，实现“无中生有”；在发展中期，重视通过申请“中国旅游日”来提升项目的品牌影响力，拓展活动的产业链环节，凸显“由小至大”；发展后期，则通过牵头发起“徐霞客游线”申报世界线性非物质文化遗产工作，合作共赢，发挥会展品牌的关联效应，体现出“由弱至强”，不仅进一步提升了产业的竞争力，同时也提升了项目的国际化品牌竞争力。

（4）伦理原理。在确定节庆活动的名称时，策划者十分重视从伦理角度设计名称，尊重相关利益者的诉求。根据惯例，节庆活动可以称“开游节”，也可以称“旅游节”，策划者考虑徐霞客是江阴人，未来江阴可能也会考虑举办旅游节项目，因此，策划者选择了“开游节”这个名称，既可以凸显“宁海开游”的基本特征，又在充分尊重和考虑江阴可能举办旅游节的情况，避免未来形成相关纠纷。正是由于宁海开游节策划者的缜密思考，2006年，首届徐霞客旅游节在江阴开幕，不仅在时间上选择了5月19日，也没有像国内有些文化类活动那样，与宁海中国徐霞客开游节形成品牌纠纷，形成了中国旅游日“开游节”、“旅游节”和谐互动的格局。

（5）能级原理。将不同的个人，根据其能力大小，分别安排在适当层次的组织机构中，做到人尽其才，能者多劳。在徐霞客开游节的举办过程中，策划组织者充分发挥会展项目要素的产异性特征，系统整合资源，实现“各尽其才”。在主办单位选择方面，逐步由宁海县委、县政府作为主办单位，向国家级协会组织、省级政府部门和市政府联合主办转变，由中华文化促进会、浙江省旅游局和宁波市人民政府联合主办，既确保了项目的级别逐步提升，又通过省旅游局、市政府确保了行业、区域管理协调工作到位；在支持单位的选择方面，国家旅游局、人民政协报等国家级主管部门和国家级媒体的支持，是徐霞客开游节得以不断提升的重要关键环节；在协办单位的选择方面，通过出售冠名权、发挥徐霞客游记品牌的广告效应，一批有经济实力的企业的参与和介入，不仅增加了徐霞客开游节举办的财力，也逐步推进徐霞客开游节由政府主导型会展项目向市场化运作转化；中共宁海县委、宁海县人民政府、宁波市旅游局联合承办，也保证了举办地上下一致、全面动员。而通过分解项目，由不同的企业担任项目的执行承办单位，不仅把政府从繁重的事务性工作中解脱出来，也体现出政府购买服务、企业担当活动策划与组织的会展业发展趋势。

（6）效益原理。认为任何组织的管理都是为了获得某种效益，效益的高低直接影响着组织的生存和发展。管理应确立正确的效益观，把经济效益与社会效益有机结合起来，尽可能客观公正地评价效益等在徐霞客开游节的举办过程中得到淋漓尽致地体现。社会效益方面，开游节既提升了宁海的国内外知名度，也提高了市民的综合素质，既丰富了市民文化生活，也打响了文化搭台的项目品牌；市民以东道主待客的心态参加开游节，城市的文明环境有了进一步的提升。在经济效益方面，中国徐霞客开游节充分融合经济效益和社会效益，已经形成尝霞客麦饼、走霞客古道、观霞客大道、逛霞客公园等系列旅游项目，通过丰富旅游项目、扩大滞留时间，努力实现让游客变“留客”，提升了宁海旅游的经济效益。从2005年的128万人、6.52亿元，增加到2015年的1064万人、117.3亿元，10年间，游客增长9倍，旅游收入增加18倍，经济效益明显。

结尾与总结

通过分析中国徐霞客开游节的案例特点，可以得出如下结论：中国徐霞客开游节在前期研究、项目策划和举办过程中，广泛应用管理学原理，在规范发展的同时，实现持续创新。

一、策划举办工作的体会

（1）政府重视十分重要。中国徐霞客开游节的举办，不仅体现出宁海县政府主管部门、民间学者和企业的坚持不懈、协同努力，还呈现出在10多年的研究、策划、举办过程中，项目组织策划者们思考的深邃、精妙的活动设计，以及持续不断的创新和提升，才使《徐霞客游记》开篇语中的24个字，从浩如烟海的中国历史文化长卷中破土而出，不断提升，最终形成项目品牌和产业特色。

（2）策划者的努力不可忽视。如同蒋晓松策划举办博鳌亚洲论坛一样，先行者的研究和持续努力在会展项目的策划和举办过程中具有特殊重要的意义。在发掘徐霞客旅游文化、策划徐霞客开游节、推动徐霞客开游日转化为中国旅游日的进程中，一批宁海徐学研究人员，通过持续不懈的研究和努力，终于使《徐霞客游记》开篇语成为物化的宁海开游节，进而获批中国旅游日。

（3）不断创新培植项目生命力。对于国内外很多会展项目而言，先盛后衰的例子不胜枚举。随着人们对项目创新的要求不断提高，项目创新的难度也不断加大。宁海县委县政府和相关工作人员，正是用不断地发掘、探索、创新，弥补了项目发展过程中必然出现的创新与需求的矛盾，确保了项目的可持续发展。

二、徐霞客开游节项目的意义分析

（1）提升了注意力经济效应。诺贝尔经济学奖获得者、著名经济学家西蒙认为：信息时代，稀缺的不是信息，是注意力。在网络时代的今天，如何让城市具有注意力经济效应，是城市管理者需要认真考虑的问题。徐霞客开游节策划举办和提升的过程，把城市、历史名人、经典著作、著名的旅游景点（徐霞客游线包括黄山、嵩山、华山等著名的旅游景点）有机融合，有效地提升了城市的注意力经济效应，成为浙江与杭州G20峰会、乌镇互联网大会、杭州西湖博览会齐名的著名会展活动项目。

（2）优化了城市空间布局。提起2010年上海世博会，人们更多会想到3000万游客、21000个活动带来的经济效益，实际上，实现黄浦江大动迁才是专业角度呈现出来的直接作用。徐霞客开游节的举办，修建和恢复了一批城市设施和景观，建设了会展场馆，打造了一个新的城市热点区域，不仅有效集聚了各类商业企业，也带动了周边的经济全面发展，这也是徐霞客开游节的重要收获之一。

（3）促进了旅游产业的发展。徐霞客开游节促成设立“中国旅游日”、形成“徐霞客游线”，用最小的投入积聚最大的资源，使宁海由旅游资源小县一跃成为旅游品牌大县。这不仅是文化的传承和发掘，也是产业创新推进的重要途径。2015年，宁海全县旅游接待人次达1064万，旅游总收入突破100亿元，达到了117.3亿元。可以预见，借助开游节、中国旅游日、徐霞客游线等支撑，宁海的旅游产业发展将呈现出国际化、专业化的特征。

（4）搭建了国内外合作交流平台。通过举办徐霞客开游节，不仅有国家旅游局、中国文化促进会、中国政协报等国家级主管部门、行业协会和媒体关注、参与宁海的创新与发展，国内外游客、国内外组织和机构也都在关注和参与宁海的发展。通过举办文具展、模具展、大力士精英赛等系列活动，也吸引着国内外的游客前来参观参与，扩大了国内外合作的范围和渠道。

（5）推动了文化产业的发展。文化是会展项目策划举办的中药资源依托，会展业是文化产业的重要组成部分。徐霞客开游节举办十四届，每一届都有大型的文化演出，甚至还包括中央电视台“同一首歌”大型文化活动。政府充分发掘社会资源，在很少占用财政资源的基础上，为市民提供了丰富的文化生活，这也是会展产业的重要特征。

（6）多种渠道拉动城市消费。通过举办徐霞客开游节，有效吸引力国内外游客到宁海参加活动、开展旅游休憩，带动了宁海的餐饮、住宿、旅游、娱乐、购物等行业的发展。相关资料和统计数据表明，宁海自举办开游节以来，酒店数量和档次都有明显的提升，餐饮服务体系得到快速增长，交通、娱乐、商业、中介服务等相关配套服务产业也有较为明显的发展，形成了节庆与服务业互动发展的格局。

6.2.2 实验教学资源的开发

会展经济与管理结合当前经管类专业“实训替代实验”“实训受制于软件公司”等问题，依托会展经济数学研究方法体系，设计开发了会展决策平台和数据库系统，以及会展流程模拟、会展材质与搭建等相关实训系统，作为会展实训教学的重要依托。近年来，经管类专业的实验教学走进误区。会展专业“不忘初心”，始终把实验作为专业创新和人才培养质量提升的关键环节，依托宁波会展大数据实验室等，通过设计特色实验项目，改变经管类“实验即实训”的传统观念，系统推进验证性实验、研究性、设计性实验活动。

（1）验证性实验。通过在会展场馆开展实验，验证课堂学习中的理论知识，加深对理论知识的理解，包括开展食博会等人流量变化带来的感受（万平方米最佳客商人数）、汽车展等噪音测试（人的噪音承受能力）、场馆空间环境测试（最佳温度和空气质量）等现场试验项目。

（2）研究性实验。会展经济与管理专业还引导、启发、支持学生通过开展实验活动，分析数据、开展研究、形成原创性规律。学院先后组织学生结合服装节、食博会、汽车展等项目，开展万平方米客商滞留时间与展会的质量、不同时间段进场人员情况（第几天、哪个时段）、展品的新颖度与展会的吸引力、展位价格对参展商参展意愿的影响等现场试验工作，引导学生发现产业规律、形成原创性观点。

（3）设计性实验。指导学生结合会展项目开展研究，在发现规律的同时，利用可控环境、设计性实验，包括通过研究会展项目中活动的数量、类型、模式等特征，研究共性规律，并在具体的项目策划中得到具体应用；通过研究安保数量与会展项目规模、类型、级别的关系形成规律，在具体的会展项目管理方案设计中得到具体应用。上述实验有效提升了学生认识规律、解决问题的能力。

专栏 8　牵头宁波市设立会展大数据实验中心

2016 年 2 月 21 日，由我院会展经济与管理专业牵头设立的宁波市会展大数据实验中心在宁波雷迪森大酒店举行成立及授牌仪式，宁波市政府副秘书长张延向宁波市会展经济研究所所长、我院会展经济与管理专业负责人任国岩老师授牌，市政府及县区会展主管部门、会展行业协会、会展企业、高校等 100 余家机构的负责人见证了授牌仪式。

宁波市会展大数据实验中心是经市政府会展办批准设立的国内首家会展类大数据实验中心，中心设在宁波国际会展中心，由我院会展经济与管理专业牵头负责运营会展数据统计及数据挖掘分析工作。中心依托中国会展经济研究会统计工作委员会、长三角协调会会展专业委员会、浙江省会展行业协会等平台，充分发挥浙江省会展行业协会统计信息中心、宁波市会展经济研究所、宁波市会展业促进会等研究与服务机构的作用，联合市内相关高校、企业，以宁波国际会展中心举办的会展项目为主要对象，并结合全市大范围内的展览、会议、节庆及大型活动，最终逐步拓展到长三角协调会 30 个城市，建立会展决策分析平台和数据库系统，通过数据统计、数据挖掘、项目评估、拉动作用测算等开展会展大数据及相关领域的研究工作。

宁波市会展大数据实验中心的设立，是我院继设立“三实两创”中心，引进同花顺、大智慧、世贸通、三淘网等企业进校园，共建摩米、慧聪等校内外“双创基地”后，推进实验室建设走出去的一项重要改革举措；是落实教育部陈宝生部长在 2017 年全国教育工作会议报告中提出的“学校建在企业中，教室建在工厂里”相关精神，在实验教学体系建设中的直接体现；也是探索解决经管类专业“实训替代实验”“经管类实验弱化”问题的探索性尝试，也是会展经济与管理专业作为国内唯一一个国家级会展类特色专业，在国内率先探索“万平方米客商滞留度”“展品、展商、客商耦合关系”“会展项目监理”等统计标准与管理模式创新，连续承担中国会展业统计报告、长三角会展业发展报告等撰写工作后，在会展服务地方经济、科研转化为教学资源、推动高校服务社会经济全面化方面的又一重要探索和尝试。会展大数据实验中心的设立，将顺应互联网大数据时代对科研、教学与服务经济的需要，结合我校浙江省应用型示范试点院校建设，系统推进产教深度融合，强化应用型实验体系建设，推进会展理论方法体系建设，提升服务地方经济能力，创新经管类实践教学体系的有益尝试。

6.2.3 实训教学资源的开发

会展经济与管理专业结合发展需求，依托会展经济数学研究方法，设计开发会展决策平台及数据库系统，并逐步完善实验室、实训室、图书资料等建设。系统提升教学环境，为学生学习提供条件保障。

（1）实训软件开发。会展专业十分重视实训教学环节的改革与创新，在不断更新完善原有的会展综合实训软件外，2015 年专业还设计开发一套会展决策平台及数据库系统；并与上海市劳动局会展公共实训基地合作，设计开发的会展综合实训软件，该软件在传统的模拟基础上，新增会展产业决策分析平台和会展产业数据库，学生可在模拟的基础上，开展数据分析和策划等试验项目，被业内普遍认为是国内最先进的会展实验实训软件；此外，专业结合宁波会展产业评估、生态会展体系建设等，依托宁波市会展经济研究所平台，与宁波市政府会展办、宁波市会展业促进会在宁波国际会展中心联合建设宁波会展大数据实验室，重点结合宁波市会展产业实际需要开展相关实验项目。

（2）实训基地建设。在实验室建设基础上，会展经济与管理专业还充分发挥校内外资源，推进实训基地建设。2013 年，会展专业与宁波市会展业促进会合建宁波会展创新创业人才孵化基地，为学生创业、校企合作提供平台；2015 年，学院以会展专业为核心，与慧聪网余姚分公司合建会展创业咖啡，在为慧聪网提供展示服务的同时，合作推进会展创新创业工作；2016 年，与国家级科创园区宁波鄞创科技园开展合作，并与宁波摩米创新工场信息科技有限公司合建的商学院摩米产业研究院及“双创基地”，该基地正在装修采购建设中，2017 年已经正式投入使用，作为国家级科创园区鄞创科技园科技展示的重要平台。此外，会展经济与管理专业学生还充分借助学校的会议设施开展相关实训活动，以及每年举办大学生文化用品展、大学生生活用品展等多个校内会展项目。

会展经济与管理专业实训基地建设，见表 6-3。

表 6-3 会展经济与管理专业实训基地建设

序号	实训基地名称	主要实训内容	年容纳学生数
1	会展综合实训室	会展流程模拟实训	200 人
2	会议综合实训室	会议策划、会议设施与服务管理	120 人
3	会展创业孵化基地	会展创新创业服务与管理	50 人
4	摩米科技产业院	科技展示策划与服务	70 人
5	慧聪网双创基地	网络会展、网络活动、创业实训	120 人
6	跨专业综合实训室	跨专业综合实训	200 人
7	校内会议设施	会议管理与服务实训	30 人
8	学院网络宣传中心	网络会展、网站建设与管理实训	10 人
9	博远创业有限公司	创业实训	20 人

（3）实习基地建设。会展经济与管理专业在发展的过程中，不断探索实习基地建设的新途径。在原有的校外紧密型实践教学基地建设的同时，积极与会展企业合作，探索企业进校园共建互动实习基地工作。学校先后与华博会展公司、城之新会展公司、雅卓会展公司等合建万里工作部，学生借助工作部，可参与会展项目的策划、会展营销、会展志愿者服务等工作。此外，专业负责人还发挥担任浙江省会展行业协会副会长的工作便利，探索由行业协会组织企业为学校设立跨城市、共享性实习基地工作，2014~2015 年分两批发布 40 个全省跨城市会展实践教学基地，均可为专业提供实习服务。

会展经济与管理专业主要实习基地一览表，见表 6-4。

表 6-4　会展经济与管理专业主要实习基地一览表

序号	企业名称	主要实习内容	容纳人数	建立时间
1	宁波国际会展中心	会展实验、顶岗实习、评估实习、现场教学	120 人	2003 年
2	杭州奥体博览中心	认识实习、专业实习、毕业实习	70 人	2016 年
3	杭州白马湖会展中心	认识实习、专业实习	60 人	2012 年
4	温州国际会展中心	认识实习、专业实习	30 人	2005 年
5	上海国家会展中心	认识实习、专业实习、毕业实习	200 人	2015 年
6	宁波华博会展有限公司	认识实习、专业实习、毕业实习	20 人	2006 年
7	宁波雅卓会展服务公司	认识实习、专业实习、毕业实习	20 人	2006 年
8	宁波前程会展有限公司	认识实习、专业实习、毕业实习	20 人	2006 年
9	宁波新辰会展有限公司	认识实习、专业实习、毕业实习	20 人	2006 年
10	宁波中博会展有限公司	认识实习、专业实习、毕业实习	20 人	2006 年
11	浙江广告会展有限公司	认识实习、专业实习、毕业实习	20 人	2006 年
12	杭州新华会展有限公司	认识实习、专业实习、毕业实习	20 人	2006 年
13	温州德纳会展有限公司	认识实习、专业实习、毕业实习	20 人	2005 年
14	上海科技会展有限公司	认识实习、专业实习、毕业实习	20 人	2010 年
15	宁波南苑酒店有限公司	认识实习、专业实习、毕业实习	20 人	2012 年
16	宁波开元旅业有限公司	认识实习、专业实习、毕业实习	20 人	2015 年

（4）图书资料建设。会展经济与管理专业在学校现有的较完整的图书资源的基础上，每年专门为教师、学生订阅会展类相关期刊，放在系会议室供教师和学生参考。专业教师还充分发挥与产业合作密切的优势，与中国会展经济研究会、相关城市会展业主管部门和行业协会合作，收集整理《中国会展经济研究会电子版资料》，上海、大连、厦门、成都、昆明、哈尔滨等相关城市会展业简报等资料，以及下载会展学研究、中国活动产业推进联盟、活动策划家、会议圈、

北上广深会展联盟、东北亚会展联盟等业内主要的微信群中专家学者发布的研究成果、数据资料，及时提供给学生参考。

6.2.4 开展教学研讨情况

专业重视教师的研究与学生学习互动支撑。教师不断结合自身的研究成果，将相关内容传授给学生；学生则结合教师的研究课题等，积极推进研究性学习体系建设。学校鼓励学生参与教师的课题研究，先后大规模组织学生参加宁波国际服装节评估、中东欧特色商品展展客商满意度调查等课题；专业每年都要为学生设立科研项目，引导学生发现产业规律、解决实际问题的能力。此外，会展经济与管理专业鼓励学生结合产业实际开展规律性研究，共有 32 名学生获得原创新、参与性、应对性课题立项。依托研究课题，学生共发表研究论文 22 篇，获得软件著作权证书 7 项。

会展经济与管理专业研究性教学体系架构图，如图 6-3 所示。

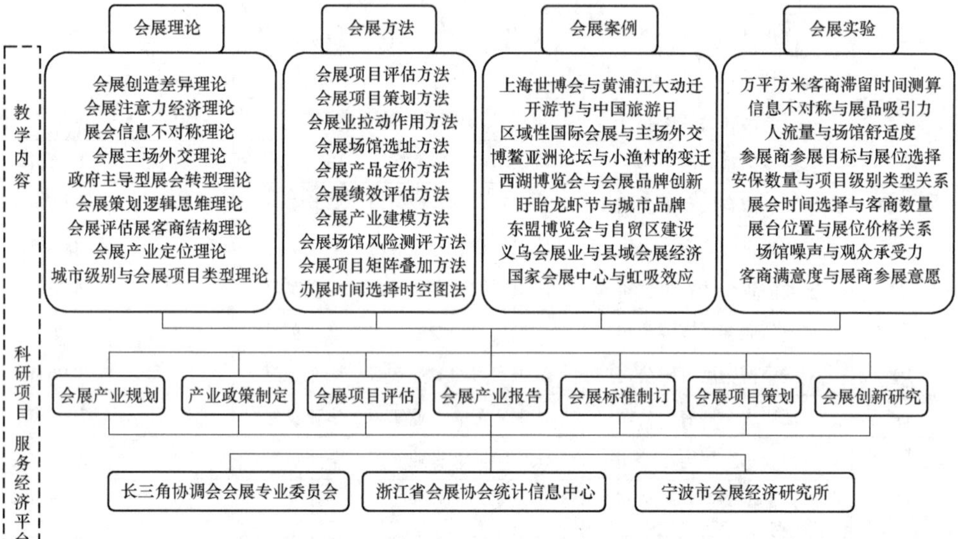

图 6-3　会展经济与管理专业研究性教学体系架构图

6.2.5 校本教学资源开发

会展专业学生依托大学生会展研究会平台，发挥学校的自身资源系统开展西园开发利用，促进教学资源与学生培养互动提升。一是组织学生举办校园会展活动。每年主要举办大学生文化用品展、大学生图书展、大学生创意设计摄影作品展等活动，培养学生理论与实践结合能力；二是指导学生服务于学校的会展设施。学生在图书馆学术报告厅、大学生素拓中心、商学院会议室的管理和组织方面发挥重要作用；三是引导学生策划校园活动。包括承担校团委的相关活动、社团组织的年度活动等，将专业知识、校园活动、社团活动等有机结合。

6.3　课堂教学

6.3.1　课程标准、教学大纲制定情况

根据学校和学院的相关要求，会展经济与管理专业制定了规范的课程标准和完善的课程教学大纲，并强化课程标准和教学大纲的执行与监督检查，确保人才培养的系统性和规范性。

课程标准及课程教学设计要符合技能人才培养目标和专业相关技术领域职业岗位（群）的要求，明确本门课程在专业人才培养计划中的地位、作用和任务，体现职业教育教学思想观念的更新；制订课程标准要在与行业企业合作开发课程的基础上，建立以突出职业能力培养为主的课程标准，将职业岗位实际工作任务所需要的知识、能力、素质作为改革的出发点，突出专业技能、职业素养的培养，使人才培养质量满足企业的用人标准，达到全面提升学校整体办学水平的目的；每门专业核心课程都要坚持以职业能力培养为重点，与行业企业合作进行基于工作过程的课程开发与设计，遵循学生职业能力培养的基本规律，以真实工作任务及其工作过程为依据整合、序化教学内容，设置基于工作过程的学习领域，科学设计学习性工作任务，实施以真实工作任务或社会产品为载体的教学方法，融“教、学、做”为一体，建立理实一体化的行动导向教学模式，突出教学过程的实践性、开放性和职业性；同一门课程在不同的专业人才培养计划中可根据各自培养目标和质量标准制订相适应的课程标准。课程教学设计要充分考虑到学校及合作企业的教学资源条件，注意课程实施的可行性。制订课程标准要重视实践性教学环节，创造条件加大校内生产性（或仿真生产）实训比例，切实在实习实训中体现与工作过程相结合的学习模式；坚持以学生为本，体现统一要求和个性发展相结合的原则，鼓励学生适应自身基础和智能特点发展个性。课程要突出学生的主体作用，突出对学生职业能力培养和职业素养养成作用，调动学生学习的积极性和主动性，树立终身学习的意识。

6.3.2　教学大纲的制定

课程教学大纲是与人才培养方案相配套的教学指导性文件，它以纲要的形式规定了课程的任务、课程内容的深度和广度以及在教学方法上的具体要求。教学大纲是教师组织教学、选用和编写教材的基本依据，是衡量教师教学质量的重要标准，也是国家监督、评估高等学校教学质量的重要依据。因此，教学大纲的制定要符合人才培养方案的目标要求。教学大纲首先要明确本门课程在人才培养方案中的地位和作用，在此基础上确定课程教学内容和课程实践环节。课程教学内

容和课程实践环节必须满足人才培养目标对知识结构和能力结构的总体要求，注意体现专业整体优化的思想。制定（修订）教学大纲要结合专业定位，认真处理好理论与实践、知识与能力、公共课与专业课的关系，要在充分调研的基础上注重课程内容的整合，解决好相关课程之间的衔接和教学内容的分工，避免出现教学内容的重复和遗漏，改变各门课程自成体系的状况，具有可操作性。要选择具有丰富教学经验和专业技术实践经历、熟悉教学规律的教师承担教学大纲的编制工作。教学大纲除应规定理论教学及讲授环节外，还应对实验（上机）、课堂讨论（习题课）、现场教学等课内实践性教学环节提出相应的要求，教学大纲整体上应具有较强的可操作性，教学大纲的内在逻辑结构应符合教学规律。教学内容的安排要做到由浅入深、循序渐进，实践环节与理论教学配合得当，学时分配建议科学，要把能力培养放在重要位置。制定教学大纲时，要注重突出应用型本科教育的特色，处理好知识、能力、素质之间的关系。在讲述基本概念、基本内容和基本理论的基础上，突出素质教育与能力培养，着力培养和提高学生的学习能力、工程实践能力以及创新思维能力。

6.3.3 教学大纲的执行

教学大纲是教师组织教学的基本依据，一经批准，必须严格执行，不得随意改动；教学大纲在执行过程中，可根据学科的发展变化对其进行修订。由任课教师向专业负责人提出建议，专业负责人经系主任同意后向所在学院提出申请，同时上报新修订的教学大纲，经学院审核并报教务处批准后，方可生效；已经开设的课程必须有教学大纲，新开课程须在开课前制定出教学大纲，经所在学院审核并报教务处批准后方可开课；教学大纲属于教学基本文件。经审定的教学大纲由教务处、二级学院分级保管。各教学单位应严格按照教学大纲的要求组织教学活动，教务处、教学督导组也按照教学大纲的内容组织相关的教学检查和评估活动。

会展经济与管理专业核心课程、知识体系、能力体系架构图，如图 6-4 所示。

6.3.4 考试考核管理

考试是检验教学效果、保证教学质量的重要手段，其目的在于指导、督促学生系统地复习、巩固所学知识和技能，检验其理解程度和灵活运用能力，调动学生学习的主动性和积极性，培养学生的创新精神和创新思维；考试工作是教学管理的重要环节，是教学质量管理与评价的重要内容，应坚持公平、公正、诚实、严谨的原则。凡属教学计划规定的课程都要进行学期考试或考查，实习、课程设计、毕业设计、毕业论文等实践性教学环节也要进行考试或考核。为建设和维护

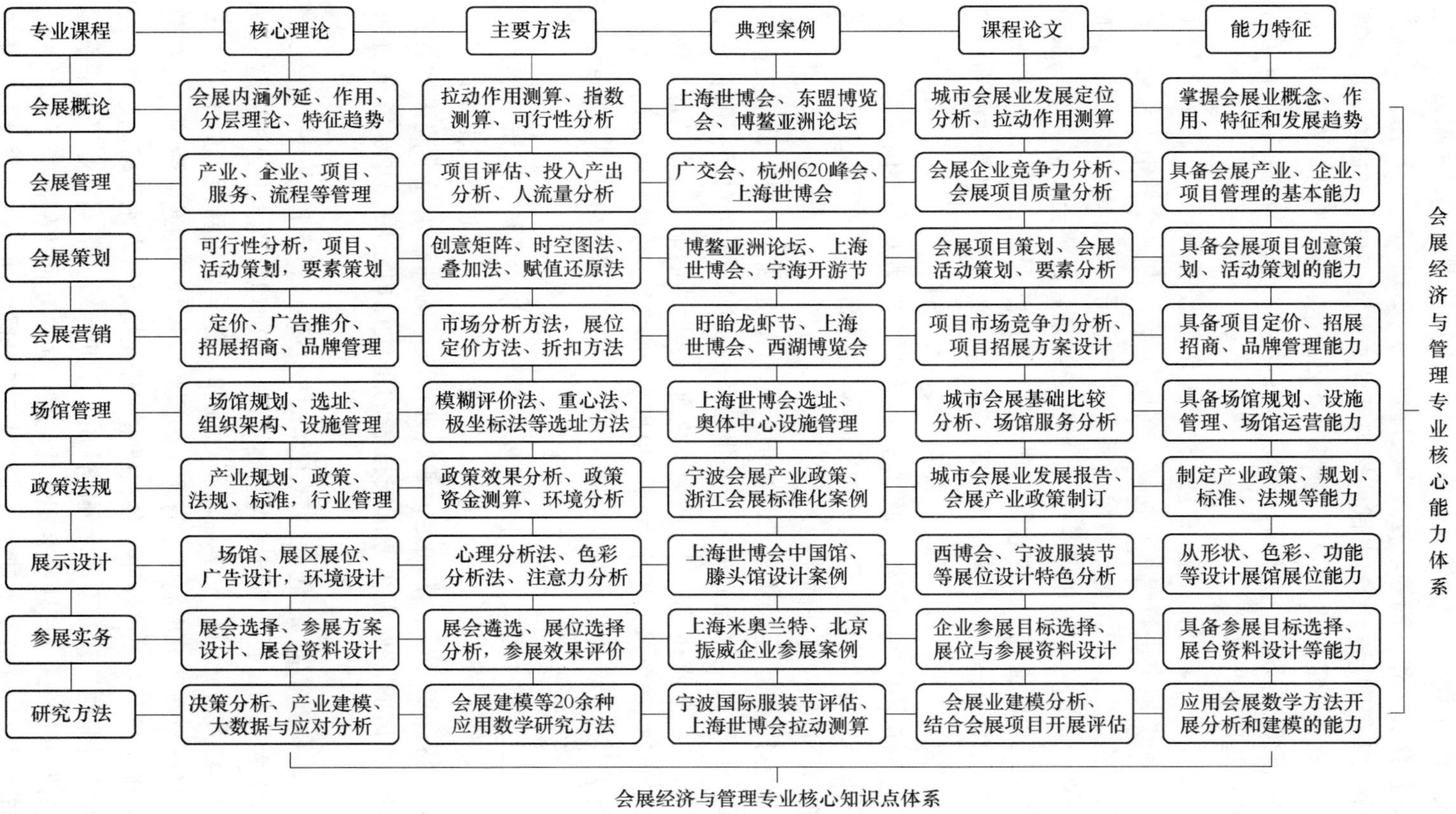

图 6-4　会展经济与管理专业核心课程、知识体系、能力体系架构图

优良学风，严肃考纪，端正考风，使考试工作进一步规范化，根据《中华人民共和国高等教育法》和《高等学校教学管理要点》，2005 年，学校出台《浙江万里学院考试管理若干规定》，对考试的组织领导、考务工作、考试方式、命题与试卷、阅卷与成绩评定、试卷分析、缓考、查阅试卷、监考巡考职责、考场规则等都作出详细明确的规定。多年来，学校及学院都严格执行该规定，确保了考试考核管理的规范性和严肃性。

（1）组织领导。考试工作在主管教学工作的校长领导下，由教务处依照本规定和学校相关规定进行组织和协调。各院（系）由主管教学工作的领导依照本规定和相关规定组织实施。各院（系）主管领导要认真抓好考试工作的各个环节，在期末考试前要召开“三会”，即：院系领导办公会。结合本院系情况研究落实考试工作的措施。任课教师、辅导员和监考人员工作会。研究和布置有关考试的各项工作，包括组织复习、辅导答疑、命题、监考、试卷评阅和成绩评定等学生动员会。申明复习、考试的目的、要求和纪律，把学风、考纪教育作为思想政治工作的重要内容和契机，通过考试纪律的学习和典型事例的警示，教育学生以诚实的态度对待考试，以真实优良的成绩证明自己，在考试过程中培养学生诚实、守信、遵纪、守法的品德。

（2）考务工作。全校集中考试的时间由教务处统一安排；课程提前结束的考试时间由各开课院（系）安排，并报教务处备案。缓考时间一般在开学初第一、二周完成；毕业补考时间一般为毕业前一学期的期末进行；结业后换证考试由学生向原所在院（系）提出申请，根据通知按时参加学校组织的考试。监考安排必须落实到人。公共课和多个院系学生合上的课程，由开课单位和学生所在院（系）协调安排监考人员，主监考原则上由任课教师担任。

（3）考试方式。考试方式主要有闭卷考试、开卷考试、口试或实行综合性的考试（如撰写调查报告、写小论文、作品设计等）。考试方式由主讲教师根据课程性质、特点和考核要求确定，考试进行改革的课程须经学院审批教务处备案，非闭卷考试的课程应在考试安排表的备注栏内注明，并于考试前向学生公布。

（4）命题与阅卷。命题是考试工作的核心环节，无论采用何种方式考试，都应以教学大纲为依据，重点考查基础知识、基础理论和学生分析问题、解决问题的能力，注重考题对启发学生创新思维和培养学生创新能力的引导。在考试中，应积极试行教考分离制度，有题库的课程应尽量采用题库命题，没有题库的课程尽早建立试题库或试卷库。各教研室主任应指定学术水平较高、教学经验丰富的教师负责命题。针对不同课程的性质、不同年级、不同专业可灵活掌握。必修、限修课程的考试，试题中客观性的题型应占一定的比例。

教师应严格按评分标准评定学生成绩，严禁随意加、减分或送分。凡统一试题多头讲授的课程，各系（教研室）应统一时间、地点，采用“分题负责，流水作业”的形式集中阅卷，避免在阅卷过程中的试卷遗失，并确保阅卷的公平性。各教研室主任、院（系）发现有评分不合理的，应及时同任课教师研究并组织复查，加以纠正。若送交教务处后，仍发现有此类情况，由教务处向主管校长汇报后进行处理。有实验课的课程，应按理论和实验课的学时比例，确定理论考试与实验考核的成绩比例，计算总评成绩。平时成绩可根据课堂提问、讨论、小论文、小测验、作业等环节进行评定。平时成绩的比重根据课程教学大纲确定。平时成绩及比重在考试前应向学生公布。不合格修读课程修读的总成绩评定与正常的期末考试成绩评定相同。

（5）试卷分析。学生答卷是教师和教学管理部门获得教学反馈信息的重要途径，认真分析试卷可以为改进教学提供依据。各任课教师和教研室都要对试卷进行认真分析，肯定成绩，指出问题，提出改进教学的措施，并将有关分析结论填入《浙江万里学院试卷分析表》上交各学院。应抓好主干课程的试卷分析，并将有关分析结论报教务处，为积累教学经验、研究改进教学提供依据。

6.4　实践教学

作为应用型人才培养的重要组成部分，浙江万里学院十分重视实践教学活动，每年预算大量的资金用于实验室、实训室和校外实习基地建设。2012 年，学校实施二级管理以来，商学院进一步加大了实践教学的投入力度。学院专门设立“三实（实验、实训、实习）两创（创新、创业）”中心，系统提升学院实践教学和创新创业的体系建设。

会展经济与管理专业作为国家级特色专业、省重点专业、省优势专业和宁波市服务型教育重点专业，始终重视“理实结合”，尤其是在原有的实训、实习的基础上，重视提升实验教学的质量，旨在努力探索一条适合会展经济与管理专业建设的实践教学和创新创业模式。

为全面做好实践教学和创新创业工作，会展经济与管理专业采取“专有与共享结合”“校内与校外结合”“走出去与请进来结合”的方式，系统构建实践教学和创新创业教育体系。具体如图 6-5 所示。

6.4.1　实验开设与实验内容

近年来，经管类专业由于受到各种因素的影响，实验教学在不断减弱，不少学校甚至出现“实训替代实验”现象，在一定程度上影响了学生研究能力的培养和创新能力的开发。会展经济与管理专业把强化实验教学改革作为实践教学创新的重要组成部分。在按照教学计划参加统计实验、跨专业实验等基础上，不断强化专业实验教学环节。与宁波市政府、宁波国际会展中心有限公司、宁波华博

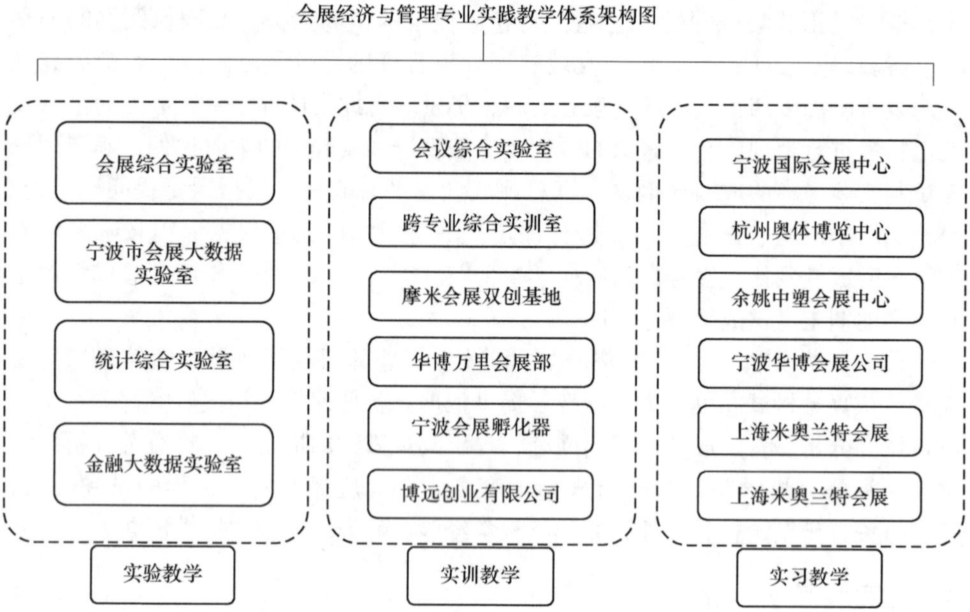

图 6-5　会展经济与管理专业实践教学体系架构图

会展有限公司、宁波国际贸易投资发展有限公司等合作建设了宁波市会展大数据实验室。依托会展大数据实验室，结合专业教师主持的会展数据统计、会展项目评估、会展风险管理、会展拉动作用测算等项目，指导学生开展验证性、研究性、综合性和设计性实验，引导学生在实际工作中培养发现规律、掌握会展业基本特征的能力。近年来主要开设的会展实验项目如图 6-6 所示。

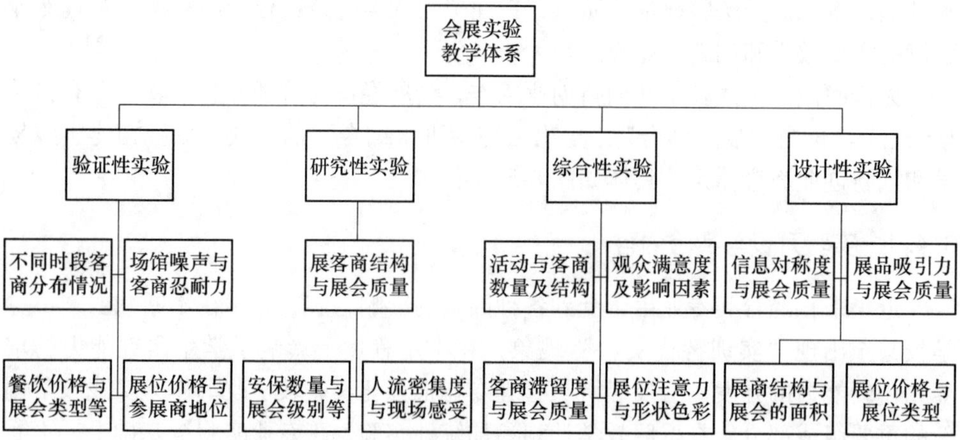

图 6-6　会展实验教学体系架构图

6.4.2 实验教学大纲基本文件

会展经济与管理专业在校内实验和现场实验过程中，主要依据实验教学大纲、研究性学习课程大纲等展开。

（1）高度重视实验教学体系建设。实验课程体系建设与改革体现本学科、本专业或相关领域的发展趋势，支撑人才培养目标。为了发挥实验教学在学生创新能力培养方面的作用，使其成为“以学生为主体”、能力培养的训练场、创新教育的基地、科研成果的孵化器，中心通过一系列的教学改革，转变了实验教学仅是理论教学的附属、是理论知识的验证和感知的观念，按照以队伍建设为先导，建设一流的、理论与实验教学相通的实验教学队伍；以实验教学内容改革为重点，创建“以培养能力为核心，系统化、多层次、多模块、研究型、开放式”的实验教学模式；以实验教学改革为切入点，引领和促进实验室建设，搭建宽口径、多学科共享、布局合理、设备精良的实验教学平台的思路，使实验教学建立了既与理论教学相互依托、相互促进又相对独立、自成系统的实验教学体系。

（2）系统形成实验教学层次体系。结合经济管理实验教学的特点，逐步形成验证性、综合与设计性、研究探索性实验三个层次，具体见表6-5。

表6-5 会展实验教学主要内容一览表

教学体系层次	教学内容和特点
验证性实验	（1）反映基本知识和基本理论，训练基本技能的经典实验； （2）教学内容具有基础性、规范性的特点，教师示范、学生作规范化操作训练，以课堂教学为主； （3）验证理论知识、掌握基本、规范的实验操作及实验技能
综合性设计性实验	（1）实验内容涉及学科间或学科内的知识与技术的综合； （2）由教师引导，学生自主完成，以课堂为主，课外实验为辅；具有基础与专业的结合、学科整合、学科内知识技术整合的特点； （3）强化学生预防医学整体性的概念，达到面向社会、强化动手、训练思维、提高能力的目的
研究探索性实验	（1）由学生自己提出实验项目，自行设计实验方案并加以实施； （2）以学生自导性为主，教师进行指导、引导和评价，以课外科技创新活动为主，与课堂教学、学科科研方向结合，体现教学与科研的结合、基础与前沿的结合、经典与现代的结合、个人兴趣和科研目标的结合； （3）训练学生科学思维，培养创新能力，实现个性化培养

（3）提高实验教学综合效果。实验课程设置体现学科专业特点，分层次、多模块，形成以创新实践能力培养为核心的实验课程体系，适应学生个性化培养需要；在实验教学大纲中能充分体现出先进的办学理念和明确的人才培养目标，在能力培养方面特色突出。会展经济学是建立在应用基础上的一门学科，其专业

特点决定我们的教学必须理论与社会实践密切结合，教学中加强实验与实践教学，培养学生动手、设计、解决问题的能力，满足产业发展对人才培养的需要，才能培养出符合社会要求的合格人才。

会展经济与管理专业实验课程体系包括五大体系构成：一是会展环境测试实验体系，主要包括会展场馆的温度、湿度、噪音、辐射性、含氧量等方面的实验内容，主要培养学生对会展场馆环境的认知与掌控；二是场馆的人流量与舒适度试验，主要测试场馆的空间、人员数量、人员分布、人员流向等为会展场馆及展客商可能带来的不适等；三是对场馆相关研究的实验，包括场馆的人流量滞留时间的测量，不同类型、不同级别的会展项目的特装展位比重，不同类型、不同级别项目的展客商结构等；四是会展场馆的风险管理实验，包括安全管理、环境风险、群体性事件、自然灾害、气候等方面的防范和预测等方面的实验项目；五是毕业课题研究实验：在指导教师的指导下，学生需要完成毕业课题设计、实验、数据处理、资料整理分析及综述 1 篇、译文 1 篇及撰写学士论文，最后通过毕业论文答辩方能授予学士学位。

（4）教学实验的类型与特征。实验课程体系涵盖基本型实验、综合设计型实验、研究创新型实验等，其中综合设计型实验及研究创新型实验项目不低于40%。浙江万里学院会展经济与管理专业与宁波市政府、宁波市会展行业协会、宁波国际会展中心联合建成宁波市会展大数据实验室，在校内建设跨专业实验室及综合实验室。在教学与研究过程中，专业建立了实验与理论教学有机结合，以能力培养为核心，分层次的实验教学体系，涵盖基本验证型实验、综合设计型实验、研究创新型实验等，随着实验课程性质不同，综合提高性、探索创新性实验占每门课程的比例不同。结合实验教学，学生们完成了系统的数据统计调研、数据分析、数据应用等实验报告，通过实验，学生不仅能够对课程中涉及的理论知识开展验证，同时也结合实验教学开展会展产业发展规律的研究工作，受到较好效果，有效地提升了学生依托产业实验开展研究的能力。

6.4.3 实训教学

实训教学主要依托校内实训室和实训软件来完成。学生新生入学后，就结合专业课程，教师组织学生到宁波国际会展中心现场参观会展活动，并以志愿者的身份参加会展项目的组织和服务工作，培养专业感觉和专业意识。学生在二年级时结合专业课程的进展情况，组织跨专业实训教学；在短学期，依托会展决策平台和数据库，组织学生开展流程模拟等实训教学。此外，学生还利用课余时间，策划组织大学生校园会展活动。

会展经济与管理专业实训教学一览表，见表 6-6。

表6-6　会展经济与管理专业实训教学一览表

学期	实训内容	主要目的	实训地点
第一学期	现场参观	了解会展活动情况	宁波国际会展中心
寒假	假期调研	了解各地会展项目情况	分散到生源所在地
第二学期	会展志愿者服务	亲身体验会展活动	宁波国际会展中心
暑假	假期调研	深入了解会展项目情况	学生可自由选择地点
第三学期	参加会展营销活动	了解会展营销的全过程	华博会展、摩米双创
寒假	跨专业综合实训	熟悉企业管理的过程	校内综合实训室
第四学期	参加会展评估	深入了解会展项目情况	宁波国际会展中心
暑假	会展综合实训 会展流程模拟	通过会展决策平台和数据库开展分析应用	会展实验室、会议实训室
第五学期	校园会展活动	实际操作会展项目	校园内
寒假	会展策划方案	培养项目策划能力	分散到生源所在地
第六学期	会展学科竞赛 毕业论文选题	研究性学习、创新策划、发现问题的能力	校内准备、校外比赛
暑假	顶岗实习、毕业论文收集资料	培养学生风险问题、收集资料、分析问题能力	根据论文选题分散到各会展及相关企业
第七学期	毕业论文写作	培养学生综合应用能力	校内
寒假	毕业论文答辩	寒假前夕、寒假后各进行一次毕业论文答辩	答辩在校内，修改完善在校外
第八学期	创业就业实战	为创业就业成功做准备	校外各会展企业等

6.4.4　实习教学

会展专业实习教学的目的主要是培养学生了解产业、培养实战能力。会展经济与管理专业依托“专业课提前”的教学运作思路，学生在一年级就接触专业知识，有助于克服“大一即高四”的问题。学生较早掌握专业知识，也有利于学生早接触产业、早开展实习和实战活动。

（1）实习教学的构成。会展经济与管理专业具有鲜明的应用性特征，因此，会展经济与管理专业始终把实习教学作为人才培养的重要环节，并结合专业特点及产业需求，不断创新实习教学模式。初步形成现场参观、顶岗实习、志愿者服务、兼职员工、项目实习、参与教师科研等实习特色，通过上述项目的实施，确保了学生理论与实践的有机结合。

一是现场参观实习。会展经济与管理专业新生一入学，专业就结合课程教学，为学生安排现场参观实习。为确保学生的实习受到良好的效果，专业结合宁波国际会展中心项目的实际，一般是首先安排参观宁波国际服装节，然后组织参观中国食品博览会，再次组织学生参观宁波智慧城市博览会，形成不同类型、不同级别、不同特点的项目实习参观特色。

二是顶岗实习教学。主要是结合会展项目运作管理服务过程中的岗位需求及业务特征，组织二年级以上的学生，以定岗的方式，系统融合到会展场馆、会展企业的各个部门和相关岗位，以及会展项目的具体岗位和具体过程中。通过在企业管理人员的指导下，承担一定量的具体工作，亲身开展会展项目的运营操作，达到了解会展项目的目的。

三是志愿者服务方式。主要是根据会展项目对人员的需求，通过志愿者的身份参与会展项目的运作管理。会展志愿者与顶岗实习的不同之处在于会展志愿者的实习主要是针对特定的项目，具有时间短、内容单一、岗位单一的特点，适合学生在初始阶段参与会展实习工作。

四是参与教师和企业的研究项目。主要是会展产业调研、会展项目评估、会展拉动作用测算、会展场馆环境测评等。通过参与真实的会展调研项目，学生可以有针对性开展实习工作，并系统培养将理论与实践有机结合、将研究方法与分析过程的有机结合，加深学生对产业实际工作的了解，系统全面地掌握会展项目策划、产业管理、企业管理的相关内容。

（2）实习基地建设。实习基地是实习教学环节的重要载体及核心要素。会展经济与管理专业设立以来，高度重视会展实践教学基地建设，初步形成系统完善、市内外结合、紧密型实习基地与常态性实习基地、会展场馆与会展企业互动结合的实习基地体系，确保了专业实习教学的顺利进行。

会展经济与管理专业主要实习基地一览表，见表6-7。

表6-7　会展经济与管理专业主要实习基地一览表

实习基地名称	协议书	可以承担的教学任务	容纳学生数
宁波国际贸易投资发展有限公司	有	毕业论文指导、现场参观实习、现场授课	50人
宁波国际会展中心管理有限公司	有	毕业论文指导、现场参观实习、现场授课	50人
浙江中博会展集团公司	有	毕业论文指导、现场参观实习、现场授课	20人
宁波华博会展有限公司	有	毕业论文指导、现场参观实习、现场授课	30人
宁波雅卓会展管理有限公司	有	毕业论文指导、现场参观实习、现场授课	20人
上海环球展览有限公司	有	毕业论文指导、现场参观实习、现场授课	20人

续表 6-7

实习基地名称	协议书	可以承担的教学任务	容纳学生数
宁波前程展览有限公司	有	毕业论文指导、现场参观实习、现场授课	20 人
宁波中博国际展览有限公司	有	毕业论文指导、现场参观实习、现场授课	20 人
温州德纳会展管理有限公司	有	毕业论文指导、现场参观实习、现场授课	20 人
宁波城之新会展有限公司	有	毕业论文指导、现场参观实习、现场授课	20 人
宁波中创国际会展有限公司	有	毕业论文指导、现场参观实习、现场授课	20 人

（3）实习环节的执行。实习教学是专业培养中十分重要的实践性教学环节。通过实习，可以使学生拓宽视野，热爱专业，为后续课程学习提供感性知识；通过实习，可以促进理论联系实际，巩固和运用理论知识，培养分析问题、解决问题的能力；通过实习，可以增强学生的劳动观念，激励敬业、创业精神。为了加强和完善实习教学的管理，2005 年，学校制定《浙江万里学院实习教学工作规定》。对实习组织、大纲、实习基地建设等都做出明确规定。多年来，各学院、各专业都严格按照要求执行，确保实习教学的规范性。

一是组织和分工。实习教学工作实行校、院两级管理。教务处负责全校有关实习教学工作的规划、规定的制订，检查评估及重要问题的协调处理。汇总各学院实验教学计划、实习教学文件、实习情况登记表，检查实习教学计划的实施情况。负责组织对学院实习教学检查与评估工作，随机抽查实习实施情况，提出改进和加强实习工作的意见。

学院具体实施各专业的实习教学工作、各专业实习教学的具体管理工作和专业实践教学体系的建立，制订实习大纲、实施细则、考核办法等。根据专业对口、能满足实习要求和就地就近的原则选择实习单位。按专业建立一批相对稳定的校外实习基地。根据实习教学任务的需要，配备组织能力、业务能力较强，工作负责的教师承担实习教学指导工作，并加强对实习教学骨干教师的培养。

指导教师对实习工作要全面负责，密切与实习单位联系，更好地取得实习单位的支持和帮助，做好校外实习基地的促进工作。按照大纲要求，组织和完成实习计划的各项任务。指导教师要以身作则，言传身教，严格要求。同时要加强对学生的思想政治工作。学生在实习中严重违反纪律，经教育无效者，指导教师有权按校规予以处理，直至停止其实习，并及时向学院报告。

二是教学文件和实习基地建设。实习教学大纲是进行实习的指导性文件，是制订实习计划、组织学生实习和成绩考核的重要依据，应按教学计划及专业培养目标制订。实习教学大纲应包括：实习目的与任务、实习内容和要求、实习方式与时间安排、选择实习场地的基本要求、实习考核与成绩评定等。

实习计划是按照实习教学大纲的要求，结合接受实习单位的条件制定实习教学的具体执行计划，由各学院组织制订，并报教务处。实习计划应包括：实习内容与要求、实习单位、实习时间与人员安排、实习日程安排、考核办法、实习经费预算等。

建立稳定的校内外实习基地对搞好实习教学具有重要作用。应切实发挥校内实习基地的作用，保证实习教学进行。各学院应坚持开放办学，加强与社会的联系和合作，多渠道建立相对稳定的校外基地，并发挥积极的作用。

三是实习教学过程和要求。实习前要认真做好调查研究和必要的准备，成立实习教学指导小组，拟定实习计划，编写实习指导书等。要对学生进行实习动员。使学生明确学习的目的、意义，提高实习的自觉性和积极性。同时组织学生学习有关实习的基本理论、生产知识、安全知识等，以提高实习效果。实习中要严格要求学生完成实习计划中所规定的各项任务，遵守实习单位的各项规章制度，及时检查学生的实习情况。实习考核是检查学生实习质量的重要手段，必须按教学大纲要求进行考核。考核的形式可按实习性质不同而多样化，如写出实习报告、口试、现场操作、完成指定作业等。学生实习成绩评定按《浙江万里学院学籍管理办法》记载，原则上应呈正态分布，要严格控制优秀成绩的比例。在评定实习成绩时，应结合学生的实习态度、劳动纪律和实习报告、小结等综合评定。学生按照实习计划完成教学任务，经考核合格者，给予相应的学分。凡缺勤达到总学时 1/3 者，不予评定成绩。

四是学生实习守则。学生要认真完成实习计划中规定的各项任务。刻苦钻研，向实践学习。按时完成实习作业，写好实习小结或报告，努力学习实践知识和技能，不断开拓思维，争取优异成绩。加强组织纪律性，服从指导教师的领导，遵守实习单位的安全、保密、操作规程，劳动纪律和各项规章制度。严格遵守考勤制度，不迟到、不早退、不擅离实习岗位。因各种原因不能参加实习者，应按规定办理请假手续。实习期间缺勤达到实习总时间 1/3 以上者，其实习成绩作不合格处理，不给学分。服从实习单位的安排，虚心向专业技术人员和工人师傅学习，不断密切学校与实习单位关系。自觉遵守国家法律、社会公德和公共秩序，爱护公物，勤俭节约，相互帮助，团结友爱，努力维护学校荣誉，树立大学生的良好形象。

6.5 毕业论文

毕业论文（设计）教学既是对专业所学知识的整体概括和深度检验，也是学生由学习知识向应用知识转变的重要环节，对促进学生理论知识转化为应用能力，培养学生发现规律、解决问题能力有着特殊的作用，在应用型人才培养的过程中具有十分重要的意义。会展经济与管理专业始终重视毕业论文（设计）的教学过程，并通过深化改革、强化管理、系统创新等手段，提升学生毕业论文（设计）的整体质量。

6.5.1　毕业论文（设计）管理

为进一步提升学生毕业论文（设计）的质量，会展经济与管理专业在毕业论文（设计）的教学过程中，始终坚持严格遵守毕业论文（设计）的有关规定，根据《浙江万里学院本科毕业论文（设计）管理办法》等文件要求，以及商学院制订的本科毕业论文（设计）工作规范标准，从选题与实施、指导与检查、答辩与成绩审定等环节，制定较为详细的规范和要求，制定本专业毕业论文（设计）教学大纲，作为毕业论文指导的重要依据。

每学年，会展经济与管理专业都根据学校及学院关于毕业论文（设计）的相关要求，结合专业特点，充分利用学校毕业论文（设计）网络平台，进行详尽的工作安排，并认真组织实施。在实施的过程中，加强管理，保证毕业论文（设计）工作的开展。毕业论文（设计）相关档案材料完整、管理规范。

毕业论文导师配备完全满足毕业论文（设计）教学指导的要求。校内导师全部具有中级以上职称。为进一步提高毕业论文的质量，专业还聘请政府会展主管部门管理人员、企业老总等担任毕业论文指导教师，进一步提升理论与实践结合的能力。

近三年会展专业毕业论文指导教师与学生情况，见表6-8。

表6-8　近三年会展专业毕业论文指导教师与学生情况

序号	学年	学生数	校内导师数	校外导师数
1	2015/2016	64	10	5
2	2014/2015	96	10	7
3	2013/2014	122	11	7

6.5.2　毕业论文（设计）改革

结合国家级特色专业、省优势专业、市服务型教育重点专业建设和学校专业综合改革试点，会展经济与管理专业重视通过改革毕业论文教学方法经济手段，从收口处提升应用型人才培养质量。主要包括以下三个方面：

(1) 从人才培养方案角度优化毕业论文教学。针对当前很多本科院校第八学期主要用于学生创业和就业环节，结合会展经济与管理专业实施的专业课提前等教学改革，将毕业论文的相关环节由传统的第八学期开始提前到第五学期末启动。不仅使学生有更多的时间开展毕业论文（设计）工作，也进一步提升了毕业论文、毕业实习与日常教学的紧密联系。

（2）将毕业论文与课程论文有机结合。为防止毕业论文环节出现“平时不烧香、急时抱佛脚”现象，平时缺少积累，毕业论文环节多有查阅资料、缺少实用性和创新性等问题，会展经济与管理专业结合城市会展业发展、会展项目创新两大核心体系，将毕业论文“形”“神”结合。在形式上，为避免学生走弯路、偏离中心，专业初步制定了由“发展历程、现状、作用、问题、定位、对策、结论”为基本框架的毕业论文格式标准，既鼓励优秀学生结合自身的研究开展突破创新，也为研究写作能力偏弱的学生提供基本的思考模式，避免学生盲目照搬博士论文、硕士论文的写作格式；在内容方面，专业教师引导学生结合城市会展业发展和会展项目创新，将毕业论文按照“管理体制、基础设施、项目、企业、服务、合作”等主要内容划分为六个层面，分别与相应的专业课程对应。在日常的教学过程中，围绕毕业论文的写作要求和课程教学的要求，每门课程都要求学生结合对应的城市撰写课程论文，确保毕业论文和课程论文的有机衔接。

会展经济与管理专业毕业论文与课程论文衔接表（城市类），见表6-9。

表6-9 会展经济与管理专业毕业论文与课程论文衔接表（城市类）

序号	专业课程	课程论文	毕业论文
1	会展概论	会展业发展历程及对城市经济社会发展的作用研究	城市会展业发展历程、会展业对城市经济和社会发展的作用
2	会展策划	城市会展项目的构成与特征研究	城市会展项目的数量、规模，时空分布的现状、问题与对策
3	会展管理	城市会展主管部门、规划、政策、法规、标准及行业自律研究	会展主管部门、产业规划、政策法规、标准、协会等现状、存在的问题及对策
4	会展场馆与设施	城市会展场馆、酒店、交通基础设施研究	城市会展场馆、酒店、交通基础设施的现状、问题及对策
5	会展营销	城市会展项目品牌、对外宣传、展客商结构特征研究	城市会展项目的品牌、价格、展客商结构等现状、问题及对策
6	会展艺术设计	城市会展搭建的主要模式与特色研究	城市会展场馆、展位搭建的形象特征等现状、问题及对策
7	会展研究方法	城市会展业发展的可行性分析与定位研究	会展产业发展的基本规律、会展产业回归分析等
8	参展商实务	城市企业出国展、境外办展情况研究	城市企业出展及会展企业境外办展的现状、问题及对策
9	会展服务管理	城市会展企业与配套服务体系研究	会展服务体系、配套服务企业的现状、问题及对策

6.5.3　毕业论文（设计）选题

为进一步提高毕业论文（设计）的质量，会展经济与管理专业重视从选题开始，努力争取赢在起跑线上。专业坚持“及早入手、与研究性学习结合、与课程论文结合、与导师制结合、与研究性课题立项结合”等手段，在产教融合中潜移默化地培养学生发现问题、解决问题的能力。具体包括以下几个方面：

（1）规范毕业论文选题。会展经济与管理专业对毕业论文选题形成一套系统规范的要求。在确保100%选题为结合实际的真实研究课题外，要求学生结合自己感兴趣的领域、有过实习实践经验的城市或企业、有研究基础的领域和未来可能作为毕业去向的领域或项目开展“四优先”选题工作；并对选题工作形成“问题导向”模式，把解决实际问题、发现产业规律作为选题的约束性条件；“点（会展项目、会展企业、会展场馆）—线（行业会展项目）—面（区域、城市会展项目）—体（城市会展业整体研究）”等四个选题层次，引导学生结合实际开展创新研究，将理论与实际有机结合。

（2）提前布置选题工作。会展经济与管理专业结合教学计划的整体安排，借助专业课题前形成学生早进专业、早进课题、早进产业的先发优势，将毕业论文开题时间由传统的第七学期末提前到第五学期末。学生在第五学期末利用短学期开展毕业论文选题动员，并对学生选题进行指导。同时要求学生泛读100篇、熟读50篇、精读30篇专业论文，并在此基础上完成研究综述。其中，12~20篇作为毕业论文的主要参考文献。这样既可以为学生留出足够的时间开展论文泛读、精读，在夯实文献综述的基础上科学选题，也能够充分发挥两个假期的时间空间，为学生系统深入开展市级调研工作留出余地。此外，提前选题还有利于学生有足够的时间向指导教师和专业教师请教，与企业导师研究交流。实践证明，提前选题对提高学生毕业论文质量大有益处。

（3）结合研究开展选题。会展经济与管理专业重视结合学习期间学生开展研究工作进行论文选题工作。具体包括以下方面，见表6-10。

表 6-10　会展经济与管理专业结合研究工作选题简述表

序号	选题模式	主 要 渠 道
1	结合研究目标城市开展选题	学生入学后开始“一生一市、一课一研”改革，学生根据自己兴趣抽签选择目标城市；同一年级学生目标城市不能重复，作为课程论文研究对象贯穿整个大学四年教学活动
2	结合教师科研开展选题	大学期间，学生采取多种方式参加专业教师的研究课题，主要包括会展业发展报告、会展产业规划、会展项目评估、会展拉动作用测算等

续表 6-10

序号	选题模式	主 要 渠 道
3	结合申报研究课题开展选题	学生在大学期间，在教师指导下申报“全国大学生创新创业计划”项目、浙江省“新苗计划”项目等
4	结合学科竞赛开展选题	专业教师每年都要组织学生参加“挑战杯”、经管类案例大赛、市场营销案例大赛等系列学科竞赛活动
5	结合专业研究性学习课题开展选题	会展经济与管理专业每年都会依托长三角城市经济协调会会展专业委员会、宁波市会展经济研究所、浙江省会展统计信息中心等设立相关的大学生研究课题
6	结合产业导师企业实际选题	会展经济与管理专业学生一入学就结合导师制实施“双导师”培养模式，学生可积极参与企业导师所在单位的生产经济活动
7	结合产业热点问题开展选题	大学期间，学生可根据自己的兴趣，围绕热点问题开展选题研究，专业将对学生选题及研究成果给予后期资助
8	其他相关渠道选题	学生在大学学习期间，还可以针对参加中国会展经济研究会、浙江省会展行业协会等实施的会展“青蓝计划工程”开展相关的研究、实践活动，并结合实际开展选题

（4）结合实际开展选题。会展经济与管理专业不仅通过“双导师”、实践教学基地等渠道引导学生集合实际开展研究，还十分重视通过组织学生多渠道参与专业服务经济平台、暑期社会实践、短学期实习等渠道，开展产业研究和毕业论文选题工作。专业学生兼任长三角城市经济协调会会展专业委员会秘书长助理、浙江省统计信息中心主任助理、宁波市会展经济研究所所长助理、浙江万里学院大学生会展研究会会长、副会长及各部部长等职务，通过系统参与服务经济平台、社团活动等开展相关研究工作，并结合研究工作开展毕业论文选题。

6.5.4 毕业论文（设计）质量

经过持续改革和强化管理，会展经济与管理专业的毕业论文教学收到较好的效果。不仅在成绩上有明显的上升趋势，而且毕业论文被政府相关部门采纳、受到研究对象所在城市主管部门和项目实施单位的好评，而且部分毕业论文还转化为学术论文，在期刊上发表。

（1）毕业论文的质量有明显提升。统计数据表明，近五年来，会展经济与管理专业学生使用研究方法开展毕业论文（设计）研究工作，发现产业基本规律、解决产业实际问题的论文数量有明显增加；正是基于上述原因，会展经济与管理专业毕业论文的优秀、良好成绩的比重有明显提升；毕业论文不及格人数的数量和比重都有明显的下降。

（2）毕业论文在实际工作中得到具体应用。近五年来，会展经济与管理专业共有 23 篇研究论文受到所在城市会展业主管部门、所在企业负责人的好评。其中贵阳市会展业发展研究、宁波国际服装节项目评估、宁海国际会展中心管理研究等受到当地政府主管部门的一致好评。具体见表 6-11。

表 6-11　受到社会认可的主要毕业论文一览表

序号	毕业论文题目	学生/指导教师	认可及评价单位	评价人
1	宁海国际会展中心管理研究	叶蓉蓉/任国岩	宁波县大型活动办公室	柴盛岚主任
2	杭州西湖博览会创新发展研究	黄璐冰/任国岩	杭州市会展办会展处	王炳文处长
3	贵阳会展业发展研究	崔玥/任国岩	贵阳市会展办	刘飞处长
4	苏州市会展业发展研究	陈敏敏/李毅	苏州市国际会展中心	陈刚总经理
5	杭州和平国际会展中心场馆利用率研究	张卫兵/万松钱	浙江省会展行业协会	刘志刚会长
6	加快温州会展品牌发展的对策研究	林卉/万松钱	温州市会展业协会	盖宏清秘书长
7	西安“世博园”后续开发利用研究	景瑜/王敏杰	西安市政府会展办	陈锋副主任
8	芜湖市展览业创新发展研究	徐梦媛/郑蕾娜	芜湖市贸促会	丁民会长
9	参展商满意度影响因素研究——以中国塑料博览会为例	鲍煌烈/蔡玉新	余姚市政府会展办	鲁树峰主任
10	宁波国际会展中心运营管理模式研究	厉蒙佳/黄文军	宁波国际会展中心有限公司	苏峰总经理

（3）毕业论文转化为学术论文。会展经济与管理专业在重视毕业论文与产业对接、服务经济、实践融合的同时，也重视通过引导学生将毕业论文转化为期刊论文，提升毕业论文的学术型特征。近三年来，会展经济与管理专业学生的毕业论文由 17 篇经过精练后转化为学术论文，发表在相关学术刊物上，进一步扩大了毕业论文的社会影响。具体见表 6-12。

表 6-12　近三年会展经济与管理专业毕业论文转化为期刊论文一览表

序号	论文题目	作者	期刊	发表时间
1	会展产业链的结构及辐射效应研究	蒋魏立	特区经济	2016 年 9 月
2	会展物流供应商的选择方法和评价原则	尹洁、顾珍珍	经营与管理	2016 年 5 月
3	中部地区会展业的发展途径研究	周莹盼、钱梦琪	经营与管理	2016 年 4 月

续表 6-12

序号	论文题目	作者	期刊	发表时间
4	德国城市会展业发展及对我国启示	厉蒙佳、李海晨	经营与管理	2016 年 3 月
5	会展营销与品牌整合	朱海芬、谢樱	经营与管理	2016 年 3 月
6	基于参展商的会展品牌价值提升策略	王晨、费方颖	经营与管理	2016 年 3 月
7	发达国家会展业智慧化发展特征与模式探析	章淑芳、郑丹丹	管理观察	2016 年 2 月
8	会展企业客户关系管理模式	于哲晨、陈辉	经营与管理	2016 年 1 月
9	借鉴国外先进经验，促进我国城市会展业发展	郑志伟、史恩宇	经营与管理	2016 年 1 月
10	会展产业生态化的内涵、特征与价值	杨康、陈开昌	经营与管理	2016 年 1 月
11	会展经济发展对城市功能和城市竞争力提升的研究	虞润迪、李振斌	特区经济	2015 年 3 月
12	会展企业财务风险的监测与防范	尹强、张玲莉	经营与管理	2015 年 3 月
13	价值链视角下会展优势培育策略选择	邱硕、胡圣益	特区经济	2015 年 2 月
14	消费热点对会展业发展模式影响的探析	尚旭栋、戎嘉童	特区经济	2015 年 2 月
15	欧洲会展经济发展经验及对我国的借鉴作用	吉振航	特区经济	2014 年 9 月
16	宁海国际会展中心运营管理研究	叶蓉蓉	商场现代化	2014 年 9 月
17	会展经济的发展和城市竞争力的提升	武文赟、邬佳桦	特区经济	2014 年 5 月

（4）毕业论文转化为产业应用。会展经济与管理专业重视引导学生结合产业需求开展前瞻性、探索性、创新性研究。近年来，专业学生先后就宁波申办世界海洋博览会、上海世博会、西湖博览会、中东欧特色商品展、世界互联网大会等热点项目开展研究，部分研究成果受到领导重视、被政府主管部门采纳、在实际工作中得到具体应用。

会展经济与管理专业学生被采纳研究论文一览表，见表 6-13。

表 6-13　会展经济与管理专业学生被采纳研究论文一览表

序号	论文题目	学生	采纳单位	采纳方式
1	宁波申办世界海洋博览会的可行性研究	方蕾蕾	省政府办公厅	该论文经指导教师进一步细化研究上报省委，得到省委书记赵洪祝、省长吕祖善批示
2	宁海国际会展中心管理研究	叶蓉蓉	宁海县大活动办	该研究成果对宁海县会展场馆的运营模式产生直接影响
3	杭州西湖博览会创新发展研究	黄璐冰	杭州西博办	相关建议在西博会的举办过程中得到具体应用

续表 6-13

序号	论文题目	学生	采纳单位	采纳方式
4	加快温州会展品牌发展的对策研究	林　卉	温州市商务局	相关研究成果经温州市会展协会列为研究报告中的内容，直接促成温州市设立会展办
5	芜湖市展览业创新发展研究	徐梦媛	芜湖市贸促会	提出的会展监理模式在中国芜湖科普产业博览会上得到具体运用
6	杭州和平国际会展中心场馆利用率研究	张卫冰	杭州市西博办	相关的研究数据在杭州市会展业年度报告中得到具体体现
7	参展商满意度影响因素研究——以中国塑料博览会为例	鲍煌烈	余姚市会展办	提出的塑博会展品质量评价等相关研究成果作为建议在塑博会的方案中得到具体体现
8	贵阳会展业发展研究	崔　玥	贵阳市会展办	相关研究建议在贵阳市会展业发展规划中得到具体体现

第 7 章

学 生 发 展

学生是高等院校的主要服务对象，培养高素质应用型人才是专业建设的核心目标。自 2006 年专业设立以来，会展经济与管理专业就始终把人才培养作为专业建设的工作主线和核心内容，在生源质量、培养过程、毕业生交流等方面加大投入力度，取得了较好的效果。

7.1 招生措施与执行

基于国内高校招生模式的不断创新，以及浙江万里学院在专业招生模式方面的持续探索，浙江万里学院会展经济与管理专业先后涉及高考招生、专升本招生、本科生转专业和创新班选专业四种模式。随着专业的持续发展，2014 年会展经济与管理专业由原来的招收三本学生改为招收一本学生，2015 年停招专升本学生。由于招生一本学生在浙江万里学院只有两个专业，因此转专业也于 2015 年终止。当前主要存在一本、创新班两种生源模式。

（1）高考招生阶段的工作。浙江万里学院及商学院都十分重视本科生招生工作。学校招生办高度重视招生工作。在高考尚未开始时，就借助电视台、报纸及新媒体，宣传学校的招生计划；在高考结束后，学校专业组织招生人员，到考生所在高中开展宣传，在浙江电视台等开展访谈活动；组织教师接听考生和家长的咨询电话，为考生和家长提供最直接的服务；此外，学校、二级学院及专业负责人还通过多种渠道开展宣传工作。

（2）新生入学后教育工作。新生入学后，学校及二级学院将结合新生入学教育的相关工作程序，组织专业负责人和学院领导，通过见面会、座谈会、交流会等方式，加强与学生之间的沟通交流，确保学生对专业有较为清晰的认识，增强学生的适应性。

（3）转专业环节的相关工作。根据浙江万里学院优秀新生转专业的相关要求，在新生入学后、尤其是第二学期开始，将结合各专业、各学院对转专业的相关要求，在对学生开展宣传的同时，指导学生正确分析专业的特色以及个人的特点及兴趣情况，引导学生结合自身的实际科学选择转专业情况，避免盲目跟风热门专业，影响学生的长远发展。

7.2　专业招生生源情况与改进

浙江万里学院会展经济与管理专业近年来经历了较大的招生层次及生源变化，也对专业建设和人才培养目标产生较大影响。下面表格以浙江省文科类考生的入学分数为对照，对专业生源数量及入学平均分数情况进行比较（专升本学生以专升本五年录取学生数量最多的某职业技术学院当年的录取平均分数为参考依据），以说明下一步的专业建设定位与人才培养目标。

会展经济与管理专业生源数量及入学分数对照表，见表 7-1。

表 7-1　会展经济与管理专业生源数量及入学分数对照表

生源情况	2008 年	2009 年	2010 年	2011 年	2012 年	2013 年	2014 年	2015 年	2016 年
专升本数量			57 人	59 人	60 人	61 人	59 人		
专升本分数			385 分	390 分	396 分	387 分	392 分		
三本数量	70 人	60 人	63 人	60 人	62 人	61 人			
三本分数	492 分	501 分	482 分	467 分	496 分	512 分			
一本数量							49 人	61 人	62 人
一本分数							623 分	630 分	631 分

受到生源质量（尤其是专升本学生质量）的影响，专业的升学率、就业对口率都受到一定的影响。这也在一定程度上矮化了专业建设的目标定位。2014 年起，会展经济与管理专业成为学校唯一一个文理兼招一本学生的转业后，生源质量有明显提升，突出表现在英语和数学成绩方面，尤其是英语等级通过率的情况。这也为会展经济与管理专业重新确定专业建设目标、人才培养目标，以及对人才培养质量的预期有较大的提升。也正是基于上述原因，未来专业的升学率、用人单位满意度、专业对口率都将有跨越式的提升。

会展经济与管理专业不同生源英语等级考试通过率对照表，见表 7-2。

表 7-2　会展经济与管理专业不同生源英语等级考试通过率对照表

英　语	2009 级	2010 级	2011 级	2012 级	2013 级	2014 级	2015 级	2016 级
专升本六级通过率		2/57	4/59	2/60	3/61	2/59		
专升本四级以上通过率		31/57	37/59	39/60	35/61	38/59		
三本学生六级通过率	15/60	22/63	18/60	23/62	26/63			
三本学生四级以上通过率	58/60	61/63	57/60	60/62	60/63			
一本学生六级通过率						45/49	46/61	
一本学生四级以上通过率						49/49	59/61	

在校的一本学生中，三年级的 2014 级学生已经有 5 名学生雅思成绩 7.0 以

上，雅思成绩6.5以上的学生有12名。二年级的2015级学生有2名学生雅思考试7.0以上，5名学生雅思6.5以上。上述学生的成绩均已达到宁波诺丁汉录取硕士研究生对英语的要求。此外，专业文理科招生的比重由2014年的1∶1调整为2015、2016年的1∶2。在相同教师、相同试卷的情况下，三届一本学生的高等数学考试成绩比同届的三本学生平均高出近20分（2015/2016学年第二学期数据）。因此，会展经济与管理专业将具有一定应用型研究能力、具有较强的产业、企业管理能力和高端会展策划与服务能力作为专业建设和人才培养的目标定位，具有较强的现实性和可操作性。

7.3 学生指导与服务

浙江万里学院始终坚持“以生为本、以师立校”的发展理念，把学生的指导与服务作为人才培养的重要环节；商学院作为学校最大的专业学院，更是高度重视学生指导与服务工作；会展经济与管理专业自设立以来，坚持以“四感（责任感、使命感、成就感、荣誉感）”来激励学生，培养学生创新创业、立志成才、服务社会、敢为天下先的发展理念，激励学生创新发展。

7.3.1 学校层面的指导与服务

浙江万里学院重视学生的指导与服务工作，专门设立学生素质拓展中心、大学生创业教育中心以及学生服务中心等。学校系统推进创新创业教育，强化创新学院等特色学院建设，为培养高素质应用型人才奠定坚实基础。

7.3.2 学院层面的指导与服务

商学院始终把学生指导与服务工作作为应用型人才培养的重要组成部分，形成学前、学中、学后三阶段的指导模式。在学生入学前，主要是通过为中学生开设选修课程、组织开展三位一体招生宣传、设立专业负责人讲座制度等；在学后阶段，主要是通过建立毕业生网络交流群、设立大学生校友联席会制度、评选年度“十佳”校友等方式，开展全方位、全过程的指导与服务。其中最重要的学中环节，商学院通过多种方式，强化服务体系建设、完善服务平台建设、开展服务项目建设，收到了较好的效果。

（1）全员导师制建设。商学院自2007年就开始探索导师制工作，2015年全面实施全员导师制工作。学生从二年级开始，每个学生都配备专业导师，对学生的成长成才进行“零距离”指导工作。

（2）创业教育体系建设。商学院自2012年起，全面推行系统的创新创业培养计划。学院设立“三实两创”中心，在原有的实验、实习、实训环节的基础上，增设创新培养和创业教育环节。在创业方面，为学生开设3门创业理论课，设立“黑马”创业实验班，聘请校内外导师指导学生开展创业工作。

（3）大学生社团理事会。为进一步提升学生创新研究能力，培养“以学习者为中心”的人才培养体系，商学院将学生办改为学生事务发展中心，专门设立学生为主体的大学生社团理事会，通过构建专业社团、跨专业社团为学生提供服务。学院现有各类社团 12 个，其中一半以上为跨专业社团。

（4）学科竞赛委员会。商学院结合学生参加各类学科竞赛的需求，设立了商学院学科竞赛委员会，由学生自发组织，为参与学科竞赛活动的学生提供服务。学科竞赛委员会成立以来，先后通过指导学生参加全国大学城创新创业计划项目、省新苗计划项目、学院大学生研究项目申报，组织学生参加“挑战杯”、案例大赛等学科竞赛项目，为学生创新提供服务。

（5）大学生博远创业有限公司。浙江万里学院大学生博远创业有限公司是 2003 年由商学院提议并牵头设立的学生创业实践平台。多年来始终为学生创业提供服务，也取得了一定的成绩。

7.3.3　专业层面的指导与服务

会展经济与管理专业始终把高素质、应用型人才培养作为专业建设的核心工作，并通过设立相关的服务平台、开展相关服务活动、指导学生参与社会服务等，加大对学生的指导与服务工作。

（1）科研服务平台建设。会展经济与管理专业是随着宁波市会展业的快速发展而诞生，又在服务区域会展业发展的过程中得到壮大与提升，因此，专业与产业形成了良好、紧密的互动关系，也形成了长三角城市经济协调会会展专业委员会、浙江省远见会展产业研究院、浙江会展统计信息中心、宁波市会展经济研究所等一系列高层次的服务经济平台。围绕服务经济平台建设，会展经济与管理专业每年都从学生中选拔一批有志于服务经济的学生，分别担任长三角协调会会展专业委员会秘书长助理、浙江远见会展创意产业发展研究院院长助理、浙江会展统计信息中心主任助理、宁波市会展经济研究所所长助理等职务，在服务区域会展业发展的实践中开阔学生视野、提升学生的创新能力。

（2）创新创业平台建设。2012 年以来，会展经济与管理专业与政府主管部门、行业协会、企业等合作，先后组建宁波会展创新创业服务化器、宁波摩米科技产业院、慧聪网余姚公司“双创基地”等创新创业平台；此外，还设立了浙江万里学院大学生会展研究会等学生社团。通过上述创新创业平台，学生可以在参与社会、开展研究、探索创业的同时，提升自身的创新创业能力。

（3）产学融合渠道建设。会展经济与管理专业高度重视产教融合工作，系统推进产教融合渠道建设。借助专业在服务地方经济工作中与政府会展业主管部门、行业协会、企业等建立的紧密合作关系，初步形成了产学融合平台、产学融合项目和产学融合体系建设。

1）产学融合平台建设。主要包括通过中国会展经济研究会统计工作委员会、长三角协调会会展专业委员会、浙江省会展行业协会、浙江远见会展创意产业发展研究院、宁波市会展经济研究所、宁波市会展业促进会、浙江万里学院摩米科技产业院等产教融合平台。

2）产学合作项目建设。包括常态性承担宁波市会展业发展规划、会展产业报告、会展项目评估、会展拉动作用测算等项目，以及结合宁波市会展业创新发展而承担的应对性研究项目等。

3）产学融合体系建设。既包括与宁波国际会展中心有限公司、宁波华博会展有限公司、宁波城之新会展有限公司、宁波雅卓会展有限公司等建立的紧密性实习基地项目，也包括浙洽会、消博会、智慧城市博览会、家具博览会、住宅产业博览会、宁波国际服装节等一批典型的、连续性的会展项目实践平台。

7.3.4 学生指导与服务取得的成效

通过连续化、创新性、紧密型的指导与服务工作，会展经济与管理专业在人才培养方面得到了很大的收益。不仅学生的发展潜力被激活，个性化发展得到支持和培养，人才培养的质量得到有效提升。

（1）社团建设取得明显成效。以会展经济与管理专业学生为核心的大学生会展研究会，坚持以研究性学习带动社团发展，通过引导学生参加产业调研和社会实践，开展相关课题研究，组织开展学科竞赛活动，承担会展志愿者服务等工作，取得明显成效，先后被共青团浙江省委、共青团宁波市委、共青团江东区委等授予省级优秀社团，市级、区级优秀志愿者团队等。

（2）学科竞赛取得明显成效。2006 年专业设立以来，共获得省级以上学科竞赛项目奖项 50 余项，其中国家级获奖项目 3 项。宁波申办以海洋为主题的世界博览会、电子商务展、铜产业博览会等学科竞赛项目，经指导教师进一步细化，已经获得领导批示或在实际工作中得到具体应用。

（3）人才培养质量不断提升。在指导和服务基础上，学生的创新创业能力得到较大提升。也涌现出一批优秀的学生，他们在学业、创业、就业和服务地方经济方面发挥出显著的作用，得到社会的认可。

会展经济与管理专业学生获得市级以上奖励情况一览表，见表 7-3。

表 7-3　会展经济与管理专业学生获得市级以上奖励情况一览表

序号	学生姓名	获奖名称	表彰单位	获奖时间
1	黎冠文	宁波市创业新秀	宁波市政府	2016 年
2	黎冠文	全国大学生自强之星	团中央、教育部	2016 年
3	陈超俊	浙江省“十佳大学生”入围奖	团省委	2014 年

续表 7-3

序号	学生姓名	获奖名称	表彰单位	获奖时间
4	陈超俊	全国大学生自强之星	团中央、教育部	2014 年
5	季双阳	宁波市接轨世博会先进个人	宁波市政府	2011 年
6	田　广	宁波市接轨世博会先进个人	宁波市政府	2011 年
7	杨　璐	北京奥运会优秀志愿者	奥运会组委会	2009 年
8	季双阳	宁波市志愿者服务标兵	共青团宁波市委	2010 年
9	黄璐冰	宁波市志愿者服务标兵	共青团宁波市委	2009 年

7.3.5　学生指导与服务典型案例

会展经济与管理专业坚持以“四感教育”激励学生，在指导与服务的基础上，促进学生创新发展、创新创业，取得成效。2006 年专业设立以来，共有 20 余名学生获得市级以上个人单项奖励。还有 20 余名同学获得各类学科竞赛等市级以上单项奖励。其中比较典型的包括：

（1）浙江万里学院大学生会展研究会。浙江万里学院大学生会展研究会创建于 2006 年，是会展专业设立之后，以会展专业为主体，并吸纳相关专业对会展产业有兴趣的学生参加。大学生会展研究会成立之后，积极组织学生自发开展调研和服务工作。平均每年为宁波市会展业提供志愿者 1500 人次以上，还组织学生开展会展产业宣传和会展项目营销工作，并先后多次组织学生参与教师的科研项目。宁波市会展经济研究所也多次为研究会设立调研项目，支持学生开展研究性学习，培养学生研究性能力。大学生会展研究会成立十年来，先后获得浙江省优秀社团、宁波市优秀志愿者团队和江东区优秀志愿者团队称号。多任研究会会长都获得市级以上荣誉称号。

（2）黎冠文和他的手绘 POP 创业项目。黎冠文同学的“手绘 POP 项目”2015 年年产值已达到 2000 万元，该项目获得 2015 年度全国大学生 NOV 策划大赛一等奖，他也入选全国“大学生自强之星”入围奖，并获得宁波市 2015 年首届创业新秀等荣誉。

（3）方蕾蕾与“挑战杯”项目。2009 年，方蕾蕾等同学的“挑战杯”项目“宁波申办以海洋为主题世界博览会的可行性研究”获得浙江省一等奖。以该项目为基础，相关内容经过专业教师的进一步提升完善，刊发在浙江《社科成果要报》270 期；后续的研究成果经市委上报浙江省委，获得省委书记赵洪祝、省长吕祖善的重要批示。

（4）季双阳与上海世博会服务工作。2008 年，刚进入大学三年级的季双阳同学，被吸纳到宁波市接轨上海世博会组委会办公室工作，主要负责志愿者服务工作。他的认真和努力，以及扎实的专业知识受到市政府副秘书长、市会展班主任张松才的高度认可；2009 年，他被聘为宁波市接轨上海世博会领导小组办公室综合部部长助理，主要负责与宁波市政府相关部门、参与世博会相关企业的联系工作。相关工作得到了市政府领导和参加世博会的部门、企业的高度认可。2011 年，季双阳获得宁波市接轨上海世博会先进个人称号。

7.4 学风与学习效果

专业重视学风建设和高素质人才培养工作。努力开展“四感（责任感、使命感、荣誉感、成就感）教育”工作，鼓励学生发挥我校会展专业在国内的先发优势，“敢为天下先”，形成人才培养和专业建设的品牌。涌现出浙江省首届“十佳大学生”入围奖获得者陈超俊、宁波市创业新秀黎冠文等一批优秀学生。

7.4.1 学风建设的举措

（1）推动服务经济与研究性学习。教师积极服务地方经济，形成理论、方法和实战研究体系，将研究成果应用到专业建设和教学中，作为学生研究性学习的重要支撑。一是形成了学生研究性学习与教师科研互动、结合实际为学生开展研究立项活动、组织学生参与产业研究工作等。学生不仅参加教师主持的会展产业规划、会展项目评估、会展标准制定、会展产业发展报告等研究工作，还在期刊上发表研究论文 20 余篇，获得国家软件著作权 7 项。二是将教师研究成果与学生培养结合。其中，在国内会展高校中影响较大的是会展经济数学研究方法、会展策划和会展政策法规 3 门课程。三是支持引导学生开展原创性研究。

（2）教学改革支撑应用型人才培养融合。专业重视系统推进人才培养方案和课堂教学、实验教学系统改革，作为应用型专业建设和高素质人才培养的重要支撑。一是实施“专业课提前、政治课后延、课程论文与毕业论文结合”的培养方案创新；二是探索“双导师、学生链”为主线的现代师徒值体系；三是探索“一生一市、一课一研”的研究性教学体系，系统提升应用型人才培养质量。学生结合课题立项开展研究，形成相关的物化成果。其中，建设期学生发表会展研究论文 22 篇，获得国家版权局软件著作权证书 6 项，部分研究成果受到政府会展主管部门、企业的好评。

（3）重视分层教学与多样化发展。学校 2009 年以来系统推进合作式教学改革，采用大班教学、小班讨论的方式，受到良好的效果；在此基础上，会展经济与管理专业系统推进分层教学，形成研究与学习相结合的培养体系。专业坚持“以学习者为中心”的培养理念，在确保专业核心课程的同时，开设多门选修课，并通过素质拓展课程、专业讲座、专题报告、现场实习、学科竞赛等方式，培养学生广泛的兴趣、开阔的视野和丰厚的知识底蕴。

7.4.2　专业建设特色

会展经济与管理专业作为国内唯一一个会展经济与管理国家特色专业，紧密依托专业建设的先发优势和领先优势，在做好日常教学工作的同时，重视结合资源特点、发挥产教融合等优势，不断提炼和形成专业建设特色，在国内同类院校中产生较大的影响。专业突出形成三大特色，如图 7-1 所示。

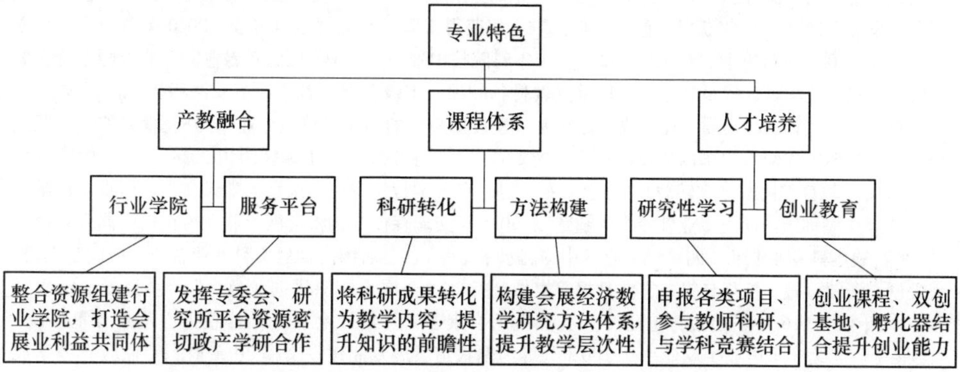

图 7-1　会展经济与管理专业主要特色构成图

（1）“行业学院+科研平台”的产教融合特色。发挥长三角会展专委会、市会展经济研究所服务经济优势，组建行业学院整合产业资源打造利益共同体，形成产业链紧密对应的展贸专业群，形成科研服务经济品牌，促进专业与产业的深度融合。

（2）“科研转化+方法构建”的课程体系特色。发挥科研支撑教学的作用，将教师服务地方经济形成的理论、方法、案例等研究成果转化为教学资源，提高教学内容的前瞻性、创新性和实用性。

（3）“研究性学习+创业型教育”的人才培养特色。加强实验教学，引导学生参与教师科研，支持学生申报国家创新创业项目和省“新苗计划”项目、参加学科竞赛等，培养学生发现规律、解决问题的能力。与“双创基地”结合推进学生创业教育。

2016 年，会展经济与管理专业入选宁波市专业建设创新案例，并多次在宁波市高教论坛上作专题发言。同年，会展专业负责人参与的校级教学改革成果“应用型专业综合改造的探索与实践”获得浙江省教学成果二等奖和浙江万里学院教学成果一等奖；专业教师参与的“经管类跨专业综合实训大平台研究与实践”获得浙江省教学成果二等奖和校一等奖。

专栏9　宁波市专业建设创新案例——产教融合打造创业型特色会展专业

浙江万里学院会展经济与管理专业（以下简称会展专业）是为满足宁波会展业快速发展的需要而设立，又在服务区域会展业创新中不断提升，现已成为宁波会展业发展不可或缺的重要组成部分。专业建设有以下典型特征：

一、依托产业建设一流会展专业

浙江万里学院是国内最早探索会展本科人才培养的四所高校之一。早在2002年，在教育部尚未设置会展经济与管理本科专业时，就结合宁波会展业发展的实际需要，在国际经济与贸易专业下设“国际会展与服务贸易特色班”，是国内第一个有明确本科人才培养方案（2003）、第一个获得会展省级教学改革项目和精品课程、第一个获得会展类市级以上教学成果奖（2005）的高校。2006年设立会展专业后，更是把打造国内一流特色专业作为建设目标。在市政府教育、会展等主管部门的大力支持下，会展专业短期内发展迅速。2007年获得省重点专业、2009年获得市服务型教育重点专业、2010年获国家特色专业，2012年获省优势专业，是国内102所会展本科院校中唯一一个国家级特色专业。专业教师主持会展类省新世纪教改项目、省精品课程、省重点教材各一项，市级会展类教学改革及课程教材建设项目12项。教育部公共管理教指委主任娄成武称赞为“建设期最短的国家级特色专业”；外交学院院长、原世博局主席吴建民称赞为“国内建设最好的会展专业”；《高考招生》主编郭小川2014年在《中国教育报》撰文（教育部网站全文转载），称会展专业与北京大学哲学专业、南京大学天文学、南京审计学院审计学等“堪称国内同类专业领域中的翘楚”；2015年艾瑞森校友会将会展专业列为包括港澳台在内的118所会展本科专业中唯一四星级专业（中国高水平专业），位居国内会展本科专业首位。中国教育报、人民网、浙江日报、杭州日报、宁波日报等媒体刊发以“会展专业深耕创业教育”“会展专业首次列入一本招生”“16号陈超俊：追逐专业支点上的会展梦”“浙江会展统计信息中心落户万里学院”“会展专业连续3年毕业生就业率达100%”等为题报道会展专业建设文稿30余篇。专业获省教学成果二等奖1项，市教学成果一等奖1项，二等奖1项，三等奖2项。2009年，获得市产学合作“十佳”案例。

二、融入产业打造教师创新团队

会展经济与管理专业有一支政产学研结合的复合型创新团队。聘请中国会展经济研究会会长袁再青、商务部会展专业委员会副主任俞华、中国会展经济研究会学术委员会主任陈泽炎、上海市会展行业协会会长（国际展览联盟主席）陈先进、纽约华盛顿大学教授Marry、武汉理工大学博士生导师谢科范担任兼职教授。专业教师担任商务部会展专家，中国会展经济研究会学术委员会委员、长三角协调会会展专业委员会主任、秘书长和专家委员会主任，浙江省会展行业协会副会长，浙江远见会展创业产业发展研究院副院长、宁波市会展行业协会副会长、宁波市会展业促进会会展教育科研工作委员会副主任等。专业负责人作为核心成员参加教育部会展专业质量标准撰写；7名专业教师担任省、市政府会展项目评标专家。产学深度融合，使专业具备较强的可持续的资源配置能力。这既是专业处于国内领先地位的重要支撑，也为未来进一步创新提升奠定了坚实的基础。

三、服务产业提升科研学科水平

会展专业始终坚持“依托产业、服务产业、提升产业”的发展思路，坚持将学科发展、科研提升与服务地方经济有机结合。2003年，市政府批准设立宁波市会展经济研究所并挂靠我校。2014年，长三角经济协调会第十四次市长联席会议决定设立长三角会展专业委员会并设在我校；会展研究是省国际贸易重点学科（2007）、省高校港口经济创新团队（2009），省应用经济学重点学科（2012），省应用经济学一流学科（2015）的核心支撑方向；专业教师主持国家级课题2项、省部级课题11项，发表核心期刊67篇，其中一级期刊26篇，出版专著3部。专业负责人会展研究成果连续12次获得包括省委书记赵洪祝、省长吕祖善等副省级以上领导的肯定性批示；专业负责人先后获得“建国60年中国会展60人”“中国十大会展理论人物”、市优秀共产党员、市接轨上海世博会先进个人、市会展业先进个人等荣誉称号和奖项，并获得由王岐山、俞正声签名的世博会荣誉证书和奖章；教师累计获科研经费700万元以上。宁波市会展经济研究所连续8年获得市会展业贡献奖（创新奖）。

四、瞄准产业培养创新创业人才

作为国家级特色专业和学校唯一招收文科类一本学生的专业，会展专业坚持“四感（使命感、责任感、成就感、荣誉感）”育人模式，通过“专业课提前、政治课后延、分散毕业论文、强化岗前培训”“一生一市、一课一研”“双导师、学生链”等整体改革推进创新创业人才培养。2008 年大学生会展研究会获省优秀社团，2011 年会展 0612 班获全国先进班集体、会展学生党支部获市教育系统先进党支部；2015 年会展团支部获省先进团支部；会展专业学生发表研究论文 45 篇，获国家版权局软件著作权 12 项；专业连续 3 年就业率 100%，创业率达到 10%。2012 级黎冠文同学的创业项目获得 200 万元的风险投资，年创利百万，为社会提供 2000 个就业岗位，2014 年获“中国大学生自强之星”提名奖。陈超俊获省“十佳”大学生入围奖；杨璐获北京奥运会优秀志愿者；季双阳、田广获市政府接轨上海世博会先进个人。专业教师多次在全国性会展教育论坛上介绍改革经验，专业建设成果在天津商业大学获市战略性新兴产业关联专业、浙江育英职业学院获杭州市产学合作基地、浙江农业商贸职业技术学院获省优势专业过程中发挥了重要作用。

7.5　就业与发展

会展经济与管理专业重视对学生的后续培养工作，通过校友会、行业协会、培训项目等方式，进一步密切与毕业生的合作关系，对毕业生实施“扶上马、送一程”的“延伸培养”工作，促进毕业生快速成才。

7.5.1　就业质量与发展

本专业迄今为止共有 7 届毕业生。从毕业生的整体情况看，效果是比较好的。会展专业的毕业生收到产业快速发展对人才的需求，就业单位、薪酬水平、发展质量都比省内同类专业有明显的提升。

会展经济与管理专业优秀毕业生一览表，见表 7-4。

表 7-4　会展经济与管理专业优秀毕业生一览表

序号	学生姓名	就 业 单 位
1	黄璐冰	美国 USK 会展旅游集团大中华部副经理
2	杨璐	励展集团香港分部业务主管
3	季双阳	上海米奥兰特国际会展公司
4	鲍煌烈	宁波市会展业促进会、长三角会展专委会副秘书长
5	周煜	金华市商务局会展部科长
6	倪建造	温州市贸促会会展服务公司副总经理
7	方蕾蕾	奥地利 DM 国际贸易公司中国总经理
8	叶蓉蓉	宁波信达会展服务公司总经理
9	杨谦	宁波东海国际贸易展览公司总经理
10	黎冠文	宁波东信动漫科技有限公司总经理
11	杨岚迪	杭州国际博览中心有限公司

7.5.2 对毕业生跟踪与后续服务情况

商学院十分重视对毕业生的跟踪调查工作，以及毕业生与学校的联系及毕业生后续培养工作。通过多种渠道密切与毕业生的联系，并鼓励毕业生现实说教，影响在校生提升学习兴趣和创新意识。

（1）建立校友会体系。通过专业教师与学生辅导员队伍，建立紧密的毕业生联系制度，形成毕业生与母校的沟通体系。定期组织开展毕业生回母校、专业教师探望毕业生等活动。

（2）举办优秀毕业生评选。商学院每年都举办优秀毕业生评选活动，一方面激励毕业生奋发向上、努力拼搏、不断创新；另一方面也通过优秀毕业生为在校学生举办讲座，激励在校生刻苦学习、努力提升。

（3）开展毕业生延伸培养。会展经济与管理专业充分发挥专业教师在行业中的地位，通过举办讲座、交流会、研讨会等方式，指导学生理论与实践结合，在了解产业发展前瞻性、创新性理论和方法的基础上，系统提升学生理论与实践结合的能力，“扶上马、送一程”，促进学生早日成才。

第 8 章

质 量 保 障

8.1 质量监控

教学质量是高校发展、专业建设和人才培养的生命线，为了强化教学管理，进一步提高本科教学质量，加强对专业建设和人才培养的全方位监控，浙江万里学院已形成校、院、系、专业四个层面的质量监控体系，确保了专业建设、教学运行和人才培养的质量。

商学院保障教学质量的制度体系，见表 8-1。

表 8-1 商学院保障教学质量的制度体系

环节	制度	主 要 内 容
准备环节	教师聘任制度	承担本科教学任务的教师必须是讲师及以上职称或硕士及以上学位的合格教师
	青年教师导师制度	为青年教师、新教师配备有教学经验高级职称教师作为指导教师
	教学计划评审制度	教学计划的制定要经过校内外专家评审
	教学大纲审查制度	教学大纲要经过校内专家评审
教学环节	调课制度	教师调课填写“调课单”经主管副院长批准在教学部备案，私自调课按教学事故处理
	教学督导制度	成立教学督导组，并聘请一定数量的校外专家担任学院的督导，检查教学情况，定期组织听课（校内外督导合作实施），发布督导报告，公布教学中存在问题，促进教学
	院系领导听课制度	院系领导每学期必须参与听课
	学生评教制度	学生进行网上评教，促进教学质量提高
	学生信息员制度	建立校院两级的学生信息员制度，以保障学生对课程教学的合理诉求能及时反馈至校院管理者
	试卷审核制度	试卷必须经系主任，教学院长签字后才有效
	试卷管理制度	试卷的出题、复印、传递、保管制度
	试卷分析制度	教师对学生成绩及其分布进行分析，总结学生知识掌握等学习情况，试卷本身的难度、覆盖面、信度等方面的情况

续表 8-1

环节	制度	主 要 内 容
教学环节	毕业论文质量保障制度	编写了毕业论文手册，以更好的指导学生开展毕业论文撰写； 制定了选题、开题、评审、答辩、查重等环节，加强了过程管理；制定了学院督导抽检毕业论文的制度，以保障毕业论文的质量
	毕业生就业适应性回访制度	实施毕业生就业适应性暑假回访制度，了解毕业生和用人单位对学院教学安排和教学质量的满意制度，倾听相关的意见和建议，以提高教学质量
	期中教学检查制度	学校教务部在每个学期的期中组织学校督导对学院的各项日常教学工作进行例行检查，以监督各学院的教学质量和教学规范程度
	不定期的专项检查制度	就某个专项（如 Moodle 平台运用质量）不定期地开展教学检查
考评环节	教学事故处理制度	对缺课、停课、私自调课、试题泄漏等教学事故严格处理
	教学效果评比制度	组织教学效果评比，对效果优秀的予以表彰奖励
	教学质量奖惩制度	将教学效果与教师的职级评定、薪酬分配直接挂钩
	教学质量一票否决制	

8.1.1 健全组织体系

（1）校级教学质量监控领导小组。学校成立了以分管校长、省内高校某校级领导为双组长的校级教学质量监控领导小组。聘请省内相关高校的教务处领导、教指委成员、国家级专业负责人等为成员，定期召开会议，不定期开展检查和指导工作。

（2）院级教学质量监督委员会。商学院组建了由校内外教学专家组成的教学质量监督委员会，对专业建设、教学过程和人才培养质量等进行监督检查；学院还聘请 5 名博士生导师担任发展指导委员会成员，对学院专业建设、教学改革的重大工作进行指导。

（3）系与专业聘请督导组成员。根据学院的总体要求，系与专业层面聘请专业教师担任督导组成员，确定教学质量监控的原则，审核教学质量监控办法，研究解决教学质量监控工作中发现的问题；并组建专业建设指导委员会，对专业建设的重点工作给予把关指导。

8.1.2 完成制度建设

（1）实施领导干部听课制度。学院领导和系领导每学期至少听课 8~10 次，原则上每月均应进行听课，每次听课时间不能少于 1 学时。通过听课了解教学情况并及时解决教学中存在的一些问题，促进教学质量的提高。

（2）制订相关的管理文件。包括浙江万里学院教学督导制度、关于进一步加强本科教学提高人才培养质量的实施意见、浙江万里学院教学运行工作细则、浙江万里学院教学计划管理办法、浙江万里学院教学大纲的若干规定、浙江万里学院学习支持工作条例等系统性文件。

（3）开展教学督导工作。根据学院有关规定，各级教学督导、指导小组对系教学管理、学生管理、教学质量等进行监督、指导，全面、客观地了解教学状况。相关意见将作为专家评估意见，修正教学质量测评结果。

（4）推动教学评价改革。学校重视创新人才培养的评价模式。2012 年以来，学校强化过程管理，规定期末成绩不能高于 50%，加大了过程管理的比重。重视学生研究论文、学科竞赛、科研立项在评价中的作用。此外，学院重视行业专家对教学质量的评价，尤其是毕业论文开题报告、过程指导和毕业答辩，都邀请行业专家参与，其中毕业论文的评价行业专家的比重达到 50%以上。

8.1.3 健全工作机制

（1）建立健全教学信息的反馈体系。根据学校、学院有关规定，进一步健全教学信息机构和队伍，贯彻落实教学信息工作制度，通过学生代表座谈会、问卷调查等形式反映教学工作中的重要情况，为加强教学全过程的质量监控，及时、准确、全面了解教学状况，获取各种教学反馈信息。

（2）常规性教学检查。常规检查为每学期开学第一、二周的教学秩序、期中的教学过程和教学质量、期末的考试环节和与教学质量相关的教学设施的检查。常规检查按学校有关规定进行，要求所有的教学环节必须按照院、系有关教学管理规章制度执行，学生必须遵守学籍管理规定和有关学习纪律。常规检查由系安排组织进行，检查结果汇总后报学院教务处并存档。

（3）教学质量测评。按照学校有关规定，建立教学质量监控系统和教学质量测评指标体系，评估课程的质量。教学质量测评指标体系，遵循教育规律并结合中文系实际，采用定性与定量相结合的方式。从以下三个方面进行评估：

1）教师的自我评价。由教师通过填报自评报告，对本人在该学期的教学状况进行自我评价，包括接受任务和工作态度、教学改革、教学质量和效果等方面，并在全系教师大会上介绍。

2）学生评教。在学院范围内所有的本科课程中进行，是每学期进行的一项常规测评工作。学生对本学期所上课程的教师进行定量的评价。学生评教的数据作为衡量教师的教学质量和教学态度的一个重要方面，并作为奖励、职称评聘、出国访学等重要的参照指标。

3）专家评教。由学院、系、专业组织专家对指定课程的教学内容、教学方法、教学效果等方面进行定性定量评估。

(4) 实施奖惩工作。学院每学期期末将质量监控测评数据汇总后报学校教务部。对评价为优的教师，将予以表彰和奖励；对发生教学事故的，将进入学院和系事故库，按有关规定进行处理。教师的评价情况与薪酬挂钩。

8.2 质量改进

8.2.1 建立多方面的反馈机制

通过包括教学例会、督导、领导、学生、同行等多个渠道的反馈，实现教学质量全员参与、全程监控、全方位反馈、全力整改的动态闭环评价模式，确保教学质量持续提升。

(1) 教学例会。学校每学期定期召开教学例会，通过教学例会及时反馈教学中的信息，反映教学动态，通报教学情况，解决教学中存在的问题。

(2) 教学督导。教学督导听课结束后对任课教师的评价、意见和建议直接反馈给任课教师，并将听课信息反馈表交至教务处。教务处对信息反馈表进行汇总整理后向教学单位反馈共性问题，并要求教学单位按时提交对反馈内容的认可情况及整改措施。

(3) 领导听课。浙江万里学院重视采用领导干部听课制度，通过学院各有关部门领导的检查性听课，针对听课结果在教研室内展开讨论，分析每名教师的优缺点，以便于任课教师了解自己的教学优势和缺陷，并对缺陷提出解决办法，集体提高教学水平。

(4) 学生信息员。建立了学生信息员制度，通过问卷调查、召开学生座谈会等形式，反映任课教师的教学水平、教学质量及教学过程中存在的问题，并提出意见和建议。针对这些问题，教务处及时反馈到相关教学部门，采取措施加以解决。

(5) 同行反馈。各学院、系部定期组织教研活动，每位教师在互相听课后，反馈听课情况，进行面对面交流，有利于教学水平整体提高。

(6) 毕业生反馈。毕业生的跟踪调查是教学质量信息反馈的基本途径，通过调查，了解学生对学校在教学内容、教学方法和教学效果等方面的评价性意见。同时通过对社会人才需求调查、就业上岗调查、毕业生追踪调查，及时校正与调控本专业人才培养方案和培养计划。

通过全方位、多角度的教学质量评价与反馈，可以使我们准确地发现教学中的薄弱环节，有利于指导、整改和调控，课堂教学的各个环节得到规范，教师的责任感和积极性不断提高，教学成效得以提高。

8.2.2 质量改进的效果与评价

反馈机制的建设，进一步强化了教学管理与教学运行、教师与教学管理人员、教师与学生之间的沟通渠道。通过沟通反馈，也有效促进了专业教师对自身教学存在问题和改进措施的理解和把握，教学效果得到明显提升。

（1）生源和毕业生质量不断提升。2014 年起专业开始招收一本生，入学平均分数也由 2013 年 475. 45 分提高到 2015 年文科 629. 89 分、理科 608. 21 分（浙江考生为参照），平均提升 143. 6 分；2015 年全校文理科最高分均在会展专业，生源质量有明显提升；专业 2013~2014 年一次就业率达到 100%，2013~2015 年连续三年学生创业率超过 10%。国家、省、市媒体有系统、深入的报道。

（2）课堂教学创新取得较好成果。专业结合学校翻转课堂、慕课教学、案例教学等，系统推进以项目驱动、案例支撑、研究性学习为核心的课堂教学创新。会展概论课程被列为校级课程改革项目；结合课程教学开展“一生一市、一课一研”活动，学生每门课程围绕城市的一个环节开展研究，逐步形成系统的研究体系，该成果 2012 年获得宁波市教学成果二等奖。教学改革有效提高了教学效果，教师的教学满意度始终位居商学院各专业前列。

（3）教材建设取得明显成效。专业教师现主持国家教指委“十三五”规划教材、会展专业核心课程《会展策划》的编写工作。专业教师出版《城市会展业发展的理论、方法和应用》《城市会展业发展决策研究》两部案例教材，其中对会展产业发展方法的提炼已系统应用到“会展经济数学研究方法”课程教学中；专业教师主编的《市场营销学》2014 年被列为国家“十二五”规划教材。专业教师参与的“‘全方位、立体化’经管类跨专业综合实训大平台研究与实践”2016 年获浙江省高校教学成果二等奖（已公示）。

（4）教学改革取得明显成效。继 2012 年获得宁波市教学成果二等奖之后，2015 年被市教育局列为创业性专业建设经典案例，得到市教育局的高度认可。2014 年起，会展经济与管理成为浙江万里学院两个招收一本学生的专业之一。专业教师参与的“应用型专业综合改造的探索与实践”2016 年获浙江省教学成果二等奖。

（5）产教融合服务经济成效显著。会展专业重视教师的服务经济与专业建设、人才培养的结合。四个标志：一是 2012 年以来，共有 3 项研究成果 5 次获得包括省委书记、省长在内的副省级以上领导批示，相关成果都在实际工作中得到具体应用；二是 2012 年以来，共承担横向课题 20 余项，累计经费 200 余万元；三是在业内产生较大影响，不仅承担多项长三角的会展业务，还为南亚博览会制订评估方案，现在正参与昆明市“1+8+8”产业会展可行性研究工作；四是 2016 年商务部发布的 2015 年会展业发展报告就是由我校教师起草，并与上海米奥兰特会展公司联合完成的。

（6）人才培养取得明显成效。系统推进创新创业人才培养。专业系统开始了创业课程，围绕“创新创业”系统完善人才培养体系。专业学生主持国家大学生创新创业项目1项；黎冠文同学的“手绘POP项目”2015年年产值已达到2000万元，该项目获得2015年度全国大学生NOV策划大赛一等奖，他也入选全国“大学生自强之星”入围奖，并获得宁波市2015年首届创业新秀等荣誉。会展11级团支部2015年当选浙江省优秀团支部；陈超俊同学2014年获得浙江省“十佳大学生”入围奖和全国“大学生自强之星”入围奖。

第 9 章

问 题 与 对 策

9.1 存在问题分析

作为新设专业，会展经济与管理专业存在着建设周期短、专业教师多为其他专业转行而来等不利因素，因此与有较长建设历史的老专业相比，不具备可比性。为系统分析国内会展经济与管理专业整体情况，2016 年上半年，浙江万里学院及长三角协调会会展专业委员会，参照深圳艾瑞深校友会《2015 年全国会展经济与管理专业评价指标体系》、中国会展经济研究会相关统计数据以及上海师范大学组织国内会展经济与管理专业负责人编写的《全国会展经济与管理专业统计分析报告》等指标和数据，开展问卷调查并与相关高校会展专业负责人进行核实，对国内已有毕业生的 52 个高校会展专业进行数据统计，从 16 个指标进行综合分析，具体情况见表 9-1。

我校会展经济与管理专业在国内的位次分析，见表 9-1。

表 9-1 我校会展经济与管理专业在国内的位次分析

序号	评价项目	我校情况	备 注
1	社会机构评价	好	艾瑞深校友会：国内唯一四星级专业（2015 年、2016 年连续两年位居第一位）
2	专业建设项目数量及档次	好	唯一一个国家特色专业、三个省级专业建设项目
3	博士教师数量	差	不含其他专业承担会展专业课程教师，其中中山大学、北京第二外国语大学、南开大学等 40 余所高校博士教师的比例超过我校，省内浙江传媒学院、浙江大学城市学院博士生教师的比重也超过我校
4	专业教师数量	较好	全国高校会展师资超过 10 人的院校 12 家，北京第二外国语大学、上海师范大学、浙江大学城市学院、中山大学排名比较靠前
5	服务地方经济	好	教师承担横向课题的数量档次与研究经费、会展服务经济平台的数量及质量，上海师范大学、上海工程技术大学、广州大学、上海大学、哈尔滨商业大学、浙江大学城市学院等高校承担会展相关研究课题数量较多

续表 9-1

序号	评价项目	我校情况	备　注
6	教学建设项目	较好	省级以上会展经济与管理专业为主的教改、课程、教材等建设项目，中山大学、北京第二外国语学院、天津商业大学、上海大学、华南理工大学、上海师范大学、重庆文理学院等高校在国内具有较大的影响
7	教学成果获奖	好	只统计市级以上会展专业为主的获奖项目，其中浙江万里学院会展专业 2005 年、2007 年、2009 年三次获得宁波市教学成果三等奖，2012 年获宁波市教学成果二等奖（上述均为主持），2009 年获市一等奖、省二等奖，2016 年获省二等奖 2 项（分别为任国岩参与 1 项，王金圣参与 1 项）
8	省级以上科研项目情况	较好	省部级以上以会展为核心研究课题，其中中山大学、北京第二外国语学院、南开大学、上海大学、华南理工大学、上师大、海南大学排名较靠前，上述高校均有国家级课题项目，省部级课题数量也较多
9	高层次研究论文与专著	较差	以会展研究为主的一级期刊、国外检索论文，一级出版社专著，中山大学、北京第二外国语学院、南开大学、上海师范大学、华南理工大学、华东师范大学排名较靠前，我校一级期刊 3 篇，SSCI 论文 2 篇，一级出版社专著 2 部，属中偏上，CSSCI 检索论文 9 篇，数量偏少
10	省级以上学生立项情况	好	包括大学生创新创业项目、新苗计划等，我校有国家级创新创业项目 2 项，省新苗计划 2 项
11	学生发表论文情况	好	以学生为第一作者的期刊论文，包括论文的数量和档次综合评分，我校学生累计发表各类会展研究论文 30 余篇，其中包括 11 余篇浙江大学核心期刊论文
12	科研及服务经济平台	好	包括省级以上重点学科、创新团队、政府研究机构等，中国会展经济研究会统计专业委员会副主任单位，长三角协调会会展专业委员会主任、秘书长单位，宁波市会展经济研究所等，中山大学、上海师范大学排名较靠前
13	科研获奖情况	一般	按照旅游学科与会展相关的项目计算，全国有 14 所高校有会展为主的研究成果获得省部级以上科研奖项，部分院校获得市级以上科研奖励，我校获得一项省级成果三等奖，一项市级成果二等奖
14	高层次人才培养	差	招收会展专业的博士、硕士点，以及招收会展方向的硕士研究生教师情况，其中可招收会展方向博士的有 6 家；有会展硕士点的 4 家，明确会展方向的有 15 家，会展专业教师担任硕士导师的有 56 家

续表 9-1

序号	评价项目	我校情况	备　注
15	学生团队获奖情况	好	全国先进班集体、浙江省优秀社团、浙江省优秀团支部、宁波市教育系统先进党支部，此外还包括全国“挑战杯”特等奖、全国 NOV 大赛一等奖、省“挑战杯”一等奖等
16	学生入学分数情况	一般	招收一本学生的高校有 22 个，中山大学、南开大学、华南理工大学、东华大学、华南师范大学、四川大学、北京农业大学、华东师范大学、云南师范大学、上海大学分数均远高于我校

根据中国会展经济研究会统计工作委员会和艾瑞森校友会排行榜等的统计数据，参照各学校科研项目、学科建设、招生录取、教学成果、教改项目等进行综合分析，我校会展经济与管理专业在国内 108 所高校中实际综合排名在中山大学、北京第二外国语学院之后，粗略估算位居国内会展经济与管理专业第三位（艾瑞森校友会 2017 年排名为四川大学、南开大学、浙江万里学院、上海师范大学、北京第二外国语学院、中山大学）。与上海师范大学、上海对外经贸大学、浙江大学城市学院等院校同属国内会展经济与管理专业第一梯队。从上述数据的分析看，除受学校层次影响，我校虽然也招收一本学生，但招生分数排名仍在国内同专业 10 名之外。我校会展专业的薄弱环节主要体现在以下 4 个方面：一是师资队伍中博士生比重偏低；二是缺少高层次的研究课题（尽管这方面国内其他高校的数量也不多），尤其是尚未获得国家级课题立项（省部级课题立项数量尚可）；三是缺少高层次的研究成果，尤其是高层次外文期刊与检索论文方面；四是高层次人才培养平台缺失，主要是没有招收会展方向硕士的平台（尽管 3 名会展专业教师在物流工程专业担任硕士生导师）。这四个方面将是下一步专业建设需要进一步完善提升的重点。

9.2　下一步建设思路

本着“补短板、扬优势”思路，下一步专业建设将根据存在的主要问题，努力补齐短板。在此基础上，结合专业的特点，进一步拓展优势，在专业建设的改革创新等方面为相关专业建设提供借鉴。

9.2.1　系统解决存在的问题

一是要加大博士教师的引进力度，同时鼓励现有教师尽可能提高学历层次。争取在 2~3 年的时间，博士教师的比例达到 50 以上；二是结合学院出台的相关政策，多渠道努力，争取获得更多的省部级以上科研立项，尤其是在国家级课题方面获得突破；三是加大奖惩力度，引导教师形成更多的高层次研究成果；四是根据学校和学院的发展规划，争取在“十三五”期间获得相关硕士点，并设立会展产业方向，招收会展方向的研究生。

9.2.2 进一步提升专业建设水平

“十三五”期间，会展专业的整体发展将重点实现四个转变：一是由战术层面为主向战略层面为主转变；二是由面向长三角为主向拓展国际化视野转变；三是由学习为主向创新为主转变；四是由扩大影响力向提升掌控力转变。为实现上述目标，将重点做好以下4个方面的工作：

（1）系统探索应用型专业和创业型专业建设。通过进一步探索人才培养方案、教学方法手段、实验教学环节创新、产学深度融合等，形成特色模式，为国内会展经济与管理专业建设提供经验借鉴。

（2）努力构建应用性学科体系。在进一步推进会展业研究的基础上，完成《会展经济学》《会展经济数学研究方法》《会展策划》三部教材的建设工作，抢占国内会展经济与管理专业建设的制高点，进一步保持专业建设在国内的领先优势。在此基础上，全面推进服务地方经济工作，努力打造甬派会展科研学术群体。

（3）进一步完善会展实验教学体系建设。系统研究、深入探索，在解决经管专业实验教学环节相对薄弱、“实训替代实验”问题比较普遍的同时，尝试中心实验平台建设，提高实验资源的集约化效果，改变传统的经管类实验教学形成的误区，提升专业建设的层次性。

（4）进一步推进研究性学习体系建设。引导学生参与教师科研、开展源创新研究，培养学生理论与实践相结合的能力，发现产业规律、解决产业实际问题的能力，形成应用型大学建设和高素质人才培养的创新性物化成果。

9.3 专业进一步发展的工作目标

“十三五”期间，会展经济与管理专业要充分发挥专业建设的先发优势和品牌优势，在进一步做好学科专业建设基础工作的同时，要实现由战术层面为主向战略层面为主转变，由面向长三角为主向拓展国际化视野转变，由自我发展向提升辐射力、引导相关院校共同发展转变，在高层次培养标准、创新性培养方案、平台类实验项目、品牌类人才培养项目、特色实习实训项目、高端课程教材建设项目方面持续创新，努力打造在国内领先、国际上具有一定影响的会展特色品牌专业，继续保持专业建设在国内的领先优势。

（1）专业建设。进一步深化培养目标创新和培养方案改革，通过制订岗位需求标准明确人才培养目标，通过行业学院建设推进产教融合；系统推进研究性学习体系建设，提升学生应用型创新能力；改变经管类专业“实验即实习”的传统观点，创新研究性、设计性、综合性实验教学体系，提升实践教学的系统性。在此基础上，推进创新创业教育，实现应用型本科专业建设提升。

（2）科研提升。坚持“依托产业、服务产业、提升产业”的指导思想，发挥省级学科团队和服务经济平台的作用，结合会展决策平台和数据库建设，积极探索形成会展产业的“三理一律（公理、原理、定理、定律）”，完成会展策划、会展经济学原理、会展经济数学研究方法体系的构建工作，加强智库建设，形成在国内外有较大影响的甬派会展科研学术群体，为建设应用型会展学科体系提供支撑。

（3）教学改革。实践教学方面，形成研究性实验、企业进校园等建设案例；教学方法创新方面，进一步提升教师服务经济与学生研究性学习互动模式、现代师徒制模式；人才培养体系方面，启动“长三角会展讲习所”，引导学生开展产业基本规律研究，打造会展业的“黄埔军校”。课程教材建设方面，完成会展课程的网络化建设，主编出版会展策划教材，争取获得国家“十三五”规划教材。

（4）人才培养。生源质量不断提升，争取实现硕士研究生、留学生层面的人才培养突破。在主持国家大学生创新创业项目、“挑战杯”等学科竞赛获奖方面实现新突破。争取获得国家级教学成果奖。获得国家创新创业等项目 5 项以上，省级人才培养项目 5 项以上；获得省级以上“挑战杯”等学科竞赛奖项 3 项以上，学生获得省级以上各类荣誉 3 项以上，招收国外留学生 10 名以上，学生考研升学率 10%以上。

第 10 章

重要工作及举措

10.1 推进办学体制机制创新

在现有的“互联网+”商学院的基础上，组建会展行业学院。邀请国家级行业协会、国际会展中心（上海）、省会展行业协会、市政府会展办以及会展场馆管理机构、会展主营企业，建立人才培养利益共同体，共同推进合作育人，协同创新。进一步完善会展专业指导委员会，加大行业专家在专业指导委员会中的比重，将专业建设的重要工作交由专家指导委员会论证决定，提升决策的科学性。

10.2 进一步明确目标优化培养方案

充分发挥行业专家在培养目标制定方面的特殊作用，校企共同制定会展岗位技能标准，结合发展需求优化会展知识点体系，作为课程建设的核心标准；围绕岗位需求完善知识点体系，加大前瞻性、创新性知识点与现有知识体系的融合，提升学生系统掌握专业知识的能力。

进一步深化“专业课提前、政治课后延、分散毕业论文、强化岗前培训”的培养方案改革，在理论上探索经管类课程“串联”“并联”关系转换的客观依据；在应用型专业建设背景下，重构会展专业课程关系，创新理论课程、实践课程、毕业论文等环节的衔接关系，促进提升各类课程的教学效果。

强化分层分类培养。在现有的会展策划、会展管理等课程模块的基础上，结合大数据互联网时代对知识和人才的需求，开设“会展大数据互联网”课程模块；结合我国近年来重视通过举办国际会展项目（G20 峰会、世界互联网大会、中东欧特色商品展等）强化主场外交、公共外交等对专业人才的需求，探索开设“会展主场外交”课程模块，培养学生掌握国际法规、外交、国际礼仪等方面的专业知识。

10.3 提升课程教材建设质量

借助国家旅游教指委系统组织开展“十三五”规划教材编写的有利时机，在做好我校主编《会展策划与管理》教材的同时，再参与 1～2 部教材的编写工作。主编的《会展策划与管理》教材要争取成为国家“十三五”规划教材，并完成课程录像、PPT 制作、教学大纲制作、题库建设等配套服务工作，在国内高校中形成较强的影响力。会展管理、会展营销、会展政策法规等全部专业核心课程要完成网络课程建设任务，并对外开放。在此基础上，完成《会展经济数学研究方法》教材的编写出版工作。

10.4　强化实践教学体系建设

（1）完善实训体系建设。依托商学院与宁波摩米创新工场有限公司合建的“摩米产业院”，指导学生系统参与到科技成果展示的相关服务工作中；加强与慧聪网余姚公司的合作，提升会展创新创业孵化基地的质量，提升学生动手能力；与上海米奥兰特会展有限公司合作，将中国会展经济研究会统计专业委员会设在我校，进一步发挥会展大数据在课程教学和研究性学习中的作用。

（2）进一步创新实习体系建设。在现有的紧密型实践教学基地、省会展协会跨城市实践教学联盟的基础上，强化企业进校园工作，与上市公司上海米奥兰特国际会展有限公司在校内联合建设会展实习基地，校企深度融合，指导学生开展会展实习教学，在服务产业的同时，提升学生的实践能力。做好与慧聪网余姚分公司大学生实践教学基地建设，结合会展营销等深化校外实习基地建设。

（3）建设宁波会展大数据实验室。与中国会展经济研究会、宁波市会展办等合作，在宁波国际会展中心设立宁波会展大数据实验中心，结合宁波市会展业评估、会展项目管理等，开展会展产业数据深度调研、会展环境测试、会展相关规律性研究等，形成宁波会展科研的重要平台。

（4）创新会展实验教学体系建设。改变经管理专业“实验即实训”的传统观念，重铸会展专业实验教学体系。依托校内实验室和宁波会展大数据实验室，通过测算分析场馆人流量、展品质量、展客商心理等进一步深化验证性、研究性、设计性、综合性实验，引导学生在消化理论知识的同时，发现产业规律，培养解决问题能力。

10.5　提升师资队伍的整体水平

（1）进一步做好科研平台建设。依托浙江省重点学科、浙江省一流学科应用经济学，浙江省港口经济创新团队建设，提升教师的研究能力和服务地方经济的能力。在此基础上，指导教师做好会展理论、会展方法的研究提炼工作，出版会展经济学、会展经济数学研究方法 2 部专著；发挥长三角城市经济协调会、浙江省会展协会统计信息中心、宁波市会展经济研究所等服务经济平台的作用，努力结合产业发展的实际开展应用型研究。形成国内有鲜明特色的会展产业理论、方法体系，打造甬派会展科研学术群体，成为国内有影响力的会展智库。

（2）努力提升会展师资队伍的整体质量。引进、培养相结合。建设期引入博士2名以上，使博士学位教师的比重达到60%以上；设立商学院会展创新团队，柔性引进国内博导级高层次专家担任学科领军人物，指导教师在理论研究、方法提炼、应对性研究等方面进一步提升。新增教授2名，90%教师成为“双师型”教师。

（3）加大兼职教师的引进力度。通过柔性引进、聘请讲座教授等，发挥兼职教师引领团队提升的作用；通过企业进校园、校企深度融合等方式，加大产业专家担任兼职教师的聘任力度；加强与国外高校的合作交流，扩大国外兼职教师队伍。进一步拓展现代师徒制，参加“青蓝计划工程”的学生达到20名以上。

10.6 改革教学方法创新教学手段

（1）创新研究性学习体系。通过设立大学生科研课题、鼓励学生参与教师科研、指导学生开展学科竞赛、申报国家创新创业计划项目和省“新苗计划”项目等，培养学生研究性学习能力。支持学生承担产业小型调研项目、策划项目，为学生发表学术论文提供指导和经费支持。

（2）强化创业教育实践。进一步完善创业课程建设，适时设立会展创业课程模块；依托摩米“双创基地”、慧聪网“创业咖啡”等，举办会展创业实验班，引导学生开展创业实践，提升创业能力。

（3）强化案例教学力度。鼓励教师与会展产业高管合作开发产业案例，鼓励教师与学生合作通过开发案例培养学生研究性学习能力，支持教师将研究课题转化为案例引入教学，加强与政府主管部门、企业合作，深入发掘产业先进的理念和操作手段，提升教学质量。

10.7 发挥优势专业的引领辐射作用

（1）举办长三角会展讲习所。依托长三角协调会会展专业委员会平台，举办长三角会展讲习所（暂定名），以长三角开设会展经济与管理专业的高校2~3年级优秀学生为主体，每年举办2期，每期30人，突出研究性学习与产业发展规律研讨特色，邀请国内外顶级会展专家举办讲座和交流，并颁发结业证书（发证单位正在商榷中），旨在培养中国会展业未来之星，努力打造会展业的“黄埔军校”。

（2）开展长三角跨院校导师制工作。依托中国商业联合会“会展青蓝工程计划”，整合长三角开设会展经济与管理专业高校的优质师资资源和产业高管资源，通过教师与产业专家“结对子”组建“双导师制”，尝试开展跨校导师制工作。系统推进现代师徒制与跨校导师制的深度融合，培养学生服务产业的能力。

（3）形成专业建设的理论成果。完成《会展经济与管理专业建设的理论研究和实践探索》专著的编写工作；在学术期刊上系统刊发专业建设与改革的相关研究论文，举办会展专业建设研讨会，使我校会展专业的建设成果能够发挥更大的效果。

10.8　预期达成的成果

（1）形成特色鲜明、在国内具有引领辐射作用的建设模式。突出体现在人才培养方案的改革、实验教学创新、毕业论文与平时课程研究论文的有机融合、大学生研究性学习体系建设等。

（2）构建能有效支撑行业发展的理论体系和研究方法体系。突出体现在教师探索形成会展产业的“三理一律（公理、原理、定理、定律）”，完成会展经济学原理、会展经济数学研究方法体系的构建工作；会展产业规划、会展产业标准、会展产业政策、会展产业法规的实际应用等。

（3）打造能够为会展本科专业发展提供借鉴的经典案例。在企业进校园、教师服务经济与学生研究性学习互动、现代师徒制、长三角会展讲习所等方面形成创新模式，为相关院校会展专业建设提供参考借鉴。

（4）积累一批具有较大影响的会展研究和专业建设成果。出版有关会展理论研究、方法研究、实战研究的专著；主编出版会展策划教材；完成会展课程的网络化建设；全面完成会展实验教学体系的创新；系统提高会展应用型人才培养的质量。

（5）人才培养取得明显成效。继续保持一志愿报考率 100%的同时，毕业生就业率 98%以上，创业率 10%以上，升学率 10%以上；毕业生岗位与专业就业对口率 70%以上，学生对学校满意度 90%以上，用人单位满意度 90%以上。

10.9　拟形成的专业建设特色

（1）产教融合特色。通过制订岗位需求标准明确人才培养目标；通过行业学院建设整合产业资源；通过展贸专业群建设，系统对接产业链；通过兼职师资队伍建设和企业进校园等，引入社会优质资源；通过实践教学基地建设，形成较为系统完善的人才培养实践教学体系，促进专业与产业的深度融合。

（2）服务经济特色。依托长三角协调会会展专业委员会、宁波市会展经济研究所等平台，通过开展服务经济研究工作，将教学科研系统融入产业全过程，形成科研服务经济品牌；将教师服务地方经济形成的理论、方法、案例等研究成果转化为教学资源，提高教学内容的前瞻性、创新性和实用性。

（3）研究性学习特色。加强实验教学体系建设，引导学生参与教师的科研工作，支持学生申报国家创新创业计划项目和省“新苗计划”项目，支持学生参加学科竞赛等，培养学生发现规律、解决问题的应用性研究能力。

10.10 学校支持与保障政策措施（含经费投入）

（1）强化组织制度建设。设立省优势特色专业建设领导小组，加强对——指导、管理和服务；邀请行业主管部门领导、企业高管、国内外会展专业教师组成专业建设指导委员会，为专业建设提供指导和相关保障。加强制度建设，确保项目的实施、经费使用等按照省教育厅的要求。

（2）加大建设经费投入。学校和学院每年将给予本专业100万元经费的支持。重点支持课程教材建设、会展大数据实验室建设、省部级以上课题资助、专著和一级期刊奖励、教学案例开发、图书资料建设、师资引进与培养、兼职教师队伍建设、校外实习基地建设、国内外合作交流、研究性学习体系和学科竞赛、创新创业人才培养等。根据相关制度规定，加强对经费使用管理，确保收到实效。

（3）突出重点明确目标。围绕建设任务，重点支持专业课程建设、教材建设、教学资源开发、教师发展和团队建设、实验实训条件建设、教育教学改革研究等。

（4）强化奖惩确保成效。细化考核指标，强化过程管理和项目考评，将建设成效与“省应用型示范试点学校”建设挂钩，与学校的考核奖惩挂钩。

附　录

附录1　会展经济与管理专业“十三五”建设规划

为进一步提高人才培养质量，增强创新服务能力，提升专业建设水平，根据《浙江万里学院“十三五”事业发展规划（2016—2020 年）》《浙江万里学院商学院“十三五”事业发展规划（2016—2020 年）》，以及浙江万里学院《新时期加强应用型专业建设的指导性意见》，特制订《会展经济与管理专业建设规划（2016—2020 年）》。

一、现有基础

浙江万里学院会展经济与管理学科专业建设是随着宁波会展业快速发展而形成，在服务宁波会展业的实践中不断壮大提升，现已成为宁波会展业发展不可或缺的重要组成部分。在会展专业建设、会展学科平台建设、会展理论方法研究、会展服务经济及人才培养方面奠定了坚实的基础。

（1）专业建设。我校是国内最早开展会展本科人才培养的高校之一，2007 年以来，先后获国家级特色专业建设点、省优势专业、省重点专业、市服务型教育重点专业立项建设；先后获得省教学成果奖 1 项，市教学成果奖 5 项，2009 年被列为市产学合作“十佳案例”。2015 年，国内著名的艾瑞深校友会将我校会展经济与管理专业评为国内（含港澳台）117 所会展本科院校中唯一一个四星级专业；被教育部公共管理教指委主任娄成武称为“建设期最短的国家级特色专业”；被《高校招生》主编郭小川赞为“国内同行业领域中的翘楚”。国际展览局原主席吴建民、中国会展经济研究会会长袁再青等先后到校听取专业建设汇报。

（2）学科发展。浙江万里学院会展研究方向是浙江省应用经济学重点学科的方向之一，也是浙江省港口经济创新团队方向之一。专业教师主持会展类省部级研究课题 4 项，市厅级研究课题 10 余项。我校主导的会展应用经济数学研究方法体系在国内处于领先地位，得到业内高度认可。在基础理论研究方面，在国内也有一定的影响。

（3）产学合作。2003 年，市政府批准设立宁波市会展经济研究所并挂靠浙江万里学院；2014 年，长三角城市经济协调会批准将会展专业委员会设在我校，逐步推进我校会展服务由城市向区域转变。10 年来，专业教师共主持市政府相关研究课题 40 余项，7 项成果 12 次获得副省级以上领导批示，10 余项研究成果在宁波会展业发展实际中得到应用。市会展经济研究所连续 7 年获得市政府会展业贡献奖。

（4）人才培养。会展专业先后获得全国先进班集体、浙江省先进团支部、浙江省优秀社团和宁波市教育系统先进党支部称号。毕业生连续三年一次签约率 100%，2013 年创业率位居全校首位。也培养出浙江省“十佳大学生”入围奖获得者陈超俊，宁波市接轨上海世博会先进个人季双阳、田广，北京奥运会优秀志愿者杨璐等一批优秀学生。

二、机遇挑战

（1）发展机遇。2015 年，国务院印发《关于进一步促进展览业改革发展的若干意见》（国发［2015］15 号），明确了展览业经济、社会、文化、生态功能定位，鼓励本科高校按照市场需求设置专业课程，深化教育教学改革，培养适应展览业发展需要的技能型、应用型和复合型专门人才，近期正在与教育部研究制订支持会展专业建设和人才培养的相关政策；省政府办公厅也印发了《关于进一步促进展览业发展的实施意见》（浙政办发［2015］131 号），将宁波市定位为展览品牌城市，提出深化培养方式改革，鼓励高校会展专业通过加强校企合作提高专业学生的应用和实战能力等一系列措施。这些，都有助于促进会展专业学科建设，有利于提高会展人才培养质量。

（2）面临挑战。国内已有 101 所院校开设会展经济与管理专业，其中不乏 985、211 高校，优质学科平台、高层次师资队伍，将有助于提升学科专业建设质量，与我校形成较强烈的反差；上海、北京、广州等城市高校会展专业，借助强大的产业基础，获得支持的力度持续加大、发展快速提升；杭州市借助 G20 峰会等项目，高校教师的科研水平、创新能力以及学生的实战能力得到大力加强，也对我校会展专业建设带来较大的压力。

（3）自身薄弱环节。尽管我校会展经济与管理专业是国内唯一一个国家级特色专业，在学科建设、服务地方经济方面也取得一定的成效，但我们也清醒地认识到，专业建设和学科发展还存在一定的问题。一是缺少高层次的科研项目，尤其是国家级课题尚未突破，与专业发展不相匹配；二是师资队伍发展不够均衡，尚难以满足一流专业建设的需要，团队整体实力亟待提升；三是课程建设质量不高，缺少在国内有影响的品牌项目。这些问题，都需要在“十三五”期间得到根本性的解决。

三、目标思路

（1）指导思想。适应我国经济发展新常态，主动融入产业转型升级和创新驱动发展。把办学思路真正转到服务地方经济社会发展、产教融合校企合作和培养应用型技术技能型人才上来，转到增强学生就业创业能力上来，全面提高学校服务区域经济社会发展和创新驱动发展的能力。

（2）建设思路。抓住会展新业态发展机遇，依托我校会展学科专业建设的先发优势，以产学深度融合为切入点，以应用型研究体系建设的突破点，以会展经济数学研究方法体系和会展大数据系统建设为创新点，以服务地方经济为着力点，以全面提升人才培养质量和专业学科影响力为增长点，积极推进学科、专业、服务地方经济系统融合、全面提升会展学科专业服务地方经济的能力。

（3）建设目标。经过3年左右的建设，围绕“两个主线”，打造“四个平台”，实现“五个突破”，建成在国内外具有较大影响的学科专业及服务经济体系。在应用性研究、应用型人才培养、服务经济等方面形成有影响、可借鉴、可复制的人才培养特色范式。

1）两个主线。依托长三角城市经济协调会会展专业委员会，努力将长三角作为核心服务区域。在此基础上，逐步形成宁波市、浙江省、长三角、中国、国际五个层面，梯次分布、特色鲜明的服务架构。

——应用性研究。结合会展业发展实际，继续做好“一生一市”“一课一研”“双导师”“学生链”等系列教学改革工作。指导学生开展会展业发展规律、会展产业发展存在问题等相关研究工作，鼓励学生参与教师科研，开展产业调研等，努力解决产业发展中的实际问题，在研究中系统提升专业能力。

——职业化教育。立足应用型大学建设，积极推进产学合作，系统推进实验、实习、实训体系改革，鼓励教师与产业高管结对子，到政府挂职和企业兼职；支持推荐学生参加全国会展专业“青蓝工程计划”，加强校际间合作，提升学生跨城市、跨院校等合作交流工作。

2）四个平台。围绕理论与实践结合、内外结合、学习与创新结合后、研究与服务结合，努力打造教学、科研、服务经济、人才培养等特色平台。

——应用型学科平台：包括在国内外处于领先地位的会展经济数学研究方法体系，在国内具有较大特色的甬派会展理论学派，建设国家级产业决策智库。

——创新性教育平台：包括由国家级行业组织支持的会展行业学院、可对社会开放的课程网络平台、省级以上应用型专业建设、区域性会展实践教学基地。

——系统化服务平台：包括长三角会展产业数据库、长三角会展业发展决策平台、长三角会展业合作服务网络、长三角会展服务品牌实体。

——国际化合作平台：包括招收国外留学生、实现多院校交换生、常态化国际性教师交流机制、承担具有一定影响力的国际学术科研合作项目。

3）五个创新。重点针对服务领域、研究体系、建设内涵、培养模式和服务手段等方面实现重点突破。

——建设内涵创新。强调为区域经济社会发展服务的能力，为行业企业技术进步服务的能力，为学习者创造价值的能力。通过专业建设打造创业型特色专业。

——发展路径创新。从适应和引领经济发展新常态、服务创新驱动发展的大局出发，按行业需求创新人才培养结构和流程，围绕产业链、创新链调整专业设置，形成特色专业集群，走专业群协同创新的发展路径。

——培养模式创新。以行业需求为导向、以实践能力培养为重点、以产学结合为途径，深化产学融合、校企合作，共同培养。实现专业链与产业链、课程内容与职业标准、教学过程与生产过程对接。

——服务方式创新。以培养应用型创新能力为驱动、以解决产业发展实际问题为导向，主动融入以企业为主体的区域、行业服务创新体系，广泛开展专业型服务和应用性创新活动，构建区域和行业的专业服务、协同创新基地。

——运行机制创新。建立政产学研协同的合作办学、合作治理机制。构建行业、企业全方位全过程参与学校管理、专业建设、课程设置、人才培养和绩效评价的体系。形成地方、行业、企业的经费、项目和资源在学校集聚，合作推动学校转型发展的格局。

四、任务举措

（一）组建高层次会展行业学院

在专业建设方面，与中国会展经济研究会合作，联合国内有影响的会展机构，整合省内、市内会展企业和机构，组建中国（宁波）会展行业学院。

（1）共同制订会展应用型培养标准。在明确人才培养目标定位的基础上，形成由会展行业范畴、会展岗位构成、会展应用型人才培养、会展专业核心知识点、会展专业核心技能、会展岗位技能要求、会展学生综合能力要求等相关标准，争取成为国内最具影响力的会展专业标准。

（2）联合打造特色模块化课程体系。通过开发建设会展行业学院网站，搭建学科专业服务平台。校企合作，完成全部专业核心课程的网络化、视频化建设，并对外开放；坚持任务导向、项目支撑，引导教师和学生结合会展项目评估、会展产业规划、会展指数测算等提升会展课程建设的理论层次和使用效果。

（3）合作创新项目化教学内容。进一步优化研究性学习体系和创业教育体系。在研究性学习体系建设方面，充分发挥一本学生的优势，每年设立项目支持学生开展会展产业发展规律和会展产业应对性研究课题，支持学生发表研究论文，争取每年有5篇以上以学生为第一作者、反映学生规律性研究成果的论文发表；在创业教育体系建设方面，建设万商创业网，整合宁波博远创业公司资源，从聚合资源入手，搭建学生创业服务平台。

（4）打造会展特色专业群。结合会展大数据、会展投融资、展示设计、会展传媒、会展营销等，加强与计算机软件、金融学、艺术设计、新闻学、市场营销等专业的合作，完成长三角会展产业数据库建设，构建会展产业服务链条，打造会展综合研究服务体系。

专栏1　应用型建设工程
专业建设创新工程：争取获市创业型专业立项、校应用型示范专业建设立项和省应用型示范专业建设立项，争取成为国家级应用型建设示范专业，继续保持我校会展经济与管理专业在国内的先发、领先优势。 产学合作提升工程：完成会展行业学院建设，做好摩米产业研究院建设，推进与上市公司上海米奥兰特国际会展有限公司合作，完成会展产业数据库建设；每年承担国家、省市会展业报告的撰写工作。 研究性学习拓展工程：通过定期立项、后期资助等手段，指导学生开展会展产业发展研究工作；争取获得国家创新创业、省"新苗计划"立项；指导学生在产业发展规律、城市会展业发展特征等方面开展深度研究，并发表研究论文等。 青蓝工程计划：加强与中国会展经济研究会等合作，鼓励、支持、推荐学生参加"青蓝工程计划"，拜国内会展企业高管为师，通过现代会展师徒体系，提高学生融入产业的能力。 会展人才实践工程：加强与浙江省会展行业协会的联系，积极参与浙江省会展人才实践工程，争取市外实践基地数量达到30个以上。支持开展跨城市、跨院校师生交叉指导等工作，推进校际间合作，提升会展人才培养的多元化效应。

（二）构建国家级服务型研究体系

（1）构建会展应用学科理论体系。重点针对当前国内外会展理论缺失的实际，进一步强化会展应用理论研究工作。在会展产业发展的动力机制、运动轨迹，会展产业提升附加值、会展产业与文化产业关系等方面争取形成一批公理、原理和定理性观点，奠定会展应用性研究的理论基础。

（2）形成会展应用型研究方法体系。在方法研究方面，出版《会展经济数学研究方法》专著，打造国内会展方法研究高地。重点在城市会展业发展可行性分析、会展中心选址、会展项目策划、会展项目评估、会展拉动作用测算、会展风险管理等方法建设方面形成完整的体系。

（3）构建长三角会展产业数据库。依托长三角城市经济协调会会展专业委员会（初步达成与上海米奥兰特公司的合作意向），构建长三角会展产业数据库，每年发布《长三角会展业发展报告》和长三角城市会展业发展指数，在此基础上做好长三角会展业"十三五"规划工作。

（4）组建高层次会展研究机构。加强与商务部经贸研究院、中国会展经济研究会等机构合作，组建国家级或区域性会展研究机构，搭建高层次科研平台，整合相关研究力量，形成实力较强的会展科研群体。

专栏2　科研学科提升工程
学科建设工程：完成省应用经济学重点学科会展业方向的相关工作；做好省一流学科应用经济学会展相关研究内容的建设工作；积极申报宁波市重点学科建设。 科研项目工程：做好国家级会展业相关研究课题的申报工作，争取实现突破；继续做好省部级会展研究课题的申报工作。

理论研究工程：依托我校现有基础和优势，进一步做好会展产业作用、会展资源普查标准体系、会展产业附加值等理论研究工作。

方法体系创新工程：做好会展经济学研究方法体系建设工作，形成在国内外有较大影响的应用型研究方法体系，做好专著的出版工作，确立我校在国内会展经济数学研究方法体系构建的龙头地位。

（三）提升系统性区域化服务平台

发挥长三角城市经济协调会会展专业委员会和宁波市会展经济研究所等平台作用，积极推进理论研究、方法创新与服务经济有机结合，打造会展服务高地。

（1）搭建会展服务经济平台。依托长三角城市经济协调会会展专业委员和宁波市会展经济研究所，组建实体性会展研究机构，参与国家级会展智库建设，努力争取成为省会展业发展智库，为政府决策提供支撑，为产业创新提供服务。

（2）构建实体性会展研究机构。聚集市内外会展高层次研究人员，注册成立实体性会展研究机构，重点开展应对性研究和人才培训等方面的工作，逐步形成政产学研企优化组合、协同创新、特色发展的格局。

（3）积极拓展优创服务领域。重点针对会展产业规划、会展政策起草、会展产业报告、会展项目评估等工作，加强与政府、企业的合作，逐步形成在国内外具有一定影响的会展产业综合服务品牌。

专栏3　服务经济战略工程

平台推进工程：做好长三角协调会会展专委会建设，争取成为区域会展业合作的示范性平台；参与商务部国家级会展产业智库建设，做好与中国会展经济研究会等合作建设华东会展产业研究院等工作。

重点项目工程：依托市会展经济研究所，继续做好申办以海洋为主题世界博览会申报的相关工作；根据市领导指示，做好国际贸易展览中心区块功能调整方案设计工作；做好国际会展中心场馆扩建以及新场馆建设方案调研设计等工作。

决策支撑工程：根据省市会展主管部门的工作安排，完成浙江省会展项目评估评级标准的制定工作，完成宁波会展业管理办法的修订完善工作，完成宁波市会展业“十三五”规划的制定工作。

（四）搭建国际化合作交流渠道

加强与国外、境外高校合作，积极探索研究生报送、招收留学生等高层次人才培养环节，加强教师学生通过访问学者、交换生等方式开展国际合作交流，争取在合作开展研究方面实现较大突破。

（1）研究生教育培养方面。加强与香港城市大学保送研究生合作工作，争取每年保送4~5名学生去攻读硕士学位；及早介入，加强相关课程的教学和有针对性的辅导，推荐学生报考国内会展专业的硕士研究生。

（2）探索开展留学生教育工作。争取经过1~2年的努力，在国外招收部分留学生，拓展会展专业的国际化教学，同时扩大我校会展学科建设在国际上的影响，进一步加大交换生国际合作交流的力度。

（3）继续扩大交换生的合作范围。在现有与美国、法国、英国、韩国、西班牙等国外高校，中国台湾等国内高校交换生合作的基础上，进一步扩大合作范围，并在此基础上强化学生留学及考研工作。

（4）加强与国际会展相关机构合作。在现有与国际展览协会保持一定联系的基础上，加强与纽约华盛顿大学、德国莱文斯堡大学等国外开设会展专业相关高校的合作，建立相对稳定的校际间合作机制。

专栏4　国际合作工程
留学生工程：加强与国际相关组织的合作，争取每年招收5名以上国外留学生；加强双语课程建设，争取有3门以上课程采用英语教学，3门以上课程采用双语教学，争取获得国际特色班立项建设。 国际合作工程：加强与美国纽约乔治华盛顿大学、加拿大亚岗昆大学等国外高校的合作。支持鼓励会展专业教师到国外担任访问学者、参加国际学术会议，承担国际合作研究项目等。

五、保障措施

（1）组织保障。优化组织架构，组建政府主管部门、行业协会、会展场馆、会展主营企业、会展服务企业相融合的专业建设支撑体系，进一步优化专业建设指导委员会结构；重点推进与国家级协会、行业龙头企业、重点场馆等合作，组建会展行业学院，系统搭建专业对外合作交流的平台。

（2）资金保障。通过申报宁波市创业型专业、校级转应用型师范专业，进而申报省应用型建设示范专业，争取获得更多的专业建设经费；加强与摩米信息科技有限公司、余姚慧聪网有限公司等合作，争取企业投入；鼓励教师争取相关科研平台，支持教师申报各级各类会展项目，多渠道争取资金，为学科专业建设提供有力支持。

（3）条件保障。进一步密切与宁波国际会展中心管理有限公司等合作，提升紧密型实践教学基地建设质量；系统推进摩米科技产业院的组建工作，使之成为专业对外合作的重要功能性平台；加强会展实验室建设，努力构建全国性的会展中心实验平台，提高资源的集约化水平。

（4）人才保障。加大高层次教师的引进力度，鼓励支持现有教师通过攻读博士学位、评聘高级职称等提高自身的水平；做好兼职教师队伍建设，内外结合提升课程教学和服务经济质量；细化考评指标，加大考核力度，完善奖惩制度，提高会展经济与管理专业建设的综合竞争力和品牌影响力。

附录2 “十三五”期间会展经济与管理专业建设主要项目一览表

序号	项　目	时　间
1	出版会展经济数学研究方法专著	2017年
2	出版会展经济学原理专著	2017年
3	完成长三角会展产业数据库建设	2016年
4	出版长三角会展产业发展报告	2016年
5	发布长三角城市会展业发展指数	2016年
6	完成长三角会展业“十三五”规划制订	2016年
7	完成浙江省会展业“十三五”规划制订	2016年
8	完成宁波市会展业“十三五”规划制订	2016年
9	参与组建中国会展经济研究院组建工作	2018年
10	组建中国会展经济研究会华东研究院	2018年
11	组建中国（宁波）会展行业学院	2017年
12	完成会展人才岗位能力标准制订	2016年
13	完成会展经济与管理专业知识点手册	2016年
14	制订会展经济与管理专业应用型建设标准	2016年
15	完成会展行业学院网站建设及整合工作	2017年
16	完成9门会展专业核心课网络课程建设	2019年
17	会展研究性教学体系形成特色及影响力	2019年
18	完成会展大学生专业创业体系建设	2018年
19	完成宁波市会展大数据实验中心建设	2017年
20	完成移动基站为核心的会展大数据精准统计体系实施工作	2017年
21	系统探索网络中心实验平台建设	2018年
22	推动中国会展经济研究会统计专业委员会落户浙江万里学院	2017年
23	申报并争取获得浙江省优势（特色）专业	2017年
24	争取获得1~2项省教学改革建设项目	2019年
25	争取获得2项以上国家、省级教学成果奖	2020年
26	出版会展经济与管理专业建设的相关专著	2018年
27	会展经济与管理专业通过省级以上认证	2020年
28	甬派会展科研学术群体在国内产生一定影响	2020年

附录3　浙江省“十三五”特色专业建设方案

一、“十二五”期间专业建设情况

会展经济与管理专业是基于我国成功申办2010年上海世博会，以及我国会展产业的快速发展对高端人才的需求于2004年设立的。近年来、APEC会议、G20峰会、世界互联网大会等高端国际会展项目的举办，也为充分依托学科交叉、产业新兴的特点，发挥国家特色、省优势和市重点专业的叠加效应，培养具有会展项目策划、会展产业管理、会展项目管理和会展高端服务能力的人才创造了有利条件。

（一）“理实结合”创新人才培养体系

（1）立足产业需求优化培养目标。明确应用型人才培养目标，利用社会职务、行业会议，参与教育部会展专业标准制订、国家教指委会展专业调研等，把握产业需求；分类、分层明确岗位技能特征，形成专业知识点体系，完成《会展实践教学标准》等。组建专业指导委员会，产业专家参与制订培养方案、教学大纲、互动交流等。

（2）系统深化人才培养方案改革。重视人才培养体系改革，加大实践学分、开设职业资格证书模块；推进研究性学习体系建设，引导学生参与教师科研、开展产业调研；加大实验教学体系创新，通过开展验证性、研究性、设计性实验，培养学生发现规律、解决问题的能力。

（3）强化大学生创业教育。将创业教育与专业教育有机融合，开设创业理论、创业实践等课程，设立创业实验班，与宁波摩米创新工场信息科技有限公司、慧聪网余姚公司建设“双创基地”“创业咖啡”等，通过导师制等指导学生开展创业项目。

（二）“专兼一体”强化师资队伍建设

（1）做好师资引进培养。专业现有教师23名，其中教授6名，博士学位教师12名。“十二五”期间引进3名博士教师，支持教师攻读博士学位，到主管部门、企业挂职；现有4名教师在辽宁大学、四川大学等攻读博士学位；学院专门设立会展产业发展创新团队，支持教师开展学术研究、服务经济等工作。

（2）提升专业教师社会影响力。鼓励教师与产业密切合作提升服务能力。7名教师担任省、市会展评标专家、省人社厅会展策划师考评员。建设会展中心、摩米科技产业院、慧聪网余姚公司等紧密型实践基地，推进教师与产业高管“结对子”。

（3）做好兼职师资队伍建设工作。专业柔性引进武汉理工大学博士生导师谢科范教授作为学科领军人物，指导会展专业教师团队建设；聘请美国、澳门等国外、境外高校会展专业教师担任客座教授；聘请20余名行业专家担任兼职教师，承担教学课程，指导毕业论文，促进产教深度融合。推进现代师徒制，7名学生参加中国会展经济研究会“青蓝工程计划”，拜行业专家为导师。

（三）“产教融合”做好会展科研和服务经济

（1）强化科研平台建设。依托我院的省应用经济学重点学科、一流学科，省港口经济创新团队、市技术经济重点学科等平台，专业教师积极推进会展科研和学科建设工作。主持省部级以上课题17项。发表核心以上研究论文50余篇，其中一级及以上期刊17篇，出版专著7部。相关研究成果在业内产生较大影响。

（2）加强理论方法研究。结合产业实际，推进会展业理论、方法研究，形成会展是创造差异性、信息不对称等原理性研究观点及城市会展业发展可行性分析、会展项目策划、赋值还原法、时空图法、矩阵叠加法、指数测算量表法等系列原创性研究方法，填补国内外会展研究方法缺失的空白。将科研成果转化为教学内容和教学案例，形成会展经济数学研究方法、会展业经典案例两门专业课程。

（3）做好服务经济工作。依托会展专委会和市会展经济研究所（2003年市政府批准设在我校）两大服务经济平台，围绕规划、政策、区域合作、评估、标准等开展研究。主持完成2016中国会展业发展报告、长三角会展业发展报告、长三角城市会展业指数测算、省标技委“会展项目评估标准”，市会展业“十三五”规划等项目。

（四）“内外并举”加快教学资源和设施建设

（1）完善实验基地建设。设计、开发会展综合实训软件，新增产业决策分析平台和会展产业数据库，学生可在模拟的基础上，开展数据分析和策划等。与市会展办等合建宁波会展统计评价体系，结合会展评估等组织学生开展会展实验教学活动。

（2）强化实训实习基地情况。建设会展综合实训室、摩米科技展示实训室、会议实训室等校内实训室3个。校外紧密型实践教学基地3个。联合省会展协会发布40个跨城市实践基地。通过服务学校会议活动、举办大学生校园展等开展实训教学。

（3）优化图书资料建设。为教师、学生订阅会展类期刊。发挥与产业合作密切优势，收集整理《中国会展经济研究会电子版资料》，相关城市会展业简报等资料，下载会展学研究、活动策划家、会议圈等业内主要微信群的资料，提供给学生参考。

（五）“三观四感”系统推进教学改革

“十二五”期间，专业结合国家特色专业、省优势专业建设，系统推进培养模式、课程体系、教学方法和实践教学体系改革，取得了较好的成效。

1. 对接会展岗位需求，优化培养方案

（1）对接会展岗位明确培养目标。发挥教师与政府会展主管部门合作紧密，主持政府研究、规划、评估项目等优势，制订策划、参展、营销、服务等岗位需求标准，重构“策、研、管、销、参、服”六大会展知识点群。9门核心专业课形成课程对应岗位、知识点对应技能的教学大纲，以及核心理论、主要研究方法、经典案例和课程研究论文有机结合，培养学生应用型研究能力、服务能力的目标及知识、能力体系。

（2）优化课程关系创新培养方案。实施“专业课提前、政治课后延、课程论文衔接毕业论文、强化课证融合”等培养方案创新，促进学生早进专业、产业和科研。该创新多次作为宁波市年度教育论坛的主题发言，市教育局胡赤弟副局长称之为课程关系“串并联”的开创性探索。

（3）兼课挂职推动产教深度融合。7名产业高管组成专业指导委员会，“双导师”“结对子”聘请业内20余位高管承担课堂教学、实践教学和毕业论文指导；鼓励教师到会展办、协会、企业挂职兼职，熟悉产业、指导教学科研能力。教师兼任省、市会展协会副会长等，为推进产教深度融合奠定基础。

2. 推进科研转化知识，创新课程体系

（1）构建特色课程体系。本专业具有学科交叉、专业交叉的特征。结合产业发展对人才的需求，明确“经管学科的创意专业、创意学科的经管专业”定位，系统构建由会展策划、会展管理、会展营销、会展政策法规、会展场馆与设施、展示设计、创造性思维、大数据互联网会展、会展经济数学研究方法为核心的专业课程体系，形成理论、方法、实战有机结合的知识点集群。

（2）科研转化创新方法案例。将教师科研成果转化为教学资源。开设由会展可行性分析、会展策划、会展评估等方法构成的“会展经济数学研究方法”课程，提升学生应用性研究能力。创新构建会展策划课程“宏观规划、中观策划、微观计划”的三层架构。结合教师科研开发20余个会展教学案例。理论、方法、实战促进会展策划由灵感思维的或然性向逻辑思维的必然性转变。

（3）分类分层推进特色教学。结合社会发展增设大数据互联网课程模块，结合“课证融合”设立“注册会展经理”课程模块；针对考研、考公务员、出国留学、创新创业、高位次就业等不同需求开展分层培养。

3. 研究性与启发式结合，创新教学方法体系

（1）学研并举创新教学方法。实施“一（学）生一（城）市、一课一研”“双导师、学生链”等探索性改革措施，推进研究性教学体系建设，鼓励学生参与教师科研、开展学科竞赛，培养学生发现规律、解决实际问题的能力；系统探索现代师徒制、志愿者服务，强化过程考核，提升学生的创新研究能力。

（2）合作探究强化启发式教学。通过专业课提前、开设会展经济数学研究方法课程、系统提升研究性实验教学、鼓励学生开展课题申报和学科竞赛、为学生设立合作性研究课题等，形成较完善的启发式教学体系。

（3）教研技改提升教学质量。积极申报国家、省课程教材建设，主持5项省教改项目。《会展管理》获省精品课程和省重点教材。广泛使用微课、慕课、翻转课堂等，用现代技术改造传统课程，与相关高校形成课程资源共享。

（4）课程基地结合推动创新创业。学院设立创业特色班、系统开设创业教育课程；专业与市会展业促进会合作设立宁波会展创新创业孵化器、注册宁波博远大学生创业公司，与摩米信息科技有限公司、慧聪网余姚公司合建“双创基地”，系统推进创新创业教育活动。

4. 回归实验强化实战，提升应用型研究能力

加大实践教学学分，重视实验教学和实习环节的强化，结合经管专业实际将传统的“纺锤形”实践教学体系向“哑铃型”实战教学体系转变。

（1）强化实验培养原创能力。依托与宁波市会展办、宁波国际会展中心、宁波华博会展公司等筹建的宁波会展大数据实验室，组织学生现场开展验证性、研究性、综合性实验教学，解决经管类专业“实训替代实验问题”。

（2）创新实训提升实战能力。依托会展经济数学研究方法开发会展决策平台和数据库系统，改变以流程模拟为主的传统实训模式；该软件获5项国家版权局软件著作权证书；引入摩米、华博等企业进校园建立深度融合的实训基地，大力推进“课证融合”提高学生适应产业能力。

（3）强化实习基地建设。发挥教师服务经济与学生志愿者服务等资源优势，建立紧密型实习基地；主导浙江省会展行业协会与全省主要会展企业合作，分两批发布40个跨城市会展实习基地；引导学生通过参与教师会展评估等项目，提高实习教学的效果。

（4）全真选题提升毕业论文质量。将毕业论文与课程论文有机衔接、与教师科研和服务经济结合，毕业论文全部选用产业真实课题，鼓励学生结合实际项目、企业实际开展毕业论文研究工作。

（六）“学研一体”推进人才培养手段创新

（1）强化实验体系建设。强化实验教学，改变经管类“实验即实训”观念。开展展会人流量变化规律、展馆环境测试等实验项目，引导学生发现产业规律。其中由实验教学衍生的“万平方米人流滞留时间”“展品信息不对称比率”等指标已在实际工作中得到具体运用，被业内称为“宁波指标”。

（2）优化毕业论文教学环节。实施“一生一市、一课一研”研究型教学改革，毕业论文与课程论文结合，全部选择实战课题；鼓励学生参与教师的科研工作，并将科研成果转化为毕业论文；邀请行业专家参加开题、指导和答辩环节。

多名学生毕业论文被主管部门和企业采纳。

（3）做好大学生科研创业等工作。组建大学生会展研究会，支持学生参加学科竞赛等；指导学生申报国家、省创新创业项目。黎冠文同学手绘 POP 创业项目年产值 2000 万元，2015 年被评选为宁波市创业新秀，是 10 名创业新秀中唯一一个在校生。

（4）积极推进国际合作。重视国际交流，有 31 名学生赴法国、西班牙、中国台湾等开展交换生项目；专题举办与新西兰、加拿大等高校的双向对接活动；与中国澳门城市学院合作开展硕士直通车，已经有 2 名学生被中国澳门城市学院录取为研究生。

二、会展经济与管理专业比较优势分析

本专业全国有 101 所院校开设，省内有 7 所院校开设（浙江万里学院、浙大城市学院、杭州师范大学、浙江传媒学院、浙江树人学院、浙江外国语学院、上海财大浙江学院），同国内、省内院校相比，本专业有四个方面优势：

（1）专业建设优势。我校是国内该专业中唯一一个国家特色专业。本专业全国共有 5 个省级以上专业建设项目，我专业拥有三项（2007 省重点、2010 国家特色、2012 省优势）。专业负责人是教育部《会展经济与管理专业建设标准》起草小组成员。正在主编国家旅游教指委“十三五”规划教材“会展策划与管理”。艾瑞深校友会排行榜 2015、2016 连续两年将我校列为国内该专业第一名。国际展览局主席吴建民、秘书长洛塞泰斯先后视察此专业，国家公共管理教指委主任娄成武称此专业为“建设期最短的国家特色专业”；《高考招生》总编辑郭小川 2014 年在《中国教育报》撰文称此专业“堪称国内同类专业中的翘楚”。

（2）学科科研优势。会展经济为省重点学科、省一流学科、省创新团队核心方向，也是市技术经济学重点学科的支撑方向之一。专业教师主持国家级课题 5 项，省部级课题 12 项。在会展理论研究方面，教师提出的会展创造差异、信息不对称等创新观点得到业内的认可；教师提出的“万平方米客商滞留度”等纳入商务部会展评估标准，会展经济数学研究方法体系为国内首创。

（3）服务经济优势。长三角协调会会展专业委员会，宁波市会展经济研究所设在我校；每年为商务部、省统计局提供产业数据；教师为商务部会展专家、省会展项目评标专家，主持会展课题 50 余项，经费 520 万元。主持撰写《2016 年中国会展业发展报告》（商务部 2016 年发布）等。建设进口商品展示基地等要报 12 次获得省委书记赵洪祝、省长吕祖善等副省级以上领导批示，接轨世博会等 30 余项成果在实际工作中得到应用，研究所连续 9 年获市会展业贡献奖。

（4）人才培养优势。我校是国内首批开展会展本科人才培养的四所高校之一，省内首个开设本专业的高校，具有人才培养的先发优势；也是省内现有 7 所

该专业中唯一招收一本学生的高校。学生先后获全国先进班集体、省优秀团支部、省优秀学生社团、市优秀学生党支部称号；并获省“十佳”大学生入围奖，“全国大学生自强之星”、市创业新秀、奥运会优秀志愿者、市接轨世博会先进个人等荣誉。学生主持国家创新创业计划 7 项，省“新苗计划”6 项；获国家“挑战杯”特等奖 1 项、二等奖 2 项。省级奖项 12 余项，其中省“挑战杯”一等奖项目“宁波申办世界博览会可行性研究”形成的要报获省委书记赵洪祝批示；学生发表论文 32 篇，获软件著作权 11 项；黎冠文“手绘 POP 项目”年产值超 2000 万元，获市“创业新秀”（唯一在校生）。中国教育报、浙江日报等进行了深度报道。

三、“十三五”专业建设目标

（一）背景与趋势分析

专业近年来经历了较大的招生层次及生源变化，对专业对口率和升学率产生影响。2014 年招收一本生后，生源质量明显提升，为专业建设、人才培养奠定坚实基础。预期“十三五”期间升学率、用人单位满意度、专业对口率都将有跨越式提升。

（二）发展目标

“十三五”期间，专业坚持“立足新兴产业，构建服务型教育理念”，充分发挥先发优势和品牌优势，围绕“应用型人才培养”主线，通过形成“理论教学、实践教学、创业教育”三大体系，搭建“实验教学、实训教学、实习教学、素质拓展、毕业论文”五层面的实践教学平台，实现由自我发展向提升辐射力、引导相关院校共同发展转变，努力打造国内领先、国际有一定影响的特色品牌专业，培养具有扎实的理论基础，较强的策划、管理、营销、服务和应用研究能力的高素质、应用型、国际化专业人才，继续保持专业在国内的领先优势。

（1）专业建设。组建政府、协会、企业、高校共建的会展行业学院，新增省级以上教改、课改项目 5 项以上；每年设立 20 个以上项目支持学生研究性学习；每年完成 10 个以上创新性实验项目融入教学体系；确保每个学生每年到会展现场实习 4 次以上；每年完成 2 门课程的网络化、视频化建设；建设期完成 20 个典型教学案例开发工作；会展策划与管理教材争取获得国家规划教材。

（2）科研提升。发挥省级学科团队和服务经济平台的作用，建设期形成 10 个以上原创性会展理论观点的构建工作；完成会展策划、会展经济数学研究方法体系的构建工作；加强智库建设，建设期为政府提供研究要报 30 个以上。

（3）师资建设。每年派出 2 名教师到国外访学或参加学术会议，每年派出 2 名以上教师到产业挂职或国内高访；建设期结束师资队伍达到 25 人，其中具有博士学位教师 50%以上；省市各类人才 6 名以上；具有 1 年以上国外访学经历的教师占比50%，能够承担全英文授课的教师占比60%。

（4）人才培养。实现硕士点建设、留学生培养突破，招收国外留学生20名以上；出国交换生比例10%以上，学生考研升学率10%以上；主持大学生创新创业项目10项以上，省级人才培养项目5项以上；“挑战杯”等学科竞赛获奖5项以上。学生发表期刊论文30篇以上，创业学生比例达到8%以上。

四、重要工作及举措

（一）“产教融合、协同创新”推进办学体制机制改革

在现有的“互联网+”商学院的基础上，组建会展行业学院。邀请国家级行业协会、国家会展中心（上海）、省会展协会、市会展办以及会展场馆管理机构、会展企业，建立人才培养利益共同体，共同推进合作育人，协同创新。加大行业专家在专业指导委员会中的比重，强化专业建设论证，提升决策的科学性。依托长三角会展专委会服务区域会展业发展，拓展实践教学基地、提升产教融合服务经济水平。

（二）“围绕需求、优化时序”创新培养方案

（1）进一步优化培养目标。发挥行业专家作用，校企共同完善会展岗位技能标准，作为课程建设的核心标准；围绕岗位需求完善知识点体系，加大前瞻性、创新性知识点与现有知识体系的融合，提升学生系统掌握专业知识的能力。

（2）进一步深化培养方案改革。理论上探索经管类课程“串联”、“并联”关系转换的客观依据；在应用型专业背景下，重构会展专业课程关系，创新理论课程、实践课程、毕业论文等环节的衔接关系，促进提升各类课程的教学效果。

（3）强化分层分类及国际化培养。结合大数据互联网时代对人才需求，开设“会展大数据互联网”课程模块；加大国际化力度，英语教学、双语教学课程3门以上；推进与国外高校的深度合作；结合国际会展项目（G20峰会、世界互联网大会）强化主场外交、公共外交等对人才的需求，探索开设“主场外交与国际会展”课程模块，培养学生掌握国际法规、外交、国际礼仪等方面的专业知识。

（三）“校企共建、理实结合”提升课程教学质量

做好《会展策划与管理》的编写工作，争取评成为国家“十三五”规划教材，并完成课程录像、PPT、教学大纲、题库建设等工作。全部专业核心课程要完成网络课程建设任务，并对外开放。在此基础上，完成《会展经济数学研究方法》教材的编写出版工作。专业核心课程要形成核心理论、特色研究方法、经典案例和学生主题研究论文“四层衔接”，贯穿整个教学过程，形成鲜明特色和品牌影响力。

（1）完善实训体系建设。依托“摩米产业院”，指导学生系统参与到科技成

果展示中；加强与慧聪网余姚公司合作，提升会展创新创业孵化基地的质量，提升学生动手能力；与中国会展经济研究会合作，将会展统计专业委员会设在我校，进一步发挥会展大数据在课程教学和研究性学习中的作用。

（2）进一步创新实习体系建设。进一步强化企业进校园工作，与上市公司上海米奥兰特国际会展有限公司在校内联合建设会展实习基地，校企深度融合，指导学生开展会展实习教学，在服务产业的同时提升学生实践能力。

（3）建设宁波会展大数据实验室。与中国会展经济研究会、宁波市会展办等合作，在宁波国际会展中心设立宁波会展大数据实验中心；结合宁波市会展业评估、会展项目管理等，开展会展产业数据深度调研、会展环境测试、会展相关规律性研究等。

（4）创新会展实验教学体系建设。改变经管类专业“实验即实训”的传统观念，创建会展实验教学体系。依托校内实验室和宁波会展大数据实验室，通过测算分析场馆人流量、展品质量、展客商心理等进一步深化验证性、研究性、设计性、综合性实验，引导学生在消化理论知识的同时，发现产业规律，培养解决问题的能力。

（四）“理论提升、服务拓展”提升师资整体水平

（1）进一步做好科研平台建设。依托省一流学科应用经济学等，提升教师研究能力和服务经济能力。做好会展理论、会展方法的研究提炼工作；发挥专委会、研究所服务经济平台的作用，构建应用型研究体系。形成国内有鲜明特色的会展产业理论、方法体系，打造甬派会展科研学术群体，成为国内有影响力的会展智库。

（2）努力提升会展师资队伍的整体质量。引进、培养相结合。建设期引入博士 2 名以上，使博士学位教师的比重达到 60% 以上；设立商学院会展创新团队，柔性引进国内博导级高层次专家担任学科领军人物，指导教师在理论研究、方法提炼、应对性研究等方面有进一步提升。新增教授 2 名，博士 6 名，使 90% 教师成为“双师型”教师。

（3）加大兼职教师的引进力度。通过柔性引进、聘请讲座教授等，发挥兼职教师引领团队提升的作用；通过企业进校园、校企深度融合等方式，加大产业专家担任兼职教师的聘任力度；加强与国外高校的合作交流，扩大国外兼职教师队伍。进一步拓展现代师徒制，参加“青蓝计划工程”的学生达到 20 名以上。

（五）“研究性学习、创业教育”创新教学方法手段

（1）创新研究性学习体系。通过设立大学生科研课题、鼓励学生参与教师科研、指导学生开展学科竞赛、申报国家创新创业计划项目和省“新苗计划”项目等，培养学生研究性学习能力。支持学生承担产业小型调研项目、策划项目，为学生发表学术论文提供指导和经费支持。

（2）强化创业教育实践。进一步完善创业课程建设，适时设立会展创业课程模块；依托摩米“双创基地”、慧聪网“创业咖啡”等，举办会展创业实验班，引导学生开展创业实践，提升创业能力。

（3）强化案例教学力度。鼓励教师与产业高管合作开发产业案例，与学生合作科研培养学生研究性学习能力，支持教师将研究课题转化为案例引入教学，加强与政府主管部门、企业合作，深入发掘产业先进的理念和操作手段，提升教学质量。

（六）“凝练特色、形成品牌”发挥专业引领辐射作用

（1）举办长三角会展讲习所。举办长三角会展讲习所，突出研究性学习与产业发展规律研讨特色，邀请国内外顶级会展专家举办讲座和交流，并颁发结业证书，培养中国会展业未来之星，努力打造会展业的“黄埔军校”。

（2）开展长三角跨院校导师制工作。依托“会展青蓝工程计划”，整合长三角开设会展专业优质师资和产业高管资源，将“青蓝工程计划”由“导师—学生”模式向“导师—学生—企业—项目”结合模式转变；通过教师与产业专家“结对子”组建“双导师制”，尝试开展长三角联合跨校导师制工作，推进现代师徒制与跨校导师制深度融合。

（3）形成专业建设的理论成果。完成《会展经济与管理专业建设的理论研究和实践探索》专著的编写工作；在学术期刊上系统刊发专业建设与改革的相关研究论文10篇以上，每年举办1~2次会展专业建设研讨会，每年举办2~3次联合备课活动，使我校会展专业的建设成果能够发挥更大的辐射效果。

五、预期达成的成果

（1）形成特色鲜明、在国内具有引领辐射作用的建设模式。突出体现在产教深度融合、人才培养方案的改革、实验教学创新、毕业论文与平时课程研究论文的有机融合、大学生研究性学习体系建设、创业教育等方面。获省市级教学成果奖3项以上，争取获国家级教学成果奖。

（2）构建能有效支撑行业发展的理论体系和研究方法体系。通过教师服务经济和学生参与教师科研等手段，推动新兴产业理论体系构建；形成会展产业“三理一律（公理、原理、定理、定律）”10个以上，完成25个会展经济数学方法构建；主持服务经济课题30个以上，累计经费300万元以上。

（3）打造能够为会展本科专业发展提供借鉴的经典案例。在企业进校园、教师服务经济与学生研究性学习互动、现代师徒制、“长三角会展讲习所”等特色人才培养平台、大学生研究型社团等方面形成创新模式，探索应用型人才培养的新途径，为相关院校会展专业建设提供参考借鉴。

（4）积累一批具有较大影响的会展研究和专业建设成果。出版有关会展理

论研究、方法研究、实战研究的专著5部以上，发表一级期刊及以上论文20篇以上；完成10门会展课程的网络化建设；10个以上研究要报获得市局级以上领导批示或采纳。

（5）人才培养取得明显成效。继续保持一志愿报考率超100%的同时，6级通过率90%以上，毕业生就业率98%以上，创业率8%以上，升学率10%以上；毕业生岗位与专业就业对口率70%以上，学生对学校满意度90%以上，用人单位满意度90%以上。

六、拟形成的专业建设特色

（1）“行业学院+科研平台”的产教融合特色。发挥长三角会展专委会、市会展经济研究所服务经济优势，组建行业学院整合产业资源打造利益共同体，形成产业链紧密对应的展贸专业群，形成科研服务经济品牌，促进专业与产业的深度融合。

（2）“科研转化+方法构建”的课程体系特色。发挥科研支撑教学的作用，将教师服务地方经济形成的理论、方法、案例等研究成果转化为教学资源，提高教学内容的前瞻性、创新性和实用性。

（3）“研究性学习+创业型教育”的人才培养特色。加强实验教学，引导学生参与教师科研，支持学生申报国家创新创业项目和省“新苗计划”项目、参加学科竞赛等，培养学生发现规律、解决问题的能力。与“双创基地”结合推进学生创业教育。

七、学校支持与保障政策措施（含经费投入）

（1）强化组织制度建设。设立省优势特色专业建设领导小组，加强对专业指导、管理和服务；邀请行业主管部门领导、企业高管、国内外会展专业教师组成专业建设指导委员会，为专业建设提供指导和相关保障。

（2）加大建设经费投入。学校和学院建设期将给予本专业500万元经费的支持，重点支持课程教材、实验室、省部级以上课题、专著和一级期刊、教学案例、师资引进与培养、实习基地建设、国内外合作交流、研究性学习、创新创业人才培养等。根据相关制度规定，加强对经费使用管理，确保收到实效。

支出科目	金额	计算依据
重点教材和论著资助	30万元	教材3本×5万元/本； 专著3本×5万元/本
微课、视频公开课程建设资助	16万元	国家级10万元/课程×1门； 省级3万元/课程×2门

续表

支出科目	金额	计算依据
省部级以上课题资助	50 万元	国家级课题 10 万元/项×2 项； 省部级 5 万元/项×6 项
教学案例编写与教学案例专辑出版、实习实训项目库建设	45 万元	教学案例：20 个×1 万元/个；案例出版：2 本×5 万元/本；实训项目库：3 个×5 万/个
举办国家级、长三角、省级会展专业建设及教学研讨会	15 万元	3 次×5 万元/次
企业讲师授课费用 和毕业论文指导费用	12 万元	20 次×500 元/次×3 年； 20 人次×1000 元/人×3 年
校外实习基地建设与学生 实习、实验教学经费	42 万元	5 个×3 年×2 万元/个； 200 人次×200 元/人×3 年
购买图书资料、学生科研立项、资助学生发表论文及专利等	75 万元	5 万元/年×3 年；10 万元/年； 10 万元/年×3 年
教师引进资助经费 教师进修补贴	35 万元	高访 5 人×2 万元/人； 教授引进 1 人×10 万元/人； 博士 3 人×5 万元/人
国内外院际合作交流 出国交换生及招收留学生项目	120 万元	国内外合作交流 20 万元/年×3 年； 交换生及留学生项目 20 万元/年×3 年
实验教学软件购买 教学管理平台建设	60 万元	教学软件：55 万元（不含省部共建经费）； 教学管理平台：5 万元
总计投入	500 万元	

（3）突出重点明确目标。围绕建设任务，重点支持专业课程建设、教材建设、教学资源开发、教师发展和团队建设、实验实训条件建设、教育教学改革研究等。

（4）强化奖惩确保成效。细化考核指标，强化过程管理和项目考评，将建设成效与“省应用型示范试点学校”建设挂钩，与学校的考核奖惩挂钩。

附录4　浙江省教学改革建设项目“会展经济与管理应用型专业综合改造的途径与实践”建设方案

一、立项意义与现状分析

（一）项目的意义

2015年4月，省教育厅、发改委、财政厅印发了《关于积极促进更多本科高校加强应用型建设的指导意见》。2015年7月，教育部、国家发展改革委、财政部印发《关于引导部分地方普通本科高校向应用型转变的指导意见》，在分析高等教育结构性矛盾、同质化倾向严重等问题的基础上，提出“强化评价引导，推动转型发展高校把办学思路真正转到服务地方经济社会发展上来，转到产教融合校企合作上来，转到培养应用型技术技能型人才上来，转到增强学生就业创业能力上来，全面提高学校服务区域经济社会发展和创新驱动发展的能力”，为应用型本科建设指明发展方向。2015年12月，浙江省教育厅办公室印发《关于公布应用型试点示范建设学校名单的通知》，遴选确认10所学校作为应用型建设试点示范学校。

我校作为省应用型建设试点示范学校，肩负着探索、改革、创新的重要历史使命。本专业是国内98所开设该专业的高校中唯一一个国家级特色专业，既具有发展的基础，也具有改革创新的有利条件。因此，系统推进应用型专业综合改造，努力探索专业改革和人才培养的新思路、新方法、新途径，形成理论体系和实践经验、引领相关专业改革、为学校试点提供支撑，具有十分重要的意义。

（二）现状分析

会展经济与管理专业是教育部根据上海成功申办2010年世博会以及会展业快速发展对人才的需求，2004年开始设立的新专业。截止到2016年，全国有98所高校开设该专业（浙江有7所）。我校是国内首批开展会展本科人才培养的高校（2002年），2006年设立该专业以来，坚持“依托产业、服务产业、提升产业”的指导思想，不断探索应用型人才培养，形成了专业建设的先发优势，也获得了多项省市教学成果奖励。

日前，省教育厅引发《浙江省普通本科高校分类评价管理改革办法（试行）》，已从一定程度上解决了“宽口径、大平台”教育理念下人才培养单一化的问题，但经管类专业建设中还存在着人才培养目标与岗位需求标准对应性不强，培养方案难以支撑应用型专业建设，实践教学体系建设不完善、实验教学名存实亡、实习环节虽然学时加大但实际运作中还存在许多深层次的问题。此外，教师重视纵向科研、高层次论文，轻视横向课题和服务经济成果的积累，教师的科研成果难以转化为教学资源等问题依然比较严重。更重要的是急需探索应用型建设的理论体系和实践尝试为改革提供支持。这些问题不解决，应用型改革很可能是纸上谈兵、流于形式，因此，需要根据国家、省关于应用型专业建设的要求，系统开展探索与创新，从根本上解决现存的实际问题，构建适合应用型专业建设的培养方案、教学内容和方法体系、实践教学体系、师资队伍建设和考评体系等，真正实现部分本科院校的转应用型建设。

二、具体改革内容、改革目标和拟解决的关键问题

（一）具体改革内容

坚持顶层设计、需求导向、综合改革、服务经济。通过大力推进校企深度融合，改革传统模式，形成系统创新，培养高素质应用型人才，提升服务经济能力。

（1）培养目标与培养方案。包括产教融合的教学指导体系、产业需求为导向的知识体系、岗位技能为目标的人才培养标准、适应应用型专业建设的培养方案（包括课程学分结构、课程模块、课程关系、课程时序、教学大纲）等。

（2）教学内容和教学方法。包括课程内容（理论知识、产业研究方法）、教学案例、教材建设、教学方法（研究性学习、翻转课堂、微课、慕课）等。

（3）实践教学和毕业论文。包括实验教学创新完善、实习基地建设和实习体系创新、实训平台建设和实训内容体系，毕业论文与产业融合、与课程融合的具体实施方案等。

（4）“双能型”师资队伍建设。包括教师引进、培养的标准、手段，兼职教师队伍建设，教师的考核评价机制、薪酬与职称评定的标准、教师国际化合作等。

（5）应用性学科及服务经济。包括科研学科平台如何为应用型专业建设提供支撑、科研的评价体系、教师服务地方经济的渠道、如何促进科研转化为教学资源等。

（6）教学管理与评价体系。包括应用型专业的评价标准、对教师科研教学的评价标准、应用型人才培养考核标准的制定等。

（二）改革目标

通过改革，在系统创新人才培养理念的基础上，创新专业建设思路，促进应用性学科专业建设，深化教学改革，做好应用型人才培养工作。

（1）解决专业建设中存在的关键问题。通过探索，从根本上解决人才培养目标与产业需求、岗位技能对应不紧密，人才培养方案无法支撑应用型专业建设，教学内容与产业实际脱节、教学方法形式化、层次低，经管类实践教学环节不完善、实验教学名存实亡，教师重视纵向课题及核心期刊论文、轻视横向课题

和服务地方经济成果，科研难以转化为教学资源，评价体系与应用型专业建设要求差距较大等问题。

（2）积累应用型专业建设的经验。通过实践，不断尝试探索积累应用型专业建设的经验，探索形成应用型专业建设的特色模式。

（3）形成理论体系推进模式创新。通过研究，逐步形成较完善的应用型人才培养的理论、观点，并通过专著、论文等形成物化成果，为相关专业改革提供借鉴。

（三）拟解决的关键问题

1. 培养目标与培养方案方面

（1）教师对产业了解少，教学内容与产业需求、岗位技能对应性不强的问题。

（2）学生进专业晚，消化知识时间短，难以融入产业和开展研究的问题。

（3）毕业论文与平时论文衔接不够，没有发挥整合知识提升研究能力的作用问题。

2. 课程内容与教学方法方面

（1）教学内容与实际联系不够紧密，热点、前点、难点知识较少的问题。

（2）教学方法重形式、炒冷饭，“以能力培养为导向”的方法体系不完善等问题。

（3）案例教学针对性不强，案例作用没有真正发挥等问题。

3. 实践教学与创新能力培养方面

（1）教师实践能力偏弱，普遍存在“理论靠学校、实践靠社会”思想等问题。

（2）实训替代实验现象非常普遍，经管类实验教学名存实亡等问题。

（3）实习教学环节由“三学（学工、学农、学军）”“三同（同吃、同住、同劳动）”“三包（报计划、包吃住、包指导）”到“三放（放任、放羊、几乎放弃）”，外强（学分增加）中干（实习手段单一，多为讲课参观放假回家实习，实习效果较差），实习成了“皇帝的新衣”等问题。

4. 产教融合与服务经济方面

（1）教师重视纵向课题、核心期刊，轻视横向课题和服务经济成果等问题。

（2）应用型学科体系尚未系统构建，教师服务经济能力偏低等问题。

（3）“套路+数据”、科研“悬浮化”，科研成果难以转化为教学资源等问题。

（4）教学评价体系滞后于应用型专业建设改革等问题。

三、实施方案、实施方法、具体实施计划及可行性分析

通过实施专业改革，进一步完善应用型人才培养的目标体系，改革课程教

学、教材建设、实践教学、创新创业等传统的方法与模式，系统提升人才培养质量。

（一）进一步明确目标优化培养方案

重点推进“专业课提前、政治课后延、分散毕业论文、强化岗前培训”的人才培养方案改革；系统提升“一生一市、一课一研”“双导师、学生链”为核心的研究性学习体系建设；改变经管类专业“实验即实习”的传统观点，创新研究性、设计性、综合性实验体系。在此基础上，推进创新创业教育，实现应用型本科专业建设提升。

（二）提升课程教学建设质量

校企合作系统推进应用型理论体系、应用性研究方法、最新产业知识（前点、热点、难点）在教学中的应用，提升课程教材建设质量。

（1）教学内容建设方面。坚持“依托产业、服务产业、提升产业”的指导思想，结合会展决策平台和数据库建设，积极探索形成会展产业的“三理一律（公理、原理、定理、定律）”，完成会展经济学原理、会展经济数学研究方法体系的构建工作，形成在国内外有较大影响的甬派会展科研学术群体，为建设应用型会展学科体系提供支撑。

（2）课程教材建设方面。借助国家旅游教指委系统组织开展“十三五”规划教材编写的有利时机，在做好我校主编《会展策划与管理》教材的同时，再参与1~2部教材的编写工作。主编的《会展策划与管理》教材要争取获得国家“十三五”规划教材，并完成课程录像、PPT制作、教学大纲制作、题库建设等配套服务工作，在国内高校中形成较强的影响力。会展管理、会展营销、会展政策法规等全部专业核心课程要完成网络课程建设任务，并对外开放。在此基础上，完成《会展经济数学研究方法》教材的编写出版工作。

（三）强化实践教学体系建设

在进一步完善、提升现有实习、实训体系的基础上，重点推进实验教学体系的建设工作。

（1）完善实训体系建设。依托商学院与宁波摩米创新工场科技信息有限公司合建的“商学院摩米产业院”，指导学生系统参与到科技成果展示的相关服务工作中；加强与慧聪网余姚公司的合作，提升会展创新创业孵化基地的质量，提升学生动手能力。

（2）进一步创新实习体系建设。在现有的紧密型实践教学基地、省会展协会跨城市实践教学联盟的基础上，强化企业进校园工作，与上市公司上海米奥兰特国际会展有限公司在校内联合建设会展实习基地，校企深度融合，指导学生开展会展实习教学，在服务产业的同时，提升学生的实践能力。做好与慧聪网余姚分公司大学生实践教学基地建设，结合会展营销等深化校外实习基地建设。

（3）建设宁波会展大数据实验室。与中国会展经济研究会、宁波市会展办等合作，在宁波国际会展中心设立宁波会展大数据实验中心，结合宁波市会展业评估、会展项目管理等，开展会展产业数据深度调研、会展环境测试、会展相关规律性研究等，形成宁波应用型学科建设和会展应用型研究的重要平台。

（4）创新会展实验教学体系建设。改变经管类专业“实验即实训”的传统观念，重视会展专业实验教学体系。依托校内实验室和宁波市会展大数据实验室，通过进一步深化验证性、研究性、设计性、综合性实验，引导学生在消化理论知识的同时，发现产业规律，培养解决问题的能力。建成会展中心实验平台，面向全国会展经济与管理专业开放。

（四）改革教学方法创新教学手段

在进一步做好现有教学改革创新的同时，进一步探索应用型专业建设的新思路，建立应用型专业综合评价体系。

（1）创新研究性学习体系。通过设立大学生科研课题、鼓励学生参与教师科研等，培养学生研究性学习能力。指导学生开展实践调研，探索产业发展规律、解决产业实际问题、提高研究性学习能力，并通过发表期刊论文、获得发明专利等积累物化成果。

（2）强化创业教育实践。依托摩米“双创基地”、慧聪网“创业咖啡”等，引导学生开展创业实践，提升创业能力。进一步做好系列创业课程教学、推进创业实验班建设、加大对学生创业的奖励支持力度，提升学生创业能力。

（3）强化案例教学力度。鼓励教师与学生合作开发案例，支持教师将结合产业实际开展研究形成的研究成果转化为知识、案例引入教学，加强与政府主管部门、企业合作，深入发掘产业先进的理念和操作手段，提升教学质量。

（五）提升师资队伍的整体水平

引进、培养相结合，专、兼职师资建设相结合，促进教师服务经济与提升教学水平互动支撑，打造一支在行业有影响的会展师资队伍。

（1）进一步做好科研平台建设。依托浙江省重点学科、浙江省一流学科应用经济学，浙江省港口经济创新团队建设，提升教师的研究能力和服务地方经济的能力。在此基础上，指导教师做好会展理论、会展方法的研究提炼工作，出版会展经济学、会展经济数学研究方法两部专著；发挥长三角城市经济协调会、浙江省会展协会统计信息中心、宁波市会展经济研究所等服务经济平台的作用，努力结合产业发展的实际开展应用型研究。形成国内有鲜明特色的会展产业理论、方法体系，打造甬派会展科研学术群体，成为国内有影响力的会展智库。

（2）努力提升会展师资队伍的整体质量。引进、培养相结合。建设期引入博士 2 名以上，使博士学位教师的比重达到 50%以上；新增教授 1 名，副教授 3 名以上。全部教师都成为“双师型”教师。依托长三角协调会会展专业委员会、浙江省会展统计中心、宁波市会展经济研究所等平台，加强科研团队建设，加强产业服务体系建设，提升服务地方经济发展的能力。

（3）加大兼职教师的引进力度。通过柔性引进、聘请讲座教授等，发挥兼职教师引领团队提升的作用；通过企业进校园、校企深度融合等方式，加大产业专家担任兼职教师的聘任力度；加强与国外高校的合作交流，扩大国外兼职教师队伍。

（六）发挥优势专业的引领辐射作用

充分发挥国家特色专业、省优势专业的引领辐射作用，在培养会展业高端人才的同时，扩大专业建设与改革的影响，提升专业的知名度。

（1）举办长三角会展讲习所。依托长三角协调会会展专业委员会平台，举办长三角会展讲习所（暂定名），以长三角开设会展经济与管理专业的高校2~3年级优秀学生为主体，每年举办1~2期，每期30人，突出研究性学习与产业发展规律研讨特色，邀请国内外顶级会展专家举办讲座和交流，并颁发结业证书（发证单位正在商榷中），旨在培养中国会展业未来之星，努力打造会展业的“黄埔军校”。

（2）开展长三角跨院校导师制工作。依托中国商业联合会“会展青蓝工程计划”，整合长三角开设会展经济与管理专业高校的优质师资资源和产业高管资源，通过教师与产业专家“结对子”组建“双导师制”，尝试开展跨校导师制工作。系统推进现代师徒制与跨校导师制的深度融合，培养学生服务产业的能力。

（3）形成专业建设的理论成果。完成《会展经济与管理专业建设的理论研究和实践探索》专著的编写工作；在学术期刊上系统刊发专业建设与改革的相关研究论文，举办会展专业建设研讨会，使我校会展专业的建设成果能够发挥更大的效果。

（七）年度进展情况

时间区限	主要工作进度
2016~2017年	完成会展岗位技能标准的制订工作；完成应用型人才培养方案的制订工作；积极推进现代师徒制建设，参加“青蓝计划工程”的学生数20人以上；出版《长三角会展业发展报告》；完成长三角会展产业数据库的建设工作；完成宁波会展大数据实验室的建设工作；完成产业为导向的综合评价体系建设
2017~2018年	完成国家教指委《会展策划与管理》教材的出版工作，争取成为国家“十三五”规划教材；完成长三角会展讲习所的启动工作，培养学生60名以上；摩米、慧聪网等会展“双创”基地成为培养学生的重要平台；争取获得宁波市创业型专业建设立项；聘请兼职教师的数量10名以上，承担课程教学的兼职教师5名以上

续表

时间区限	主要工作进度
2018~2019 年	出版《会展经济数学研究方法》教材；全部教师成为“双能型”教师；招收国外留学生 5 名以上；交换生数量 20 人以上；举办全国性会展应用型专业建设研讨会；完成中心试验平台建设，面向国内高校会展经济与管理专业开放；完成省一流学科应用经济学会展方向的建设工作；5 项研究成果获得市级领导批示或被部门采纳
2019~2020 年	完成《会展经济与管理专业建设的理论研究和实践探索》专著的出版工作；在学术期刊上发表 3 篇以上应用型专业建设研究的相关教改论文；获得省教学成果一等奖并冲击国家教学成果奖，市级以上教学成果奖累计 2 项以上；学生发表学术论文 20 篇以上，其中核心期刊 2 篇以上；升学率达到 8%以上；完成硕士点的建设工作；学生创业人数达到 10%以上

（八）项目可行性分析

上述工作有些已经在启动，有的已经有良好的基础。因此，在建设期内完成上述建设任务既具有理论上的可行性，也具有实践中的可操作性，完全可以保证在探索和实践中较好地完成相关任务，取得较好的成效。

四、预期成果及成效

（一）预期成果

1. 预期成果形成

（1）形成特色鲜明、在国内具有引领辐射作用的建设模式。突出体现在人才培养方案的改革、实验教学创新、毕业论文与平时课程研究论文的有机融合、大学生研究性学习体系建设等方面。

（2）构建能有效支撑行业发展的理论体系和研究方法体系。突出体现在教师探索形成会展产业的“三理一律（公理、原理、定理、定律）”，完成会展经济学原理、会展经济数学研究方法体系的构建工作；会展产业规划、会展产业标准、会展产业政策、会展产业法规的实际应用等。

（3）打造能够为会展本科专业发展提供借鉴的经典案例。突出体现企业进校园、教师服务经济与学生研究性学习互动模式、现代师徒制模式、长三角会展讲习所等。

（4）积累一批具有较大影响的会展研究和专业建设成果。出版有关会展理论研究、方法研究、实战研究的专著；主编出版会展策划教材；完成会展课程的网络化建设；完成会展实验教学体系的创新；提高会展应用型人才培养的质量。

（5）人才培养取得明显成效。建设期继续保持一志愿报考率 100%的同时，毕业生就业率98%以上，创业率10%以上，升学率10%以上；毕业生岗位与专业就业对口率70%以上，学生对学校满意度90%以上，用人单位满意度85%以上。

2. 实施范围

本成果主要针对会展经济与管理专业学生。同时结合商学院专业群建设，拓展到展贸经济专业群的国际经济与贸易、国际商务等专业。建设模式、建设成果也可以为商学院金融学、统计学、会计学、财务管理等专业提供参考借鉴。

3. 受益学生数

本改革成果的直接受益者为会展经济与管理专业学生，根据建设期的相关招生情况，预计直接受益人数为300人左右；改革成果可拓展到展贸经济专业群及商学院相关专业，预计受益人数5000人左右。

（二）本项目的特色与创新之处

经过建设与改革，在人才培养目标、人才培养方案、课程教材建设、实践教学体系建设等方面实现创新，形成鲜明特色。

（1）服务经济与研究性学习互动特色。教师积极服务地方经济，形成理论、方法和实战研究体系，将研究成果应用到专业建设和教学中，作为学生研究性学习的重要支撑。一是逐步形成学生研究性学习与教师科研互动、结合实际为学生开展研究立项活动、组织学生参与产业研究工作等特色。学生通过参加教师主持的会展产业规划、会展项目评估、会展标准制定、会展产业发展报告等研究工作，争取在期刊上发表更多研究论文，获得国家软件著作权和发明专利。二是将教师研究成果与学生培养结合。重点在国内会展高校中影响较大的会展经济数学研究方法、会展策划和会展政策法规等课程实现突破。三是在上述基础上支持引导学生开展原创性研究，形成具有较强竞争力的知识点和综合能力。

（2）教学改革支撑应用型人才培养特色。重视系统推进人才培养方案和课堂教学、实验教学系统改革，作为应用型专业建设和高素质人才培养的重要支撑。一是通过实施“专业课提前、政治课后延、课程论文与毕业论文结合”等，促进培养方案创新。二是通过探索“双导师、学生链”为主线的现代师徒制体系，实现人才培养模式创新。三是通过探索“一生一市、一课一研”的研究性教学体系，实现培养手段创新，形成人才培养与支撑体系有机融合的特色。

附录5　宁波市会展业大数据实验中心建设计划

为进一步提升宁波市会展科研工作的整体水平，探索会展产业量化分析环境建设、设施建设和方法体系建设，经市政府会展办批准、浙江万里学院会展经济与管理专业牵头建设宁波市会展大数据实验中心。为进一步推进会展大数据实验中心建设，特制订本方案。

一、宁波国际会展中心现有统计条件

（一）多通道安检门系统

宁波国际会展中心现有16套通道式安检门，可完全满足宁波国际会展中心四个主要进出口的安检和数据统计的需要。安检门主要有以下功能：

（1）测温功能。操作人员可自行设置安检门的检测体温标准，测量出人体体温之后会语音提示是否正常。

（2）探测区域。根据人体基本结构将探测门划分为多个相互重叠的探测区域，采用网状探测方式和单一频率激励技术，消除探测区域内的弱区和盲区，灵敏度更高，性能更稳定。

（3）报警方式。声光同时报警，并可根据区位报警灯的提示，判断出通过人体金属隐藏的具体位置。区域灵敏度：最高灵敏度可以探测到回形针大小的金属含量物体，可在0~255级灵敏度之间自行调节、可根据探测要求把各区位调节器调到适当的灵敏度，同时可对整体灵敏度进行另外调节。预先设定金属物品重量、体积、大小、部位、排除钥匙、首饰、皮带扣等误报警。

（4）智能统计。智能化的客流量和报警计数功能，能够自动统计人员通过数和报警次数。抗干扰能力强：采用数字、模拟和左右平衡技术，防止误报警和漏报，大大提高抗干扰能力。

（5）安全保护。采用双重密码保护，只允许授权人员操作，可根据需要对密码进行修改，并提供密码丢失恢复设置，安全性更高。参数设置自动存储，无须采用不间断电源保护，更安全更方便。电磁辐射：符合EMC电磁辐射标准，采用弱磁场技术，对心脏起搏器佩戴者、孕妇、软盘、胶卷、录像带等无害。

（二）云技术平台展客商登记系统

选用国内有影响力的成熟公司的会展项目登记软件，包括展览软件、展会服务、展馆建设、会展教育等各个方面。我们提供的现场服务业务主要包括参展商与观众的网上报到登记、证件的设计与预制证工作、现场接待与报到包括现场证件的制作、门禁管理、小时门禁流量的短信服务、现场多媒体查询系统、现场收集数据处理、大会数据统计分析报告以及会后总结等工作。具体内容如下：

（1）提供现场信息化服务方案。根据客户实际情况，为客户提供现场信息化服务方案。可为不同的会展项目提供特色登记服务方案。

（2）网上注册系统。展前为展商、专业观众、各代表团等提供网上注册登记服务。展会期间提供短信服务平台。

（3）智能制证系统。展前为展商、观众提供预先制证服务，预先制证包括有照片、无照片两类预制证服务。在现场为参展商、客商和观众提供高速智能换证和制证服务。

（4）门禁管理。现场提供门禁管理，对所有进入展会现场的人员进行证件条码信息的扫描，收集入场人员信息，同时进行门禁流量统计。提供会后查询系统光盘和远程查询系统。

（5）现场收集数据处理。对展会现场收集的观众资料进行数据处理，包括资料的分类、筛选、整理，录入、校验等数据处理流程。提供数据分析报告，展会结束后，为客户提供会后数据分析报告。展会结束后三周内，作为展会服务商为大会提供会后总结报告。

（三）会展产业数据库系统

依托中国会展经济研究会统计专业委员会、长三角协调会会展专业委员会、宁波市会展经济研究所、浙江省会展协会统计信息中心等平台，初步启动建设中国会展产业分层数据库。项目数据共分为三个层次：

（1）国家层面。主要是结合中国会展经济研究会年度统计报告的写作要求，系统收集国内 180 个主要会展城市的相关数据。包括政府主管部门、会展场馆、产业政策、会展项目、会展品牌、会展举办时间、会展项目规模，并可以进行分省、分城市分析以及会展城市指数分析。

（2）区域层面。主要是结合长三角城市经济协调会会展专业委员会的平台项目，对长三角协调会 30 个会员城市的会展产业统计项目开展研究，相关数据较国家层面有进一步细化。包括场馆的项目情况、项目的展客商情况、会展项目的满意度情况等。

（3）城市层面。主要依托宁波市会展办、财政局对全市政府主导型会展项目和主要市场化项目专项资金补贴开展的项日评估工作，对会展项目开展系统的评估，为资金发放提供依据。主要评估内容包括：

1）总量规模。以展会净面积（活动参与人数）、客商数量为考核指标、以上届会展活动相关总量数据为基数，研判本届会展项目质量和是否有所提升。

2）展区结构。主要包括展位类型结构、展区的布设结构、展品的产业链构成结构、展区搭建质量与特色、展区搭建的生态环保特征等。

3）展会档次。以国内外同类展会为参照物，采用城市当量分析等手段，对展会的主办单位、品牌影响力、展会吸引力等指标开展分析。

4）参展商结构。主要包括参展商来源结构（活动参与者来源结构）、参展商层次结构、参展商的行业结构、参展商产业链构成结构等特征。

5）客商数量和结构。主要包括客商的数量、客商的来源结构（移动基站）、客商的层次结构（客商登记）、客商的职业类型结构（客商登记）等特征分析。

6）展品质量。引入万平方米客商滞留度等国内外最先进的评价指标，从产业链构成的紧密度、产品的新颖度、产品的集聚度、展品的吸引力等角度对展会的参展商品及展示手段进行分析。

7）服务质量。结合对参展商、客商和观众的调查，以及评估团队对现场相关服务的综合测算分析，从展会的搭建、物流、餐饮、交通、中介服务、安保服务、现场服务等角度对展会进行评价。

8）对外宣传。通过对展前、展中和展后一周内会展项目的广告和对外宣传工作开展量化分析，研判展会的对外宣传质量和社会影响力。

9）活动组织。对展会的论坛、发布、演出、比赛等专项活动开展系统分析，对展会现场的特色活动进行调研分析，判断展会活动的举办质量以及对展会等带来的作用。

10）国内外合作。从展会的组织结构、展客商结构、观众结构、展品结构等角度，对展会的国内外合作渠道和质量进行系统评价。

11）对产业提升作用。从展会参展商、客商的结构，成交额、展品与宁波文创产业发展的契合度角度，研判文博会对宁波文创产业的提升作用。

12）对城市消费拉动作用。通过对宁波市交通、酒店、景区等部分服务机构的抽样调查，结合展客商结构分析，测算文博会对宁波消费的拉动作用。

基于上述评估结果，形成典型项目的标志性数据。并依托上述数据形成城市会展产业数据库。

二、宁波会展大数据实验中心基站统计系统建设

为进一步做好会展项目客商的统计工作，提升会展客商来源、年龄、在馆时间等相关数据的精确度，浙江移动宁波分公司计划为宁波市会展大数据实验中心提供系统性的客商测算服务。

（一）整体方案

主要通过浙江移动大数据客流产品满足宁波会展业对会展客流的分析需求，该产品以 Web 页面的形式为宁波会展业提供服务，主要架构图如附图 5-1 所示。

（二）服务内容

本设施体系将重点通过对现场进行人流量监测，对分布情况开展分析、对客

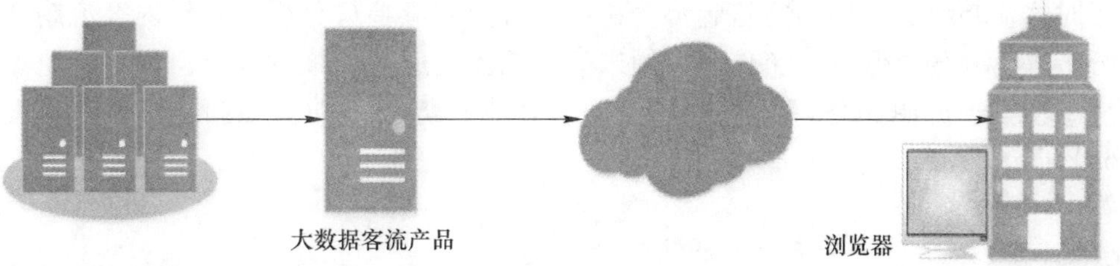

附图 5-1　手机基站大数据测定工作机理图

流特征开展分析等，为大数据研究提供支持。

（1）区域客流监控。基于移动用户手机的基站信令数据，运用大数据处理技术，对人群流量能够进行实时（数据更新频率分钟级）监控，如附图 5-2 所示。当流量超过该区域设定的阈值时，系统自动触发告警。

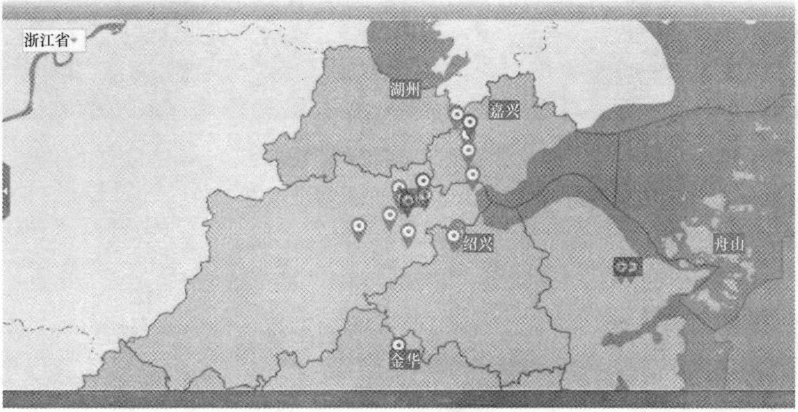

附图 5-2　客流宏观监控功能示意图

（图片来源：中国移动通信集团浙江有限公司）

（2）客流热力图分析体系。通过客流热力图功能，可从宏观角度查看省、市、区域的人流分布情况。将该功能运用于宁波国际会展中心——宁波市会展大数据实验中心，主要用于对场馆人流量的监控，测算相关区域零热度，分析展区展品受展商欢迎的情况，以便为主办单位改进创新提供依据。客流热力图展示功能如附图 5-3 所示。

（3）客流特征分析。根据移动多年沉淀的 1000+客户标签信息，实现多角度分析人群特征，重点包含来源地、户籍地、年龄、性别等人群特征分析。客流特征分析功能如附图 5-4～附图 5-7 所示。

（4）客流趋势分析。提供指定区域的历史客流趋势分析，包括一天内24小时客流趋势、一周内客流趋势分析、一月内客流趋势分析、一年内客流趋势分析等，并分节假日、工作日、周末等日期类型进行多维度分析，为各行业做应急预案、资源储备等提供数据支撑。客流趋势分析功能如附图5-8和附图5-9所示。

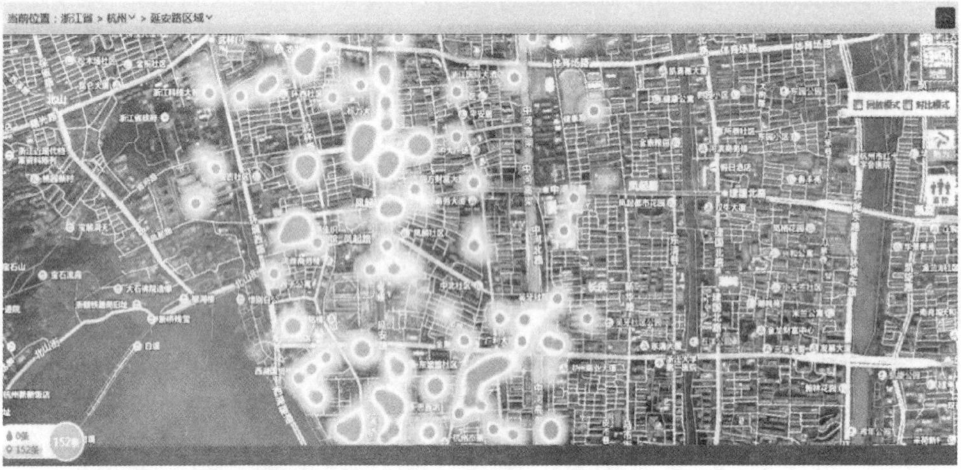

附图5-3　客流热力图

（图片来源：中国移动通信集团浙江有限公司）

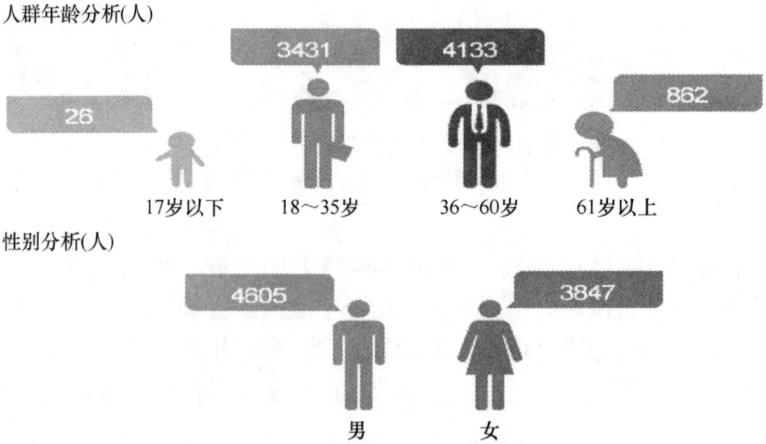

附图5-4　性别年龄分析功能示意图

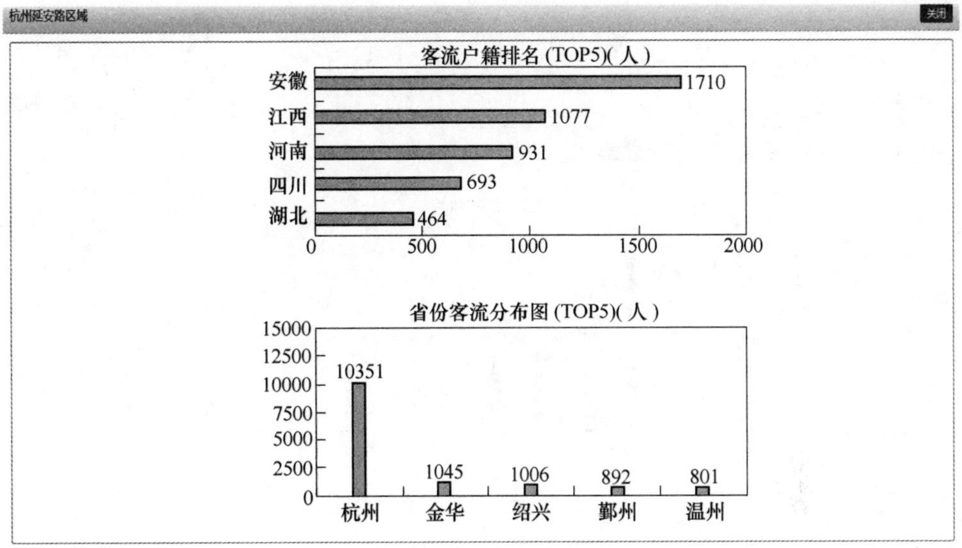

附图 5-5　户籍地功能示意图

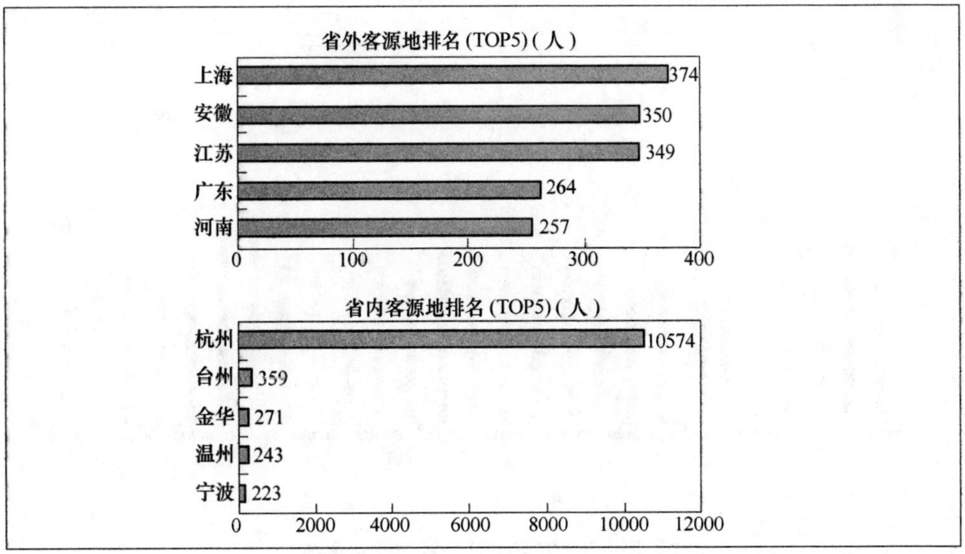

附图 5-6　来源地功能示意图

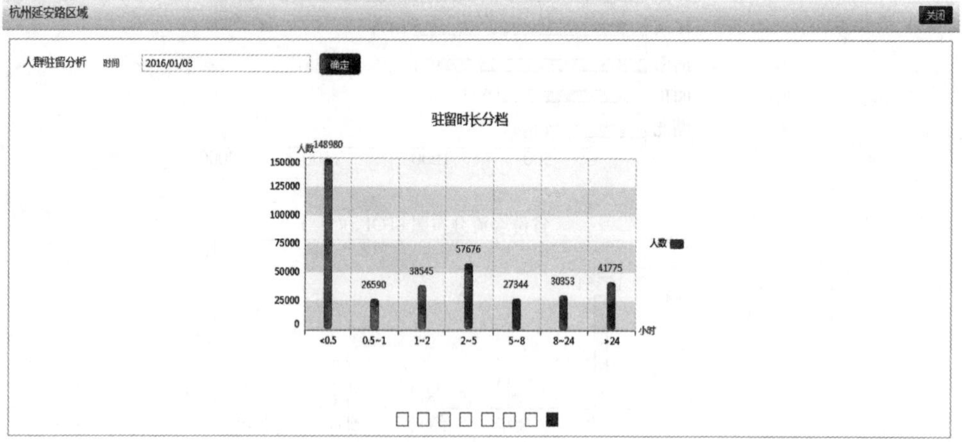

附图 5-7　驻留分类功能示意图

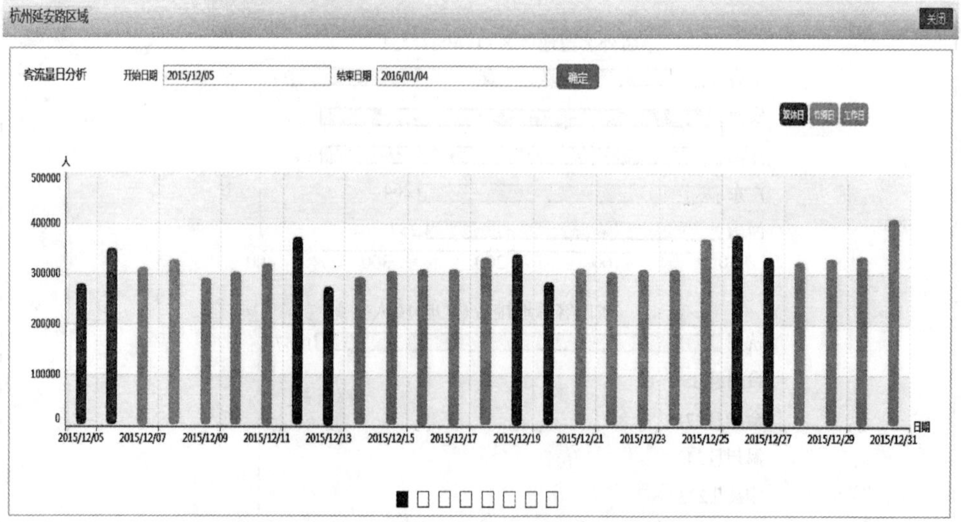

附图 5-8　客流量日分析功能示意图

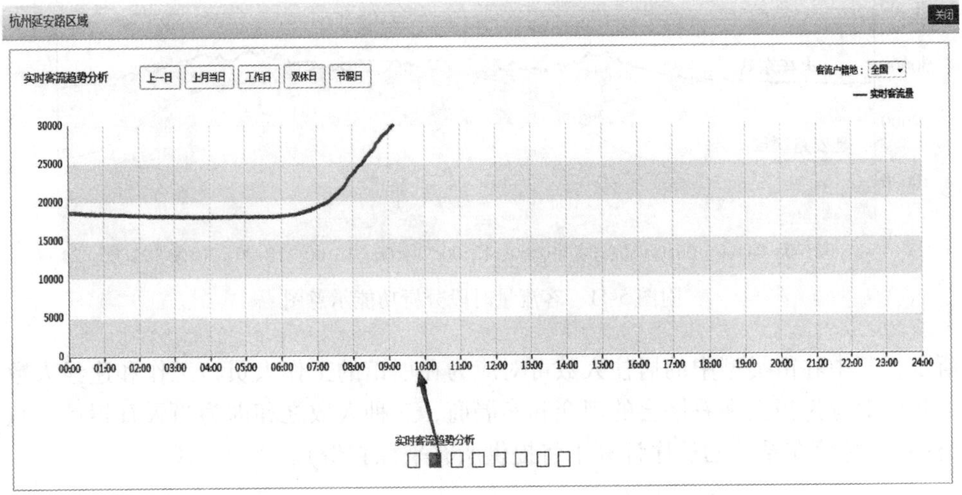

附图 5-9　客流量时段分析功能示意图

（5）客流净增分析。查看指定区域的客流流入流出净增分析图，附图 5-10 中深灰色区域代表流入，浅灰色区域代表流出。

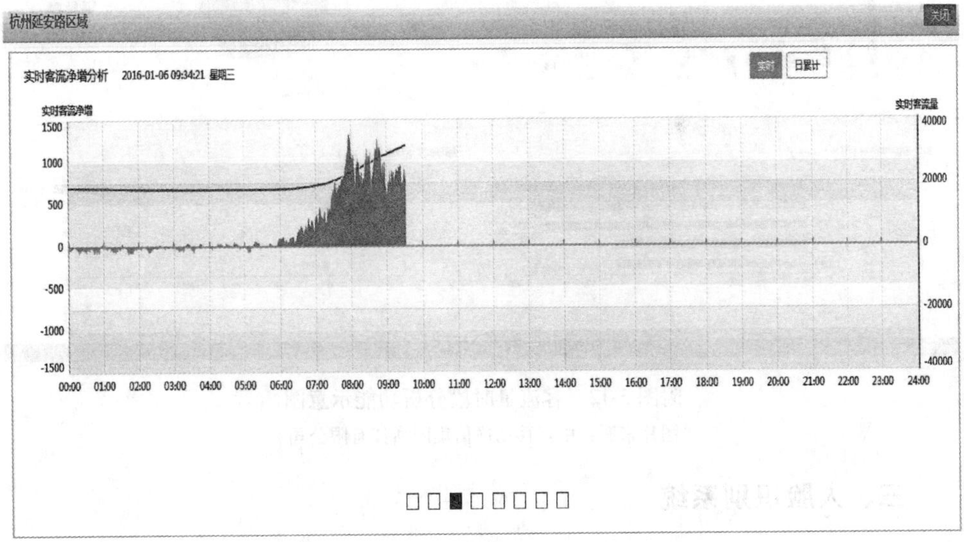

附图 5-10　客流量时段分析功能示意图

（6）区域对比分析。对比分析不同区域的客流量变化曲线差异，发现规律特征，如附图 5-11 所示。

（三）储存与区域客流历史报表

可查询指定日期的客流数据，以图形形式进行展现，功能截图如附图 5-12

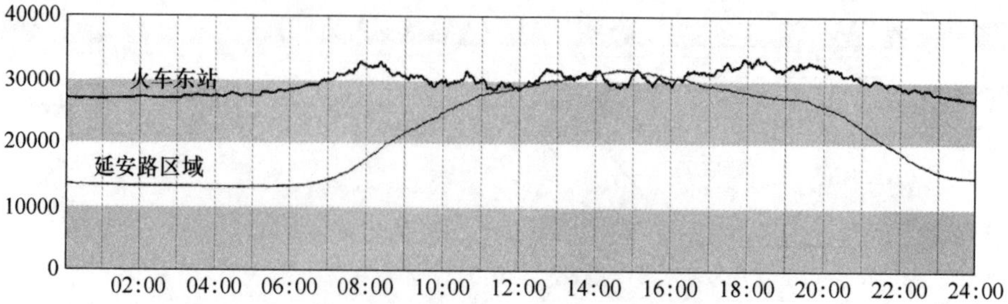

附图 5-11　客流量时段分析功能示意图

所示，其中驻留类型中的居住人数可对应为在展馆的工作人员，工作和途经人数之和可对应为当天观看展会的观众和参展商，三种人数之和即为当天日累计人数（注：来源地在系统的后序计算中将提供所有来源省份）。

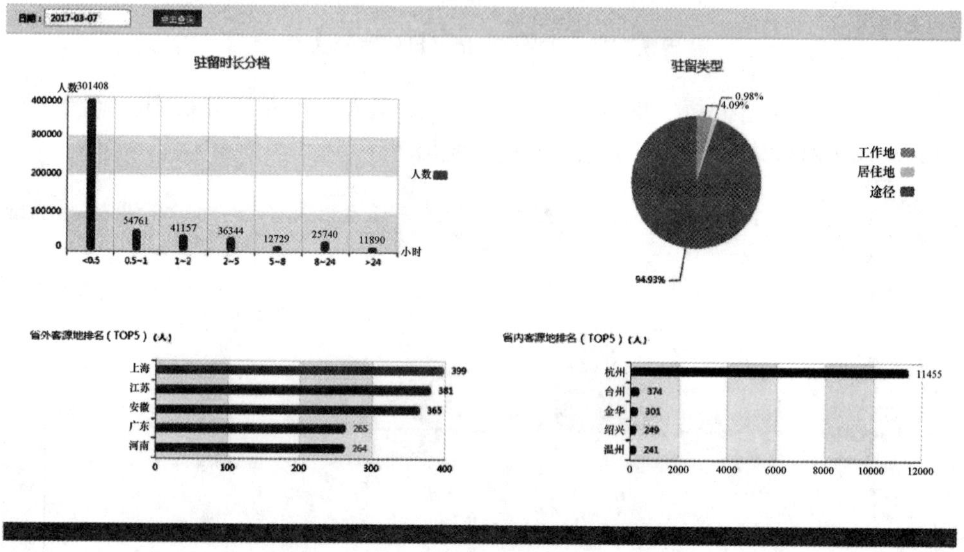

附图 5-12　客流量时段分析功能示意图

（图片来源：中国移动通信集团浙江有限公司）

三、人脸识别系统

计划结合当前数据统计领域的先进技术，引入人脸识别系统，进一步提升中大国际会展项目的安检精细度，提升数据统计的精准度，在确保展会安全的同时为大数据统计工作提供技术支持。

（一）技术特征描述

（1）智能人脸识别。全流程采集证件、人像，毫秒级快速完成身份信息判断及证件和人像比对。远程身份证验真，真人验证，人证一致性验证。

智能人脸识别原理示意图如附图 5-13 所示。

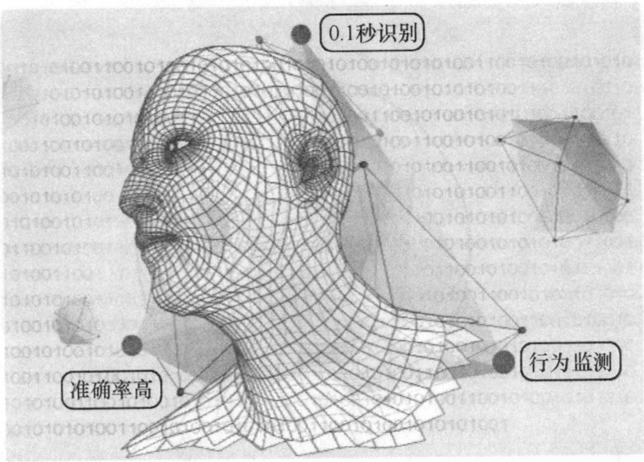

附图 5-13 智能人脸识别原理示意图

(2) 人脸属性分析技术。任意一幅给定的人脸图像，准确识别人脸属性大类，例如性别、年龄、开心度等。广泛用于商业分析或广告投放，让你高效评估效果，细分顾客群，精准广告投放，秒懂顾客心。

人脸属性分析技术识别原理示意图如附图 5-14 所示。

附图 5-14 人脸属性分析技术识别原理示意图

(3) 人脸检测跟踪。不受光照条件、表情变化、种族、肤色、姿势、角度的影响，综合人脸的运动轨迹及轮廓特征，动态人脸检测、定位、跟踪。

人脸跟踪检测技术识别原理示意图如附图 5-15 所示。

(4) 真人识别检测。通过眨眼、张嘴、摇头等动作，运用自然人运动分析、3D 形状分析、背景相对运动分析，图像纹理等技术防止照片、PS、视屏等仿冒

附图 5-15　人脸跟踪检测技术识别原理示意图

欺诈，精准检测摄像头前的用户是否是真人本人操作，为金融等高安全性的场景完成真人身份验证。

真人识别检测技术原理示意图如附图 5-16 所示。

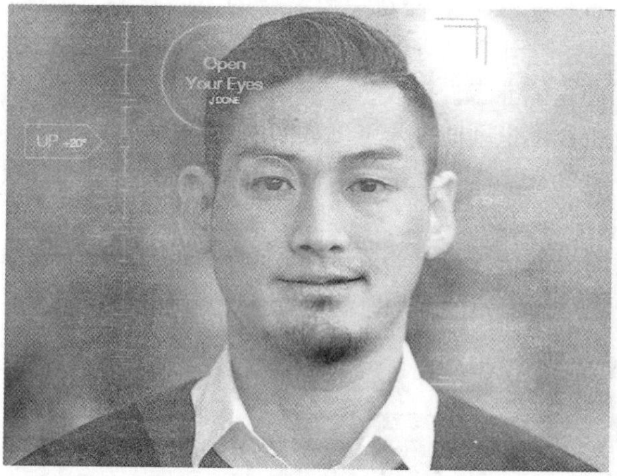

附图 5-16　真人识别检测技术原理示意图

（二）统计实验功能

宁波市会展大数据实验中心，将通过引入现代化、高科技的监测和统计分析仪器，将现代统计技术应用到会展现场实验体系建设中，在开展相关测算的同时提升数据分析的质量。

（1）风险管理功能。可通过人脸识别技术与公安系统的追讨网络联网，在最短的时间内识别出有犯罪前科的危险人物。

（2）海量统计功能。人脸识别技术可以采用群体识别和群体统计功能，在特定的时间内，可以跟踪、分解、识别一个人群中的人员数量与风险。

（3）登记记录功能。人脸识别设备不仅可以识别，而且还可以记录。这样可以在不同的展会上，统计一个人参观展会的次数、类型、进入场馆的次数等，以便为统计分析工作提供支持。

四、会展场馆环境测试技术体系建设

主要针对宁波国际会展中心等主要会展场馆，对展会期间会展场馆的自然环境进行系统测试，主要包括场馆的噪音、辐射性、温湿度、氧气及二氧化碳含量、甲醛等挥发性有害物质含量等，以便通过调整场馆的整体环境，为参展商和客商提供优质服务，也为出台场馆环境标准开展研究支持。

（一）噪声测试仪

噪声测试仪，是用于工作现场、广场等公共场所的噪声检测和测试的仪器。噪声污染是影响较大的环境污染之一，较高分贝的噪声甚至会对人的耳膜造成严重的损伤，致使失聪等。噪声测试仪的应用可以提供噪声所达到的分贝以便采取相关措施控制和减小噪声。声音大小的计量单位是分贝，专业的噪声测试仪具有高灵敏的传感器，精度高，适用范围广，能广泛用于各种环境的噪声测量。

噪声测试仪原理：噪声计中的频率计权网络有 A、B、C 三种标准计权网络。A 网络是模拟人耳对等响曲线中 40 方纯音的响应，它的噪声计曲线形状与 340 方的等响曲线相反，从而使电信号的中、低频段有较大的衰减。B 网络是模拟人耳对 70 方纯音的响应，它使电信号的低频段有一定的衰减。C 网络是模拟人耳对 100 方纯音的响应，在整个声频范围内有近乎平直的响应。声级计经过频率计权网络测得的声压级称为声级，根据所使用的计权网不同，分别称为 A 声级、B 声级和 C 声级，单位记作 dB(A)、dB(B) 和 dB(C)。目前，测量噪声用的声级计，表头响应按灵敏度可分为四种：湿度传感器探头，不锈钢电热管 PT100 传感，铸铝加热器，加热圈流体电磁阀。其特点如下：

（1）“慢”。表头时间常数为 1000ms，一般用于测量稳态噪声，测得的数值为有效值。

（2）“快”。表头时间常数为 125ms，一般用于测量波动较大的不稳态噪声和交通运输噪声等。快档接近人耳对声音的反应。

（3）“脉冲或脉冲保持”。表针上升时间为 35ms，用于测量持续时间较长的脉冲噪声，如冲床、按锤等，测得的数值为最大有效值。

（4）“峰值保持”。表针上升时间小于 20ms。用于测量持续时间很短的脉冲声，如枪、炮和爆炸声，测得的数值是峰值，即最大值。

声级计可以外接滤波器和记录仪，对噪声做频谱分析。国产的 ND2 型精密声级计内装了一个倍频页程滤波器，便于携带到现场和作频谱分析。声级计按精度可分为精密声级计和普通声级计。精密声级计的测量误差约为±1dB，普通声级计约为±3dB。声级计按用途可分为两类：一类用于测量稳态噪声，一类则用于测量不稳态噪声和脉冲噪声。积分式声级计是用来测量一段时间内不稳态噪声的等效声级的。噪声剂量计也是一种积分式声级计，主要用来测量噪声暴露量。脉冲式声级计是用于测量脉冲噪声的，这种声级计符合人耳对脉冲声的响应及人耳对脉冲声反应的平均时间。

（二）甲醛等挥发性气体测试

甲醛检测仪适用于各种工业环境和特殊环境中的甲醛浓度连续在线检测及现场声光报警，对危险现场的作业安全起到预警作用，仪器采用进口电化学传感器和微控制器技术，具有信号稳定、精度高、重复性好等优点，防爆接线方式适用于各种危险场所。仪器兼容各种控制报警器、PLC、DCS 等控制系统，可以同时实现现场报警和远程监控、报警功能，以及对室内空气中甲醛快速实现半定量、特点是结构简洁、体积小、便于携带使用和直观。可广泛应用于居室、室内、居住区、公共场所、生活场所和厂矿车间空气中甲醛的现场定量定性检测。

甲醛检测仪器采用电化学传感器原理，结合单片机技术和网络通信技术对检测场所采集空气样品，空气中的甲醛被酚试剂溶液吸收，反应生成嗪，嗪在酸性溶液中被显色剂高铁离子氧化形成蓝绿色化合物。根据颜色深浅，在现场直接比色测定。由于室内污染的检测数值与检测环境的温度、湿度、气压等都有很大关系，所以，按正常的检测，往往检测出来数值会与预想的有所偏差。

（三）辐射测试仪器

辐射检测仪可以按照预先设定的地址编码和剂量历史时间，自动连续测量和记录辐射剂量。工作人员可以任意设定剂量率报警值和累积剂量报警值，仪器自动发出声光报警，提醒用户采取有效措施减少职业照射，保护人员健康。

LT-Ⅲ型 $\chi\gamma$ 辐射剂量率仪是以内置高灵敏度 GM 计数管为探测器，LT-Ⅲ辐射检测仪也叫辐射巡测仪，它可以按照预先设定的地址编码和剂量历史时间，自动连续测量和记录辐射剂量。工作人员可以任意设定剂量率报警值和累积剂量报警值，仪器自动发出声光报警，提醒用户采取有效措施减少职业照射，保护人员健康。LT-III 辐射检测仪体积小、重量轻，携带方便，抗环境干扰能力强，适用于核设施、核技术应用单位、科研院所、防化部队及环境保护监督管理部门的辐射场调查及事故应急辐射测量，也可用作个人剂量监测。

五、会展大数据实验中心主要实验指标

根据宁波市会展大数据实验中心建设的整体安排，会展大数据实验中心应满足政府主导型会展项目和市场导向型会展项目专项资金的分配工作要求，为财政专项资金绩效评价提供科学依据。借此，浙江万里学院会展经济与管理专业联合

浙江移动宁波分公司、宁波市会展业促进会、宁波城市职业技术学院等相关单位，制订宁波市会展大数据实验中心相关实验指标体系。

指标名称	主要数据	数据特征描述	数据实验方法
面积指标	会展净面积	与宁波国际会展中心及相关场馆签约面积，最大面积不超过参展商付费面积的2.5倍	现场观测比对
客商数量	进场馆客商总量	精确测算展会期间进人会展场馆的客商人数与次数	移动基站测定
进入时间	客商进入时间	精准测算客商进入会展场馆的具体时间	移动基站测定
离开时间	客商离开时间	精准测算客商离开会展场馆的具体时间	移动基站测定
在馆时间	客商在馆时间	根据每个展会客商单次、多次进馆的时间进行汇总统计	移动基站测定
在馆人数	在馆展客商总量	根据场馆进出情况，每1分钟更新一次数据，即时显示会展场馆的人员数量情况	移动基站测定
分馆人数	在不同馆展客商的数量	根据场馆进出情况，每1分钟更新一次数据，即时显示在会展场馆8个分场馆中的展客商人员数量情况	移动基站测定
热力分布	场馆人流分布	根据不同时段场馆的人流量分布，来判断场馆内人员拥堵情况，防止出现挤踏等公共危机问题	移动基站测定
客商结构	不同地区客商的数量特征	国外、境外（港澳台）、区外（长三角区域）、省外、市外、市内人员的结构情况	移动基站测定
滞甬时间	客商在甬时间	根据手机信号来确定外地展商、客商在甬的时间，可针对个别客商进行路径跟踪观测	移动基站测定
精准防护	危险人物识别	与宁波市公安局相关系统连接，可即时发现人馆的有违法违纪前科的人员	高精度人脸识别系统测试

六、开放式远程大数据中心建设

为进一步发挥宁波市会展大数据实验中心建设的整体效果，系统提升会展大数据资源的集约效应，宁波市会展大数据实验中心计划在现有的基础上，通过开发相关的软件系统，建设远程网络大数据实验平台，面向国内外开设会展经济与管理专业、会展策划与管理专业的本专科院校会展专业开放。

开放的主要内容包括远程数据统计分析、远程会展中心监控观测、会展现场测试数据分享、会展现场测试工作分享、全年会展项目大数据分享（可能需要付费）、会展数据库查询功能、会展决策分析平台功能（部分功能计划付费使用）、年度会展场馆大数据分析报告等。

七、会展大数据实验中心建设预算

根据宁波市会展大数据实验中心建设的相关计划，测算出整体建设需要将近300万元经费，以及每年20万元的日常运行维护费用。根据市政府相关领导的意见，市政府主管部门将申请160万元的财政专项经费。其余的经费将通过中央财政支持项目、省财政支持项目解决。日常维护费用初步考虑从宁波市会展专项经费维护经费中支付。具体经费预算如下：

项目名称	项目经费	主要内容	经费来源	启动时间
会展移动基站建设	40万元	基站设备等	市财政	2017年
人脸识别系统建设	120万元	相关设备及软件	市财政	2017年
场馆监测设备	60万元	相关检测设备	省财政	2017年
数据库软件系统	20万元	相关软件及服务器采购	中央财政	2017年
数据采集软件及设备	40万元	相关软件及服务器采购	中央财政	2018年

八、预期建设成果

计划经过1~2年的建设，基本完成会展大数据实验中心软硬件设施和体系的建设工作，在确保会展经济与管理专业会展信息管理、会展策划与管理、会展场馆与设施管理课程实验建设的同时，系统完成宁波市会展统计数据汇总分析、宁波市会展项目评估、宁波市会展政策资金发放依据的提供工作。

参考文献

[1] 许传宏. 世博理念带给会展专业人才培养的问题思考 [J]. 装饰, 2010 (8).

[2] 郑庚."互联网+"环境下创新创业型人才培养研究——以会展专业为例 [J]. 湖北函授大学学报, 2018 (4).

[3] 林海榕. 职业教育的教学改革研究——以高职会展专业为例 [J]. 学术评论, 2016 (2).

[4] 王丽. 关于高职院校会展专业人才培养的思考 [J]. 开封教育学院学报, 2016 (10).

[5] 薛艳. 基于校企合作的高职会展专业人才培养 [J]. 安徽科技学院学报, 2011 (3).

[6] 傅婕芳, 莫晓芳. 高职院校会展专业特色建设的探索与实践——以广州民航职业技术学院为例 [J]. 科技创新导报, 2015 (21).

[7] 刘枭. 中外会展专业人才培养比较分析与启示 [J]. 开封教育学院学报, 2015 (10).

[8] 邬适融. 我国高校应用型人才培养模式的思考——以会展专业为例 [J]. 现代大学教育, 2009 (1).

[9] 李中闯. 当前国内会展专业建设和发展中存在的典型问题 [J]. 旅游纵览, 2016 (5).

[10] 苏永华. 基于就业力提升的高职会展专业人才培养模式构建 [J]. 太原城市职业技术学院学报, 2012 (8).

[11] 徐小君. 会展专业全真综合实训教学方案设计与实践——基于全真环境的筹展实训[J]. 中国管理信息化, 2017 (19).

[12] 马勇, 肖轶楠. 我国会展专业的课程设置与人才培养 [J]. 旅游科学, 2005 (1).

[13] 高欣. 会展专业实践教学体系的构建研究——以辽宁对外经贸学院为例 [J]. 知识经济, 2015 (13).

[14] 周全明. 河南省会展专业教育现状与对策研究 [J]. 华北水利水电学院学报 (社科版), 2013 (6).

[15] 陈学清, 宿伟玲, 郑岩. 高校会展专业课实践教学模式创新探究 [J]. 对外经贸, 2018 (1).

[16] 张晓明. 深化合作成就优秀人才会展专业办学的"政产学研融创"之探索 [J]. 中国会展 (中国会议), 2017 (14).

[17] 赵坤, 侯召洋, 国敏. 会展专业人才贯通式教育培养探索 [J]. 当代教育实践与教学研究, 2017 (6).

[18] 刘红霞. 英国会展专业教育发展及其对我国的启示 [J]. 科技展望, 2015 (36).

[19] 彭顺生, 曾燕闻, 李悦. 提升我国高校会展专业教师综合素质的对策——以广州大学为例 [J]. 亚太教育, 2015 (10).

[20] 何彪. 会展人才培养的创新模式 [J]. 中国会展, 2005 (3).

[21] 赵晓涵. 会展概论课程教学改革与实践研究 [J]. 管理观察, 2016 (36).

[22] 陈双双, 何萍, 马立军. 江苏省会展经济与管理应用型人才培养探讨 [J]. 合作经济与科技, 2017 (21).

[23] 宋鸽. 会展专业《会展展示设计与实务》课程教改探讨 [J]. 现代经济信息, 2015 (22).

[24] 刘慧贞, 马月. 中国会展教育发展研究 [J]. 旅游纵览, 2014 (11).

[25] 王志明．试析新型教学模式下的河南会展外语复合型人才培养［J］．品牌，2014（11）．
[26] 王春雷，杨婕，Larry Yu．会展经济与管理：是一门学科还是一个领域？［J］．旅游论坛，2015（2）．
[27] 赵现红．会展本科教育十年：发展、问题与体系构建［J］．河南商业高等专科学校学报，2014（2）．
[28] 刘德艳，董藩．美国的会展教育及对中国的启示［J］．中国高等教育，2005（11）．
[29] 炳辉．中国会展教育能否跳出“青黄不接”怪圈［J］．职业技术，2007（9）．
[30] 罗明清．翻转课堂理论指导下的会展英语课程——以会场布置为例［J］．河北能源职业技术学院学报，2017（4）．
[31] 张少芳．高校会展人才培养与需求对接问题的调查研究——以天津市为例［J］．职业时空，2015（11）．
[32] 王冬梅．本科会展专业实践类课程教学存在的主要问题和对策探析［J］．经济研究导刊，2014（8）．
[33] 叶海玲，沈陈敏．高职旅游会展专业学生就业平台立体化建构策略［J］．职教论坛，2014（2）．
[34] 王春明，董再平．对构建经济管理类专业实践教学体系几个问题的探讨［J］．高教论坛，2011（3）．
[35] 李瑶亭．从会展专业学生就业现状看我国会展教育——试论我国会展专业课程体系建设［J］．上海应用技术学院学报（自然科学版），2009（1）．
[36] 马芽芽．会展志愿服务对专业技能的作用与贡献［J］．产业与科技论坛，2015（18）．
[37] 李铁成，刘力，陈文婧．基于会展“知识—能力”体系的会展课程设计研究［J］．现代教育科学，2017（2）．
[38] 肖红艳．美国会展管理专业的教育模式及其对中国的启示［J］．内蒙古财经学院学报（综合版），2010（2）．
[39] 王贇．“大会展”概念对高职院校会展专业人才培养模式革新的启示［J］．教育现代化，2017（2）．
[40] 丁烨．中德高校会展教育比较和启示［J］．桂林旅游高等专科学校学报，2008（2）．
[41] 张显春．对旅游会展专业人才培养及课程体系建设的思考［J］．桂林旅游高等专科学校学报，2005（4）．
[42] 曾亚强．从会展产业到会展专业——由会展业引起的对高等教育发展的若干思考［J］．上海应用技术学院学报（自然科学版），2005（4）．
[43] 罗灵．行动导向理念与会展实训课程开发研究［J］．延边教育学院学报，2017（2）．
[44] 钟颖．借鉴德国经验，提高广西高校会展人才培养水平［J］．东南亚纵横，2005（10）．
[45] 韦文杰．独立学院会展教育竞争力分析［J］．商业文化，2012（6）．

致　谢

经过一段时间的集中工作,《会展经济与管理专业建设的思考——基于浙江万里学院的探索与实践》终于完成撰写工作。笔者从2003年进入浙江万里学院以来，就一直围绕会展专业的建设与人才培养开展工作，是浙江万里学院会展经济与管理专业从会展特色班到浙江省重点专业、国家级特色专业、浙江省优势专业和浙江省特色专业建设的亲历者和见证人。在本书的撰写过程中，得到了浙江万里学院商学院领导、会展经济与管理学科专业负责人的悉心指导和大力支持，也得到了会展经济与管理专业各位老师的支持。其中，许多文稿中的研究成果都包含着各位领导、老师的汗水和心血，这也是本专著能够得以完成的重要保证。

首先要感谢浙江万里学院会展经济与管理专业负责人任国岩教授，作为浙江万里学院会展经济与管理专业的创始人和负责人，始终把创新提升作为专业建设的核心工作，坚持“立足产业、服务产业、提升产业”的指导思想，系统规划和设计专业建设、学科建设和人才培养体系，全面推进产教融合，使会展经济与管理专业经历了从无到有、从小到大、从弱到强的发展历程。还要感谢浙江万里学院商学院孟祥霞院长，也正是在她担任分管院长期间，全力支持、悉心指导，使会展经济与管理专业发生了系统性的蜕变，跃身成为国家级特色专业，形成较强的品牌效应。也要感谢会展经济与管理专业的各位教师，是他们的大力支持和鼓舞，使我能够在会展专业建设、人才培养等方面坚持走下去，并取得了一定的成绩。这也是我在系统思考的基础上完成专著撰写工作的强大动力和坚定信心。

感谢宁波市政府陈国强副秘书长、宁波市贸促会陈忆戎副会长、宁波市会展办吴仁兴副主任和宁波华博会展有限公司的杨杰总经理、宁波尚海集团有限公司朱飞跃总经理等宁波市会展业的各位领导。在浙江万里学院会展经济与管理专业建设起步、发展、创新提升的不同阶段里，他们都一如既往地给予会展经济与管理专业建设正确的指导和无私的支持，这也是专业建设能够取得成绩的不竭的力量源泉。

最后，感谢在十五年来，在我的研究工作中给予我各种支持的各级领导、各位同仁以及我的学生们！

著　者

2018 年 1 月于宁波